Gerhard G. Herrling

# BUDDELSCHIFFE

Gerhard G. Herrling (Hrsg.)

# BUDDELSCHIFFE

## Bauanleitungen für die Praxis

mit Beiträgen von

Jochen Binikowski
Helmut Debus
Gerhard G. Herrling
Willy Jahn
Hans-Joachim Lawrenz
Juzo Okada
Gerd Oldenburg
Erich Radermacher
Klaus Reuter
Werner Schulze
Gerhard Steinert

Delius Klasing Verlag

Die Deutsche Bibliothek – CIP-Einheitsaufnahme

**Buddelschiffe** : Bauanleitungen für die Praxis / Gerhard G. Herrling (Hrsg.). –
Bielefeld : Delius Klasing, 1994
ISBN 3-7688-0856-4
NE: Herrling, Gerhard G. [Hrsg.]

ISBN 3-7688-0856-4


Einbandgestaltung: Ekkehard Schonart
Fotos: Willy Jahn (3), Gerd Oldenburg (1), Klaus Reuter (14), alle übrigen einschließlich Abbildungen auf dem Einband: Gerhard G. Herrling
Gesamtherstellung: Druckerei Runge GmbH, Cloppenburg
Printed in Germany 1994

# Inhalt

# Vorwort

Mit dem Verschwinden der großen Segelschiffe von den Weltmeeren ist auch die Zunft der Seeleute ausgestorben, die in ihrer Freizeit ihr Schiff, das Segelschiff schlechthin, in eine Flasche setzten und nach beendeter Reise ihren Angehörigen und Freunden in der Heimat zum Geschenk machten.
Inzwischen hat nun eine bemerkenswerte Renaissance dieser verloren geglaubten Feierabendkunst stattgefunden; bemerkenswert insofern, als jetzt nicht mehr Seeleute Schiffe in Flaschen einbauen, sondern Bastler diese alte Kunst wiederaufleben lassen.
Seit einigen Jahren ist daraus eine internationale Bewegung geworden, und die Deutsche Buddelschiffer Gilde hat Verbindungen in alle Welt geknüpft.
Das vorliegende Buch über die Geschichte und Technik des Bauens von Buddelschiffen ist eine Gemeinschaftsarbeit von Erbauern, Sammlern und Freunden des Buddelschiffes. Ich wünsche ihnen allen und dem Buch Erfolg, Anerkennung sowie viel Freude bei diesem schönen Hobby.

*Dr. Jürgen Meyer*, Bremen

# Vom Ursprung des Buddelschiffbaus

Buddelschiffe – in Glas gefangene Träume von turmhohen Segelpyramiden, von Wind und Wellen, von fernsten Häfen und Inseln, von der Sehnsucht, in die Ferne zu ziehen, aber auch vom Heimweh. All dies und noch ein bißchen mehr sollte ein Buddelschiff ausstrahlen, wenn es mit Phantasie, Liebe und handwerklichem Geschick gefertigt wurde. Beim intensiven Betrachten des Kunstwerkes hinter Glas spürt man die Faszination, die diese Segelschiffe auf die heute lebenden Menschen ausstrahlen. Nichts ist spürbar vom Kampf gegen die Elemente, von der Härte der täglichen Arbeit und Entbehrungen – nur Seefahrtsromantik pur.

Immer wieder wird die Frage aufgeworfen: Wer baute eigentlich das erste Buddelschiff, wer zwängte einen voll aufgetakelten Klipper durch den engen Flaschenhals, wo sind die Wurzeln dieser maritimen Kunst zu suchen?

Der erste Teil der Frage ist bis heute nicht beantwortet worden, und es besteht wenig Hoffnung, daß es gelingen wird, den ersten Buddelschiffer namhaft zu machen. Warum? Nun, die wenigsten Buddelisten von damals, leider auch wenige von heute, versahen und versehen ihre Werke mit entsprechenden Nachrichten für die Nachwelt. Dabei wäre dies doch ganz einfach zu bewerkstelligen.

Das älteste datierte Buddelschiff, das bekannt ist, steht im Holstentormuseum in meiner Heimatstadt Lübeck. Diese Flasche ist ein Geschenk des lübschen Kapitäns Krüger. Das Schiff stellt entweder ein portugiesisches oder türkisches Kriegsschiff dar. Auf einem achteren Segel finden sich die Buchstaben C.G.B.T.; ein weiteres Segel trägt die Inschrift: Gioni Biondi fecit 1784. Die Höhe der Flasche beträgt, einschließlich des Fußes, ca. 50 cm. Der Dreimaster wurde mit der Flaschenöffnung nach unten hineinpraktiziert. Museumsexperten sind der Meinung, daß dieses Schiff nicht von einem Seemann, sondern von einem Fachmann des Schiffmodellbaues gefertigt wurde.

Erst die industrielle Herstellung des Glases hat es dem einfachen Seemann ermöglicht, diese Flaschen zu erschwinglichen Preisen und mit wohlschmeckendem, hochprozentigem Inhalt zu erwerben.

Meist entstand dann das Schiff, auf dem Jan Maat gerade fuhr, und nicht selten erhielt es den Namen der Liebsten, die zu Hause auf ihn wartete. Nicht allen Schiffen gelang es, dort anzukommen. Sie schafften es nicht einmal bis zur Hafengrenze, denn im Tausch gegen Bier und Schnaps wechselten sie nur zu oft den Besitzer. Mit etwas Glück kann man solche Schiffe noch hin und wieder in einigen Hafenkneipen bewundern.

Zur Frage nach den Wurzeln der Buddelschiffbaukunst verweisen die Experten auf die Eingericht. Diese Arbeiten, auch als Geduldsflaschen bekannt, zeigten in ihren frühesten Erscheinungsformen hauptsächlich Kreuzigungsszenen. Bekannt sind solche Arbeiten aus Bayern,

Tirol, Böhmen, Sachsen und Österreich. Je weiter man nach Norden kommt, finden sich auch andere weltliche Darstellungen in den Buddeln. Es gibt Bergwerke, ganze Blaskapellen, Werkzeuge von den verschiedensten Handwerkszünften. Letztere wurden vielfach in größeren Stückzahlen in Heimarbeit gefertigt, um damit ein Zubrot zu verdienen. Hausierer zogen damit von Ort zu Ort und von Haus zu Haus. Deshalb tragen diese Werke auch den Beinamen »Hausiererflaschen«.
Und irgendwann ist dann ein kundiger Bastler zur See gefahren. Dort sah er, wie seine Kameraden große und kleine Schiffsmodelle fertigten. Es wird nicht lange gedauert haben, und er begann darüber nachzusinnen, wie man solch ein Modell durch den Flaschenhals bringen könnte. Das erste Buddelschiff war geboren. So könnte es gewesen sein, doch dokumentarische Belege dafür gibt es nicht. Wie auch immer es abgelaufen ist, wir haben diesem Unbekannten ein wunderbares Hobby zu verdanken, das es wert ist, gehegt, gepflegt, weiterentwickelt und vor allen Dingen weitergegeben zu werden. Und genau dies ist der Zweck des vorliegenden Buches über die Buddelei. Einige Mitglieder der Deutschen Buddelschiffer Gilde haben ihre Tips und Tricks an Hand von Beispielen niedergeschrieben. Jeder Artikel ist in sich abgeschlossen, und Sie können je nach Wissensstand und Können ein einfaches Schiffchen in die Buddel bringen. Sie können sich aber auch an die PREUSSEN wagen, das einzige Fünfmastvollschiff, das je gebaut wurde. Oder, wenn es Ihnen in den Fingern juckt, dann erproben Sie Ihr Können an der Bark WESER. Jeder findet etwas für sich in diesem Buch, vom Anfänger bis hin zum Fortgeschrittenen. Hier geben Fachleute ihr Wissen preis, damit die alte Seemannskunst weiterlebt und neue Jünger findet.

*Gerhard G. Herrling*

# Fototips

Aus welchem Grunde man auch immer zur Kamera greift, um die selbstgebauten Buddelschiffe für die Ewigkeit auf den Film zu bannen, die folgenden Hinweise sollte man schon berücksichtigen, damit man mit dem Ergebnis zufrieden ist.

1. Fotos nur mit einer Spiegelreflexkamera auf einem Stativ machen!
2. Bei mir findet ein normales 1 : 50-Objektiv Verwendung; allerdings mit Vorsatzlinsen. Diese Linsen sind einzeln oder im Satz von drei Stück bei der Firma Hama zu beziehen. Diese Lösung ist weitaus günstiger als ein teures Spezialobjektiv.
3. Wählen Sie die kleinste Blende, die Ihre Kamera hergibt, also die Blende mit der größten Zahl, z.B. 1 : 16. Die Belichtungszeit ist unwesentlich, da ja ein Stativ benutzt wird. Diese Blende ermöglicht eine durchgehende Tiefenschärfe auf dem Foto. Das Bild wird durchgehend scharf – vom Vordergrund bis zur Flaschenrückwand.
4. Blitzlicht nur dann verwenden, wenn genügend Erfahrung vorhanden ist und der Blitz von der Kamera genommen werden kann.
5. Bei mir finden ein oder zwei Videoleuchten Verwendung. Vorteil: Man sieht sofort durch den Sucher, wo die Spiegelung (Lichtreflex) sitzt. Die Wirkung von Licht und Schatten auf das Objekt läßt sich sofort erkennen und nach Belieben verändern.
   Außerdem besteht die Möglichkeit, daß Sie eine Belichtungsreihe herstellen, wobei Sie die Blende bei gleicher Belichtungszeit variieren. Machen Sie sich Notizen, wie Sie verfahren sind.
6. Bei Verwendung von Kunstlicht (Videoleuchten, Lampen usw.) unbedingt einen Blaufilter vor das Objektiv schrauben – sonst wird alles gelbstichig. Darüber, ob es sinnvoll ist, Kunstlichtfilme zu verwenden, sind die Meinungen geteilt.
7. Bei Außenaufnahmen sollten Sie nicht in die pralle Sonne gehen. Erstens sind die Lichtreflexe nicht wegzubekommen, und zweitens besteht die große Gefahr, daß das Kunstwerk von innen beschlägt.
8. Als Hintergrund verwende ich hellgrauen Fotokarton (gibt es im Papierhandel). Hellgrau wirkt auf das abzubildende Objekt farbneutral.
9. Farbfilme verwenden! Schwarzweiß-Material ist bei Buddelschiffen out!
10. Ein Diafilm hat den Vorteil, daß Sie die Dias in aller Ruhe im Großformat auf der Leinwand betrachten und nur von den besten Bildern einen Papierabzug machen lassen können. Allerdings werden die Abzüge immer etwas dunkler. Dies läßt sich verhindern, wenn man Abzüge auf CIBA-Chrom machen läßt – allerdings etwas teurer.
    Ein Farbnegativfilm hat den Vorteil, daß Sie gleich fertige Fotos in der Hand haben und, falls Sie selbst entwickeln, auch in die Farbgestaltung eingreifen können. Allerdings ist es ohne Übung sehr schwer, ein Farbnegativ zu beurteilen.
11. Wählen Sie unter den geeigneten Filmen den, der Ihrem Farbempfinden

am nächsten kommt, und bleiben Sie dabei, auch wenn Sonderangebote locken. Der eine Film neigt ins Blaue, der nächste wirkt leicht grünlich, und wieder ein anderer hat's mit dem Rot.

12. Ich verwende für Buddelschiffaufnahmen einen 100 ASA/27 DIN Film. Vergrößerungen bis zu 30 × 40 cm sind problemlos zu fertigen.
13. Nicht am Filmmaterial sparen. Ruhig mal einen Film durchziehen, und wenn's nur ein Schiff ist. Sollte Ihnen ein Film mit 36 Aufnahmen doch zu viel sein – es gibt auch 24iger.
14. Im eigenen Interesse: den belichteten Film so schnell wie möglich zum Entwickeln tragen. Ein belichteter Film hält nicht lange ohne Qualitätsverlust.
15. Je näher Sie an das Objekt herangehen, desto mehr winzige Details des Schiffes werden auf dem Foto erfaßt.
16. Immer nur das in Betracht kommende Schiff ablichten. Sonst nichts! Zutaten lenken vom Wesentlichen ab.
17. Wenn doch etwas Beiwerk erwünscht ist, dann verwenden Sie bitte etwas, das die Größe des Schiffes im Vergleich erkennen läßt. Der Vergleichsgegenstand sollte allen bekannt sein, eine gängige Münze, eine Streichholzschachtel o.ä. Auf dem Foto ist es dem Betrachter unmöglich zu erkennen, ob er eine 0,3-l-Buddel vor sich hat, oder ob das Schiff in einer 3-l-Flasche steckt.

*Gerhard G. Herrling*

# Die Deutsche Buddelschiffer Gilde und andere internationale Vereinigungen

## *Die Ziele der Deutschen Buddelschiffer Gilde (DBG)*

- Bewahrung dieser alten Seemannskunst
- Verbreitung und Weiterentwicklung neuer Techniken, Wissensaustausch
- Nachwuchs an unser schönes Hobby heranführen
- Kontaktaufnahme und Pflege zwischen den Buddelschiffbauern, -sammlern und -liebhabern im deutschen Sprachraum
- Aufbau freundschaftlicher Beziehungen zu den ausländischen Buddelschiffvereinen
- Veranstaltungen rund ums Buddelschiff durchführen
- Wettbewerbe veranstalten.

Die DBG wurde am 9. September 1988 in Warnemünde von Buddelschiffern aus Ost und West ins Leben gerufen, und dies lange vor der Wende und der Wiedervereinigung. Unsere Gemeinschaft ist kein eingetragener Verein mit Stammtisch, Lied und Fahne, sondern die Interessengemeinschaft der deutschsprachigen Buddelschiffer, die sich die Erhaltung der alten Seemannskunst zum Ziel gesetzt hat. Jährlich einmal, traditionsgemäß immer am ersten Wochenende im Mai, findet ein Treffen statt. Der Tagungsort wechselt jedesmal. Ein ansässiger Buddelbauer übernimmt die Organisation; selbstverständlich ehrenamtlich. Unsere Zeitung, der »Buddelschiff-Express«, erscheint vierteljährlich (März, Juni, September und Dezember). Darin wird über alles rund ums Buddelschiff berichtet, ob über Ausstellungen, darüber, daß jemand etwas Neues ausgeknobelt hat oder etwas gesucht wird; in jedem Heft wird außerdem ein Bauplan veröffentlicht usw.
Auf Anfrage wird ein Probeexemplar zugeschickt; Rückporto (DM 2,–) bitte nicht vergessen, da sich unsere Zeitung ausschließlich aus den Mitgliedsbeiträgen (z.Zt. DM 35,– jährlich) finanziert. Wer sich also ernsthaft für unsere Gemeinschaft interessiert, wende sich bitte an die folgende Anschrift:

Deutsche Buddelschiffer Gilde
Gerhard G. Herrling
Theodor-Heuss-Str. 7a
D-23560 Lübeck

Zu den nachfolgend aufgeführten ausländischen Clubs unterhält unsere Gemeinschaft freundschaftliche Kontakte. Wollen Sie deren Zeitungen beziehen, schreiben Sie bitte in der jeweiligen Landessprache oder, wenn nicht anders möglich, in Englisch.

# *Buddelschiff-Vereine rund um den Globus*

European Association of Ships in Bottles
»Seascape«, Kings Street,
Robin Hood's Bay
Whitby, North Yorkshire,
YO22 4SH, England
Zeitung: »The Bottleship«; vierteljährlich

L'Association Bateaux en Bouteilles
1 rue Alfred Fournier
92370 Chaville
Frankreich
Zeitung: »Rose des Vents«; vierteljährlich

European Association of Ships in Bottles
Minstreelpad 43
3766 BR Soest
Niederlande
Zeitung: »Welkom aan Bord«; vierteljährlich

The Ships in Bottles Association of America
P.O. Box 550,
Coronado Ca. 92118, USA
Zeitung: »The Bottle Shipwright«; vierteljährlich

Japanese Ships-in-Bottles Association
39-1, 1 chome
Nagai-Higashi
Sumiyoshi- ku
Osaka 558
Japan
Zeitung: »The Ship Bottlers«; vierteljährlich

The Japanese Ships-in-Bottles Association

Flaskeskuteforeningen
AV 1978
P.O. Box 893, Sentrum
N-0104 Oslo 1, Norway
Zeitung: »Flaskehalsen«; halbjährlich

Postboks 893 Sentrum 0104 Oslo 1

*Gerhard G. Herrling*

# Vorläufer der Buddelschiffe: Eingericht

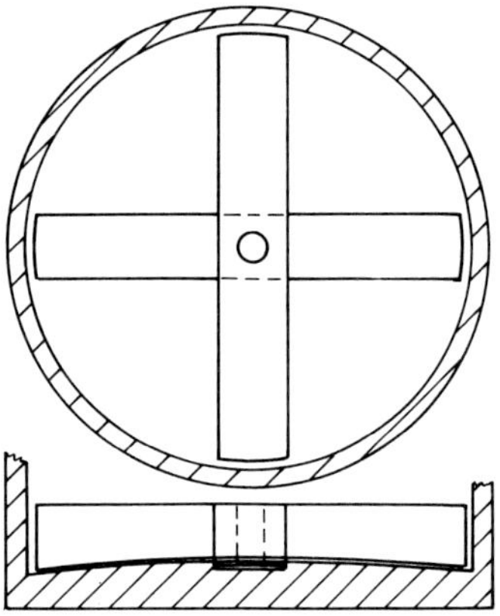
*Abb. 1*

Die sogenannten Eingericht mit Kalvarienbergszene sind meist alte Klosterarbeiten, bei denen die holzgeschnitzten Teile einzeln durch den Hals der Flasche gebracht und in dieser zusammengesetzt und verleimt wurden. Hat man erst einmal die Maße der zu verwendenden Flasche exakt festgelegt, so kann man nun die Größe des Gesamtwerkes und somit auch der Einzelteile ermitteln und dann mit der Arbeit beginnen. Auf Hinweise bezüglich der Farbgebung wurde verzichtet, hier kann die eigene Fantasie tätig werden.

## *Bauanleitung*

Zunächst wird das Bodenkreuz (Grundplatte) angefertigt. Hierbei muß man die Wölbung des inneren Flaschenbodens berücksichtigen und die Holzleisten entsprechend anpassen. Von einer Holzleiste (ca. 10 × 10 mm) sägen wir zwei Stücke auf Länge ab, die wir durch das Einarbeiten von Nuten miteinander verbinden und dann in der Mitte mit einem 5-mm-Loch versehen. Man sollte die Stücke kurz in die Flasche einbringen, zusammensetzen und dann wieder herausnehmen. Noch sind Veränderungen und Korrekturen möglich (Abb. 1).

Nun geht es an das Hauptkreuz. Entsprechend der Flaschengröße fertigen wir es aus zwei Holzleisten an. Da die Flasche möglichst ausgefüllt sein soll, ist bis an die maximale Grenze zu gehen. Aber Vorsicht, die Teile müssen in der Flasche zusammengefügt werden! Auch hier wird eine Verbindung der beiden Holzleisten mittels Nut vorgenommen. Später werden sie, wie das Bodenkreuz, miteinander in der Flasche verleimt. Unten am Kreuz fügen wir einen 5-mm-Zapfen ein, der für einen festen Stand auf dem Bodenkreuz sorgt (Abb. 2).

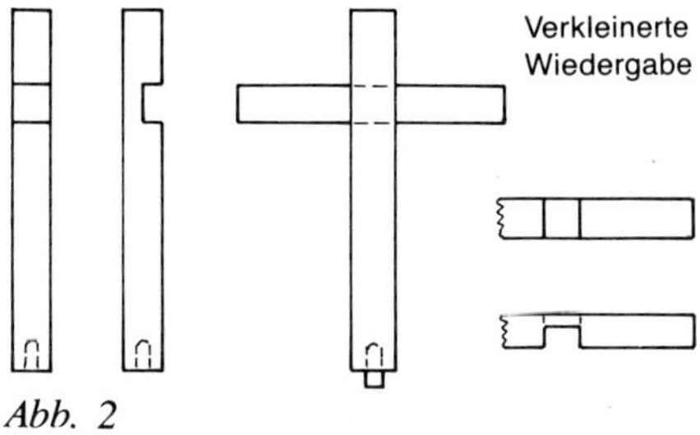

*Abb. 2*

Jetzt folgt die schwierigste Arbeit, denn das Schnitzen des Gekreuzigten ist nicht ganz einfach. Es bieten sich als Alternative Heiligenbilder oder fertige Figuren an, die man ausschneiden und aufkleben kann oder umfunktionieren muß. Ein richtiger Buddelschiffbauer kommt, wie es in der Marinesprache heißt, schon klar. Also ran! Nachdem das Werk vollbracht ist, müssen wir die Arme vom Körper trennen (besser schon vorher getrennt herstellen). Die Arme werden schon jetzt mittels Nägeln am Querbalken angebracht – wenn der Flaschenhals genügend Platz bietet. Sonst sind sie erst in der Flasche zu befestigen und am Körper zu verleimen. Als letztes befestigen wir ein Schild mit der Aufschrift »INRI« oben am Kreuz (Abb. 3).

*Abb. 3*

Nun fertigen wir einen Klotz an, der unter den Füßen des Gekreuzigten am Kreuz angeleimt oder angenagelt wird. Wenn man das Kreuz mit dem Flaschenverschluß verbinden will, empfiehlt es sich, schon jetzt eine entsprechende Bohrung oben in das Kreuz einzubringen.

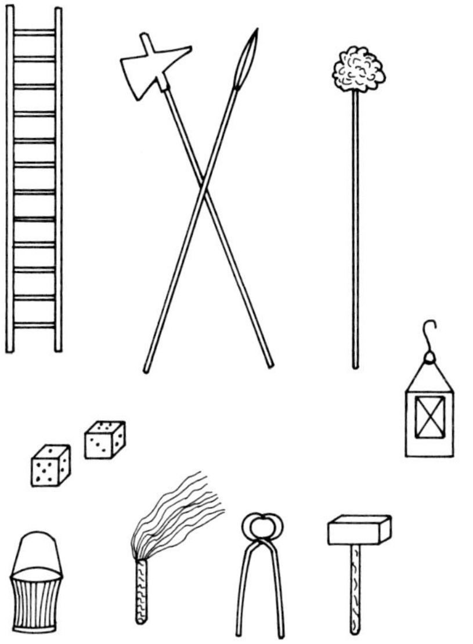

*Abb. 4*

Jetzt geht es an die Kleinteile, die der eigenen Fantasie entsprechend angefertigt und eingebracht werden können. Man sollte aber in etwa maßstabsgerecht arbeiten, sonst wirkt das Ganze nicht.

Vorschläge für Einzelteile (Abb. 4):

- Lanzen, gekreuzt oder senkrecht
- Leiter, nicht breiter als der Flaschenhals, sonst in der Flasche zusammensetzen
- Würfel
- Gewand
- Geißel
- Zange
- Hammer
- Stock
- Lanze mit Schwamm
- Hahn
- Laterne
- Eimer

Nun ist alles miteinander zu verbinden und, wenn man mit seinem Werk zufrieden ist, in die Flasche einzubringen, zusammenzusetzen und mit Propellerleim zu verleimen. Die Gestaltung des Verschlusses bleibt der Fantasie überlassen.

*Gerhard G. Herrling*

# Die traditionelle Art: Zugschiffe

## Der Besanewer: Ein Schiff für Einsteiger und Anfänger

### *Bauanleitung Buddelschiff*

Wir besorgen uns zunächst eine Flasche, in unserem Fall eine 0,3-l-Selters-, Limo- oder Colaflasche. Diese wird ihres Inhaltes beraubt und dann ordentlich gesäubert, von innen und außen. Auch der Blechring des Verschlusses wird beseitigt. Ein Spülmittel, das keine Rückstände hinterläßt, ist eine willkommene Hilfe. Sollten nach dem Austrocknen noch Reste von Wassertropfen zu sehen sein, sollten Sie diese mit einem fusselfreien Lappen an einem starken Draht beseitigen. Damit das Glasbehältnis von innen sauber bleibt, verschließen Sie die Flasche vorübergehend mit einem Korken aus Naturkork.
Damit unsere Buddel nicht über den Tisch rollen kann, fertigen wir nun den Ständer. Ein Stück Sperrholz oder ein Rest von irgendeinem dünnen Brettchen findet sich wohl überall. Die Flasche wird auf ein Stück Zeichenpapier gestellt, und mit einem Bleistift wird der Halbkreis des Flaschenbodens auf das Papier gebracht. Dieser Halbkreis ist die Grundlage für den Ständerentwurf. Die Schablone wird auf das Holz gelegt und zweimal aufgezeichnet, dann werden die Löcher für die 5 mm starken Buchenstäbe gebohrt, vier Löcher für die beiden ca. 10 cm langen Hölzer (Abb. 1).

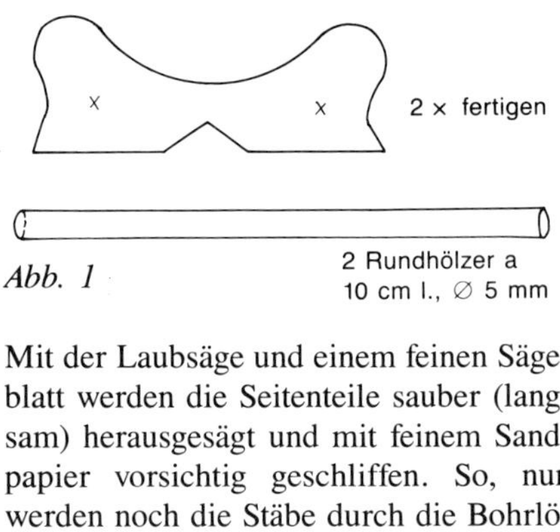

*Abb. 1*

Mit der Laubsäge und einem feinen Sägeblatt werden die Seitenteile sauber (langsam) herausgesägt und mit feinem Sandpapier vorsichtig geschliffen. So, nun werden noch die Stäbe durch die Bohrlöcher geschoben und mit etwas Leim verklebt. Wer möchte, kann eine Holzbeize verwenden und danach den Ständer entweder mit Ballenmattierung oder einem Glanzlack behandeln. Der Glashafen ruht jetzt relativ sicher, und so können wir uns endlich seinem neuen Inhalt widmen.
Für unser erstes Buddelschiff habe ich einen Besanewer ausgewählt (Abb. 2). Er ist stark vereinfacht, leicht zu erstellen

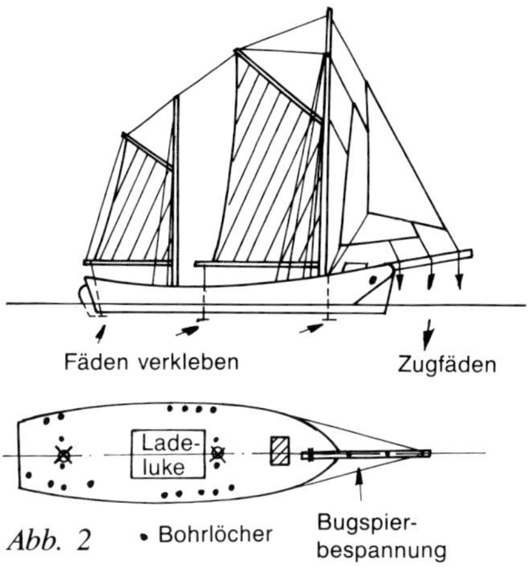


*Abb. 2*

und zeigt doch etwas her. Für den Schiffskörper benötigen wir ein Stückchen Holz mit den Abmessungen 4 × 1,5 × 1 cm. Man sollte kein stark harzhaltiges Holz (Nadelhölzer) verwenden, sondern Linde, Pappel, Teak, Birne o.ä. Von Balsa rate ich unbedingt ab. Dieses sehr weiche Holz ist zwar gut für den Flugzeugmodellbau, aber für Zugbuddelschiffe überhaupt nicht geeignet: Fäden, die auf Spannung gesetzt werden müssen, schneiden sich tief ins Material.

Auf die 1,5 cm breite Seite des Holzes zeichnen wir die Draufsicht des Rumpfes, den Umriß. Diesen nehmen wir mit Hilfe eines Stückchens Butterbrotpapier von der Bauzeichnung ab. Und so geht es: Transparentpapier auf den Plan legen, mit einem weichen Bleistift die Umrisse durchpausen, ausschneiden, die fertige Schablone auf das Holz legen, einmal mit dem Stift herumfahren, und dann tritt wieder unsere Laubsäge in Aktion (Abb. 3). Ist dies geschehen, wird die Seitenansicht nach demselben Verfahren aufs Holz gebracht und bearbeitet, am besten mit einem scharfen Schnitz- oder Taschenmesser. Dabei darf der Deckssprung nicht vergessen werden (Abb. 4).

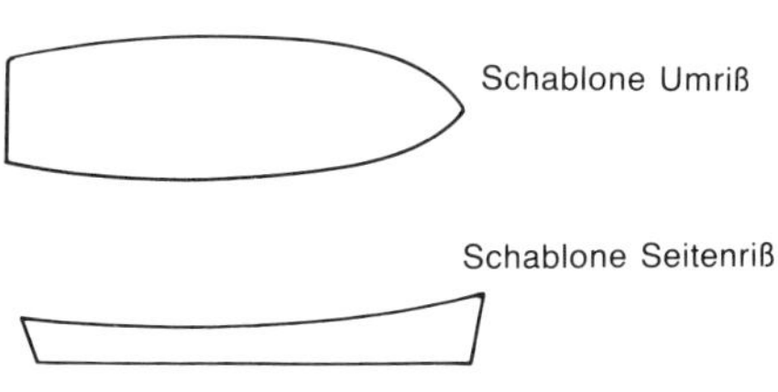


*Abb. 3*

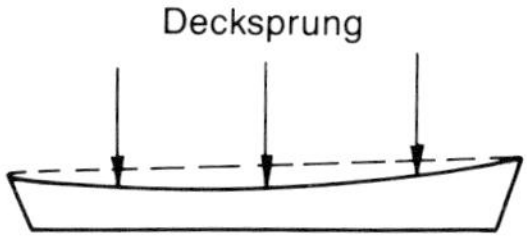


*Abb. 4*

Nach einer kurzen Verschnaufpause und einem Gläschen Rum werden mit feinstem Sandpapier alle Riefen und Unebenheiten weggeschliffen. Die nächste Arbeit lauert schon. Es müssen ein paar Löcher in den Rumpf gebohrt werden. Das Werkzeug stellen wir uns selbst her. Man nehme sich ein Stückchen Holz von beliebiger Qualität in der Stärke eines Kugelschreibers – halbe Länge reicht – schnitze und schmirgele es schön rund. Dann wird aus dem Nähkorb die feinste Nadel entwendet und mit der Spitze so weit wie möglich an einer Stirnseite ins Holz gedrückt, bis sie richtig festsitzt. Mit Hilfe einer Kombizange ist das gar kein Problem (Abb. 5). Aber bitte Vorsicht, die Finger werden noch gebraucht! Nun wird noch die Öse abgekniffen und mit einer Metallfeile bearbeitet. Wer diesen Aufwand scheut oder wer einfach ein bißchen bequem ist, dem sei der Fachhandel empfohlen. Hier gibt es feine und feinste Bohrer zu erwerben. Für unser Schiff sollte man einen 0,8 mm starken

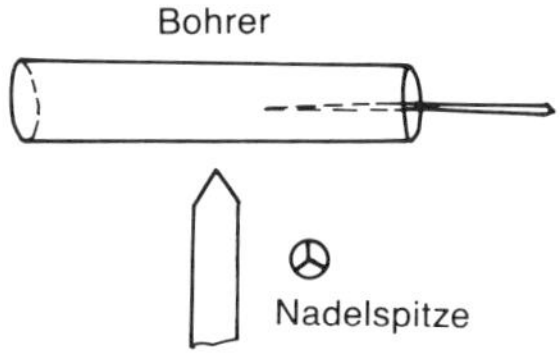


*Abb. 5*

besorgen, weil nachher, beim Takeln, eine feine Nähnadel durch das gebohrte Loch passen muß. Alle Bohrstellen, die Punkte in der Zeichnung, werden auf den Rumpf übertragen, und dann wird munter drauflos gebohrt, in unserem Fall sind es ja nur 19 Löcher. Man sollte nicht mit großem Kraftaufwand drücken, sondern den Bohrer drehen lassen. Ab und zu muß der Bohrstaub fortgeblasen werden.
Schon jetzt stellen wir den Bugspriet aus Bambus her. Wir bohren die Löcher für die Stage, setzen das fertige Hölzchen in den Bug des Rumpfes ein und verkleben es gut, denn es muß später die Zugkräfte der Fäden abfangen (Abb. 6).

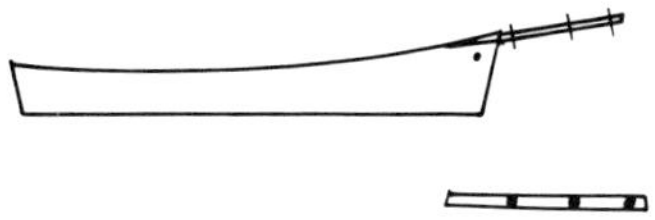

*Abb. 6*

Als nächstes gehen wir unter die Maler. Irgendwo findet sich ein wenig Schwarz, etwas Weiß und ein Rest Braun. Wenn nicht, es gibt in jedem Modellbauladen Kleinstmengen für den Modellbau. Wenn Sie sich hier eindecken, wählen Sie Mattlacke und keine Glanzfarben. Die Farbgebung des Schiffchens ist sehr einfach: Rumpf dunkelbraun, weißes Dreieck am Bug, Masten naturfarben belassen.
Während die Farbe auf dem Rumpf trocknet, wenden wir uns den Masten und dem Bugspriet zu. Als Material verwenden wir Bambus. Entweder besorgt man sich etwas beim Gartenzubehör, oder man verwendet Schaschlikspieße aus Bambus. Die Hölzer werden nach den Maßen der Zeichnung zurechtgeschnitten, die Bohrlöcher übertragen und vorsichtig gebohrt. Wenn kein vorgefertigtes rundes Material Verwendung gefunden hat, müssen im nächsten Arbeitsgang die Hölzer mit einem Schnitzmesser und Sandpapier gerundet werden. Die Masten sollen sich zur Spitze hin etwas verjüngen, aber, bitte, bitte nicht so spitz wie Pfeile (Abb. 7). Der Mastfuß wird noch etwas abgeschrägt, damit beim Umlegen des Holzes kein Spannungsbruch entsteht (Abb. 8).

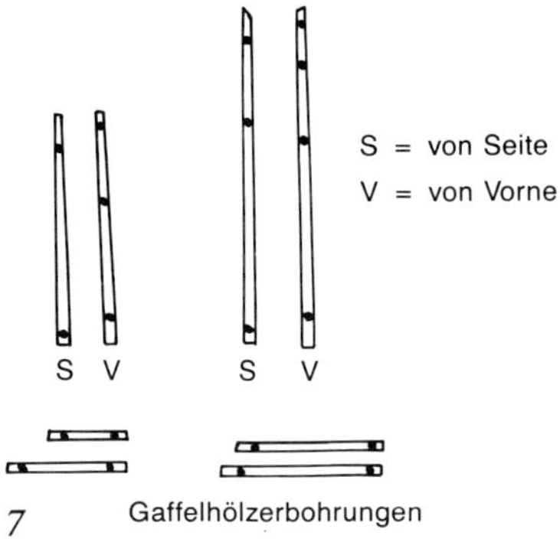


*Abb. 7*

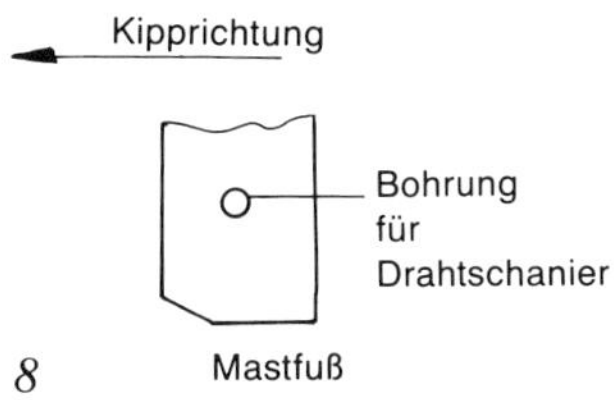


*Abb. 8*

Jetzt sind noch nach Plan die restlichen Gaffelhölzer herzustellen. Sind der Rumpf und die Masten getrocknet, werden sie mit einem dünnen Kupferdraht (0,8 mm) verbunden. Ein altes Stück Telefonkabel liefert das Material, wobei die Isolierung zu entfernen ist. Nehmen Sie keinen Eisendraht, denn der rostet auch in der verschlossenen Buddel. Der Draht wird durch das Bohrloch im Mastfuß gesteckt und durch die entsprechenden Löcher im Schiffsrumpf geführt, und beide Enden werden unter dem Rumpf zusammengedreht und nach vorn umgebogen. Es entsteht ein zusätzlicher Halt im Kittmeer. Mit etwas hellem Ocker überdecken wir den metallischen Glanz.

Nun sind die Gaffelhölzer dran. Sie werden am Mast verknotet (s. Abb. 2). Hierzu nehmen wir, wie auch für die restliche Takelage, schwarzes Nähgarn. Man sollte keine Baumwollfäden verwenden, denn diese geben, auf Zug gesetzt, nach. Und jetzt wird getakelt, die Fäden werden gespannt. Ein Fadenholer und die feinste Nähnadel sind unsere wichtigsten Werkzeuge. Wer sie einsparen will, der tauche jeweils ein Fadenende in Nagellack, Leim oder auch in einfachen Alleskleber und streiche den überflüssigen Klebstoff ab. Nach kurzer Trockenzeit kann man dieses Fadenende bequem durch alle Löcher ziehen. Das erste Tau, das gespannt wird, ist das Triaticum; es ist nur ein Provisorium und muß unbedingt am Ende der Fadenzieherei wieder entfernt werden. Dieser Faden hat nur die Aufgabe, die Masten aufrecht zu halten, während wir takeln (Abb. 9).

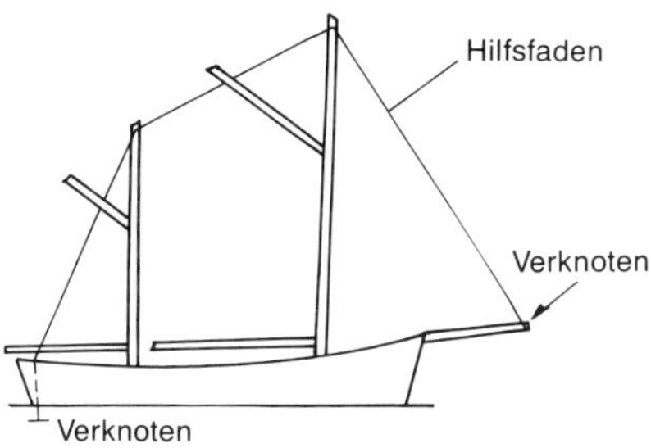

*Abb. 9*

Nun sind die Wanten an der Reihe. Wir halten uns genau an den Takelplan (Abb. 10).

Die Fadenenden werden unter dem Schiffsrumpf ordentlich verknotet, wobei unbedingt auf die Stellung der Masten geachtet werden muß. Ein Tropfen Leim o.ä. sichert gegen ungewolltes Aufdröseln. Dies gilt übrigens auch für alle anderen Knoten an unserem Kunstwerk. Ein Stück Styropor wird zur Hellig, sprich: zum Bauständer. Der Rumpf wird mit

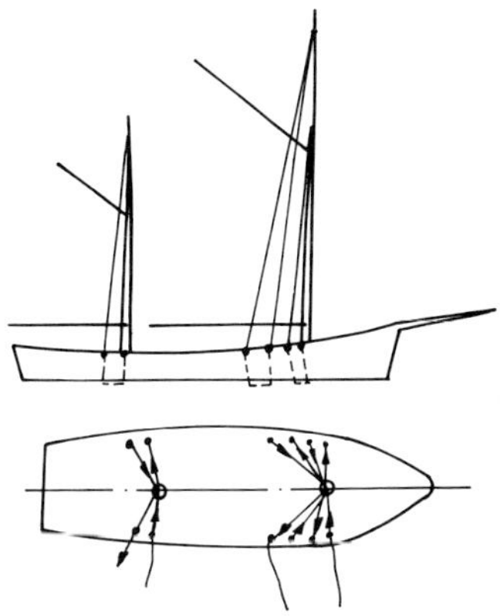
*Abb. 10*

Stecknadeln festgesteckt. Die Stage werden an den Masten verknotet, durch die für sie bestimmten Löcher geführt und auf der Hellig stramm festgelegt. Mit diesen Fäden richten wir später die gesamte Takelage in der Buddel auf.

Jetzt zu den Segeln. Für unser Schiffchen habe ich Filtertütenpapier verwendet. Es wurde vorher mit Kaffee braun gefärbt: einfach in den schwarzen, heißen Kaffee legen, je nach Farbwunsch länger oder kürzer darin schwimmen lassen, herausnehmen und trocknen. Dann wird es nach der Zeichnung (Abb. 2) ausgeschnitten und probehalber an das jeweils obere Gaffelholz gehalten. Sollte das Segel noch nicht passen, schneiden wir es vorsichtig zurecht. Die Segel werden nur an das obere Holz geklebt (Abb. 11). Spätestens wenn es durch den Flaschenhals gehen soll, werden Sie merken, warum.

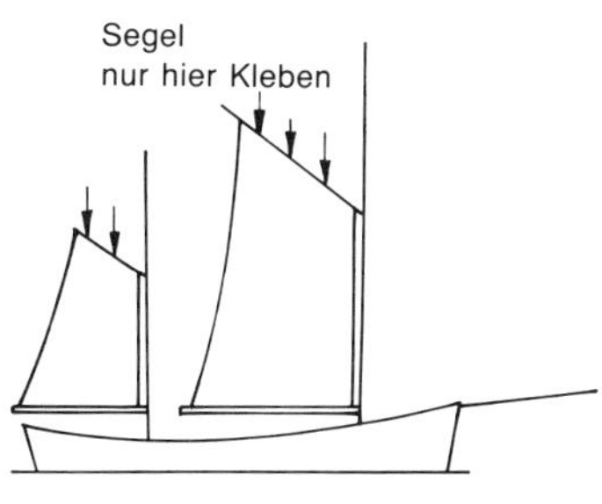

*Abb. 11*

Nach Vollendung dieser schweren Arbeit sind die Stagsegel an der Reihe, die sicher schon ausgeschnitten vor Ihnen liegen. Sie müssen bei der hier beschriebenen Bauweise auf dem Stag hin und her geschoben werden können. Ein weiterer Faden wird mit eingeklebt, beim Original das Schot. Der Kleber ist so aufzutragen, wie die Abbildung es zeigt. Der Faden im Segel wird durch sein Loch im Schiffsrumpf geführt und verklebt (Abb. 12).

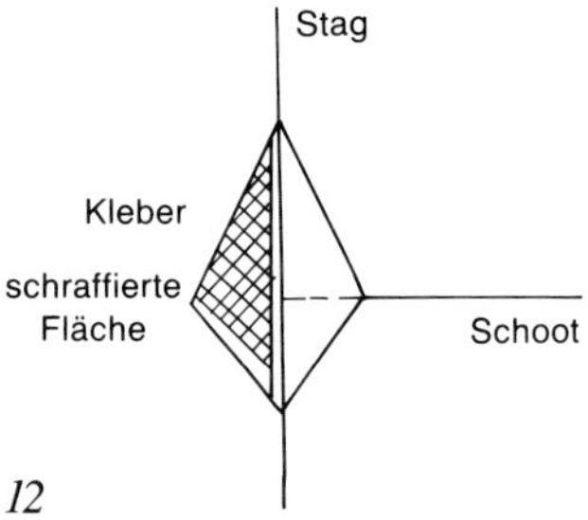


*Abb. 12*

Sind alle Segel angeschlagen, bekommt unser Ewer noch ein paar kleine Aufbauten: Ladeluke, Kartenhaus, usw. Aber bitte nicht übertreiben! Lieber etwas weglassen, als es zu groß darzustellen. Dem Stapellauf steht nun nichts mehr im Wege!
Für das Flaschenmeer können verschiedene Materialien Verwendung finden, z.B. Fensterkitt, Plastelin oder auch fettfreie Knetmasse. Ich habe schon Verschiedenes ausprobiert, bin aber immer wieder zum guten alten Fensterkitt zurückgekehrt. Dieser wird mit blauer und etwas schwarzer Farbe richtig schön durchgewalkt. Die Masse wird dabei zu dünn, so daß noch etwas Schlämmkreide hinzuzufügen ist. Zum Einfüllen des Meeres benötigen wir einen an der Spitze plattgeklopften steifen Draht. Das Flaschenmeer wird nun vorsichtig, ohne den Flaschenhals zu beschmutzen, eingebracht und am Boden festgedrückt, und dann formen wir kleine Wellen. Bitte keine Sturmseen! Bei der gewählten Segelführung ist das unmöglich. Bitte sorgsam arbeiten, eventuelle Flecken sofort entfernen und den Hals der Buddel am Schluß noch einmal ordentlich säubern, bevor das Schiff diesen Weg nimmt.
Jetzt gilt es! Wir nehmen den Ewer behutsam von der Hellig und klappen die Masten vorsichtig zurück. Auf gar keinen Fall dürfen die Segel gefaltet oder geknifft werden. Ganz langsam schieben wir unser Werk durch den Flaschenhals. Wichtig ist, nicht loszulassen, wenn wieder etwas Raum spürbar wird. Die Masten richten wir nun so weit wie möglich mit Hilfe der Fäden auf, um zu verhindern, daß die Segel in das noch frische Kittmeer getaucht werden. Der Rumpf wird in die Masse gedrückt, ein wenig schräg, um die Windrichtung anzudeuten.
So, nun erst mal Pause. Die haben wir uns redlich verdient. Nach drei bis vier Tagen, je nachdem, wie schnell der Kitt aushärtet, werden die Fäden vorsichtig straff gezogen und mit dem Bugspriet verklebt. Der Kleber muß wirklich gut trocknen, und dann werden die Fäden vorsichtig mit einer geeigneten Schere, einem Stück Rasierklinge oder etwas Ähnlichem abgeschnitten. Das Stück Klinge wird mit einem Zweikomponentenkleber auf einen Draht geklebt. Da sich der Draht beliebig biegen läßt, können wir auf diese Weise jede Stelle erreichen, an der geschnitten werden muß. Vor dem Abbrennen der Fäden sei hier ausdrücklich gewarnt!
Mit etwas Deckweiß werden die Wellenkämme, die Bugwelle und das Kielwasser angedeutet.
Jetzt wird noch einmal die Segelstellung überprüft. Alles in Ordnung? Nun, dann hinein mit dem Korken in den Flaschenhals. Wer möchte, läßt noch etwas roten Siegellack darauftropfen. Vielleicht findet sich noch irgendwo ein alter Knopf mit einem Anker. Dieser wird in den noch formbaren Lack gedrückt und wieder entfernt. Zurück bleibt der gelungene Abdruck.

Herzlichen Glückwunsch zum ersten selbstgefertigten Buddelschiff!
Diese Bauweise ist nur ein bescheidener Anfang. Jeder Buddelschiffer entwickelt mit der Zeit seinen eigenen Stil und möglicherweise sogar eine völlig neue Baumethode. Wie vielfältig die Möglichkeiten sind, werden Sie bei der weiteren Lektüre dieses Buches feststellen.

# *Häuser, Kirchen, Leuchttürme, Windmühlen und anderes Beiwerk*

Wie überall gibt es auch bei diesem Kapitel die unterschiedlichsten Meinungen. Der eine Buddelschipper ist der Ansicht, daß nur das Meer zum Schiff gehört, der nächste wiederum baut ganze Szenarien um sein Schiff herum, und wieder ein anderer schwört Stein und Bein, seine Werke kämen ausschließlich ohne jedes schmückende Beiwerk durch den Flaschenhals. Der geneigte Leser und angehende Buddelschiffer möge nach seinem Geschmack, über den es sich ja so trefflich streiten läßt, entscheiden.
Wenn die Entscheidung für einen Hintergrund gefallen ist, muß zunächst einmal der Flascheninnenraum genau ausgemessen werden. Schiff und Hintergrund sollen sich nicht gegenseitig die Schau stehlen, sondern harmonisch aufeinander abgestimmt sein und sich zu einem Ganzen zusammenfügen. Wenn ermittelt ist, wieviel Raum zur Verfügung steht, wird eine Bauskizze entworfen, wobei es jedem freigestellt ist, ob er die Fantasie bemüht, eine ganz bestimmte Landschaft nachbildet oder sich für eine Kombination aus beidem entscheidet. Die Länge, Breite und Höhe der dargestellten Objekte wird hier nicht vorgegeben, denn sie ergibt sich aus der verwendeten Flasche.

*Häuser:* Aus einer kleinen Leiste arbeiten wir die Form des Hauses heraus. Holzfeile und verschiedene Sandpapiere sind die benötigten Werkzeuge. Um Arbeit und auch Zeit zu sparen, machen wir gleich ein paar Häuser mehr und haben so eine kleine Reserve, wenn es mal etwas schneller gehen soll.

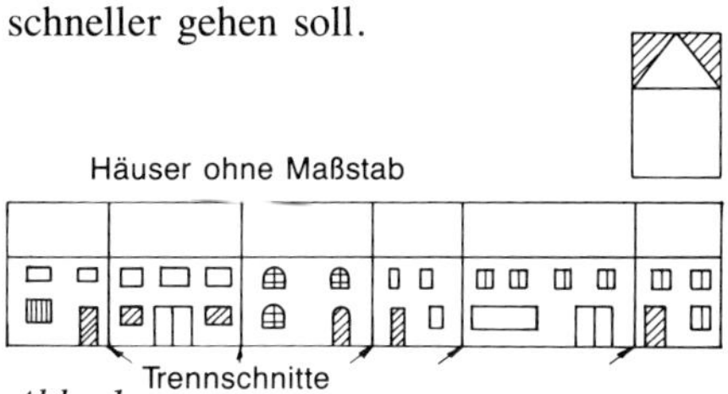

*Abb. 1*

Nach dem Feinschmirgeln wird das »Langhaus« mit der Laubsäge in mehrere kleine Häuser geteilt. Einen kleinen Schornstein sollte man nicht vergessen (Abb. 1).
Danach erfolgt das Bemalen mit einem wirklich feinen Haarpinsel. Sollte Ihnen selbst dieser noch als zu stark erscheinen, dann rücken Sie ihm ungeniert mit einer kleinen, aber scharfen Schere auf den Leib. Ob jetzt die Mauern weiß und das Dach rot bemalt werden oder ob lieber die Mauern rot und das Dach grau aussehen sollen, liegt ganz im Ermessen des Erbauers und ist natürlich auch von seiner Geschicklichkeit abhängig. Die Fenster und Türen kann man ebenfalls aufmalen. Wem die Konturen auf diese Weise aber zu ungenau werden, der kann diese Teile auch aus schwarzem Papier ausschneiden und aufkleben. Die Farben müssen anschließend gut trocknen.
*Kirche:* Sie wird aus dem gleichen Holz gefertigt wie die Häuser. Vorlagen für kleine Dorf- oder Fischerkirchen finden sich auf Postkarten. Turm und Kirchenschiff werden getrennt hergestellt und in der Flasche zusammengesteckt (Abb. 2). Dann bemalen wir die kleinen Objekte und lassen sie gut trocknen. Wer möchte, kann noch eine Turmuhr aufmalen oder

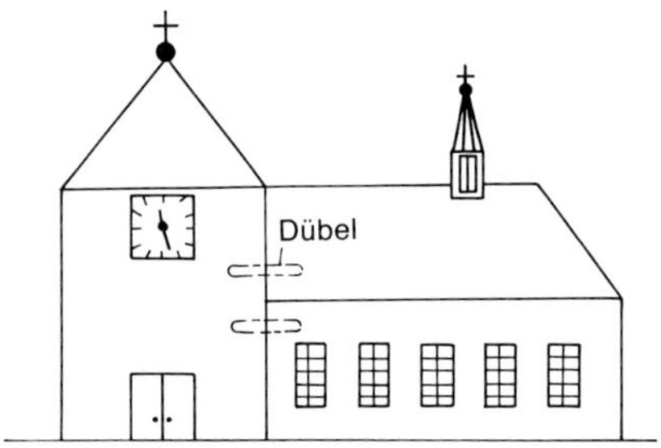


*Abb. 2*

sie vorher auf Papier bringen, ausschneiden und auf den Turm kleben. Ob alle vier Himmelsrichtungen oder nur die Vorderseite bedacht wird, liegt beim Erbauer.
*Leuchttürme:* Wenn hier Vorlagen gebraucht werden, dann verweise ich auf die Leihbüchereien oder wieder auf Postkarten. Für den Anfänger reicht ein Rundholz, das zu einem Ende hin verjüngt wird, aus. Die augenscheinlichste Wirkung ergeben weiße und rote Streifen im Wechsel. Kappe, Geländer, Lichtaustritt und auch der Fuß werden farblich dargestellt. Die Farbe muß wiederum gut trocknen (Abb. 3).

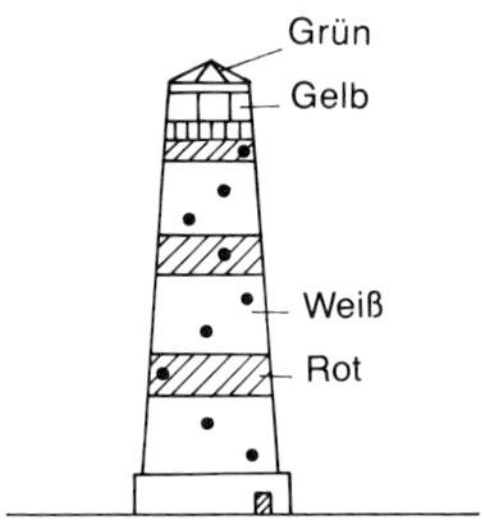


*Abb. 3*

*Windmühlen:* Sie werden ebenfalls aus Holz hergestellt, geschliffen und danach bemalt. Da die Windmühlenflügel meist nicht durch den Flaschenhals passen, müssen sie zusammenklappbar gebaut werden. Die zwei gleich langen bemalten Flügel werden in der Mitte durchbohrt, ein Stück Draht wird durchgesteckt und durch das Dach der Mühle geführt. So sind die Flügel beweglich und können durch den Flaschenhals bugsiert werden. Mit einem langen Draht werden sie in der Buddel

*Abb. 4*

wieder auseinandergedrückt und verleimt (Abb. 4).
*Bäume, Büsche, Felsen usw.:* Laubbäume kann man aus den Fruchtständen der Erle hervorragend fertigen. Sie werden in Leimwasser gelegt – danach gut trocknen lassen. Hat man sie mit gelber und grüner Farbe bemalt, ist ein wunderschöner Lindenbaum entstanden, oder ist es doch eine Eiche? – Büsche werden aus Moos zugeschnitten. Dieses Material gibt es in den Modelleisenbahnabteilungen der Kaufhäuser. – Felsen fertigt man seit Urzeiten aus Korkrinde an. Man bricht ein passendes Stück ab – nicht schneiden! – und bemalt es. Kork bekommt man im Zoofachhandel. Oder es werden kleine Steinchen verwendet, die bei einem Sonntagnachmittagsspaziergang gesammelt worden sind. – Mit Kränen, kleinen Molen, Treppchen, Dalben usw. läßt sich der Hintergrund noch interessanter gestalten. Der Fantasie sind keine Grenzen gesetzt.
*Einbau:* Wenn alle Zutaten beieinander und alle Farbanstriche trocken sind, beginnt der Einbau. Aus braungefärbtem Fensterkitt wird ein schmaler Streifen in die Flasche eingebracht, darunter kommt ein grünlicher.
Dann nimmt man einen Montierdraht, der gern etwas stabiler sein sollte, und bringt die geplanten »Bauwerke« in die Buddel, drückt sie in den feuchten Kitt und läßt das Ganze waagerecht einige Tage trocknen. In der Zwischenzeit kommt dann das Schiff zu seinem Recht.

*Gerhard G. Herrling*

# Scalar 31: Eine Yacht in stehender Buddel

Sie wollen sich endlich den Traum einer eigenen Yacht erfüllen? Na, dann los! Benötigt werden etwas Holz, ein Stück Bambus, eine leere Buddel, etwas Kitt, Farbe, ein paar Fäden, und schon nimmt der lange gehegte Traum Gestalt an. Als Glashafen fand in diesem Fall eine hellgrüne Bocksbeutelflasche Verwendung. Modell für das Minischiff stand die GFK-Yacht »Scalar 31«.

Lassen Sie sich vom Traumschiff Ihrer Wahl einen Werbeprospekt senden. Darin sind meist ein Segelriß und ein Decksplan zu finden. Noch erfreulicher ist es natürlich, wenn die Möglichkeit besteht, auch ein paar Fotos von dem Boot zu schießen. Vorher sollte man allerdings unbedingt den Eigner um Erlaubnis bitten.

Der Bauplan entsteht jetzt, indem man entweder selbst zeichnet – was mit viel Rechenarbeit verbunden ist – oder durch Vergrößern bzw. Verkleinern auf einem Kopiergerät. Egal wie das Ergebnis zustande kommt, das Maß aller Dinge sind der Flaschenhalsdurchmesser und die Innenmaße der verwendeten Buddel. Beginnen wir also, den Traum Wirklichkeit werden zu lassen.

Zunächst wird der Rumpf gefertigt. In ein gut abgelagertes Stückchen Holz (Maße nach Flasche errechnen) werden seitlich

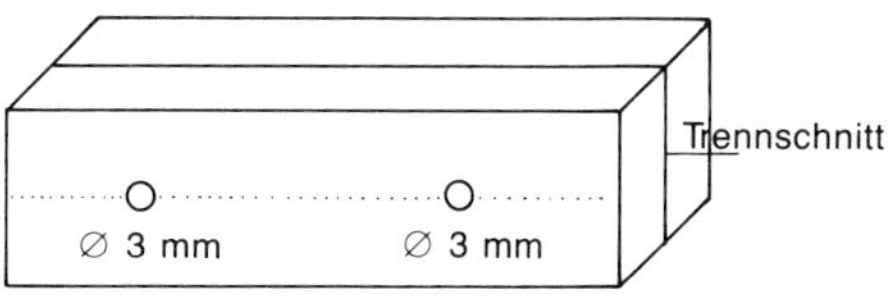


*Abb. 1*

zwei 3 mm starke Löcher gebohrt. Danach wird es genau mittig in zwei Hälften getrennt (Abb. 1). Mit zwei Holzdübeln werden die beiden Holzteile wieder zusammengesteckt. Die Dübel sollten etwas länger sein als die Hälfte der Rumpfbreite (Abb. 2).

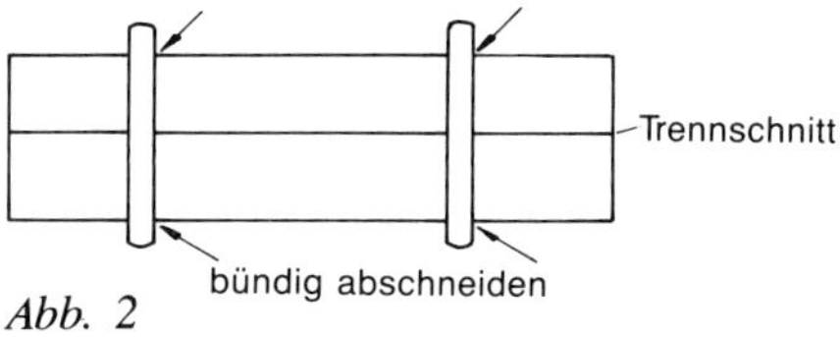


*Abb. 2*

Unter Zuhilfenahme einer Schablone wird der Deckssprung auf das Holz gezeichnet und mit Feile und Sandpapier ausgearbeitet (Abb. 3). Niedergang und Cockpit werden mit dem Stechbeitel ausgehoben – gut schleifen (Abb. 4). Nun wird der

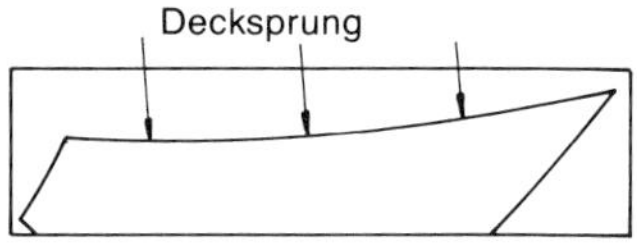


*Abb. 3*

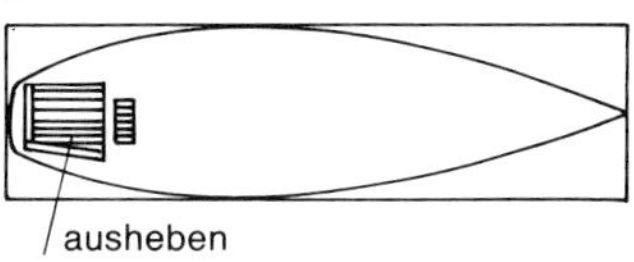


*Abb. 4*

Umriß des Rumpfes mit der Schablone aufgezeichnet, der Rumpf wird ausgesägt und mit Schnitzmesser und Sandpapier in die gewünschte Endform gebracht (Abb. 5).

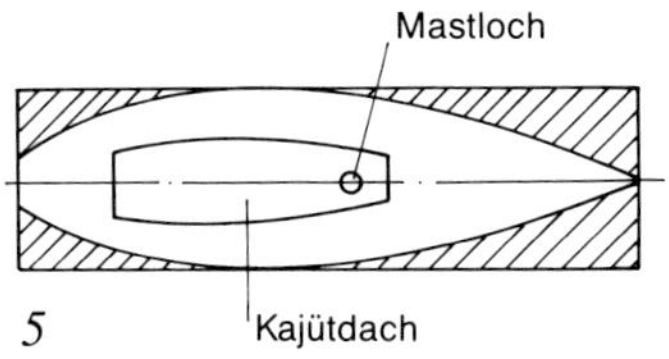


*Abb. 5*

Eine wichtige Arbeit wird jetzt vor dem Weiterbau dazwischen geschoben: Die Buddel wird gesäubert und getrocknet, und dann wird das Kittmeer eingefüllt. Die Wellen werden so modelliert, daß sie zu der geplanten Windstellung der Segel passen.
Ist die Rumpfform fertig, wird auf einem Stückchen Sperrholz mit dem Bleistift die untere Kante des Rumpfes in ihrem Umriß aufgezeichnet, die Kontur wird ausgesägt und in der Mittellinie halbiert. Die beiden Hälften werden nebeneinander gelegt und mit einem Stückchen Klebeband verbunden. Zusammengeklappt wandert dieses Hilfswerkzeug in die Buddel, wird in ganzer Rumpfbreite in das Kittmeer gedrückt und nach zwei bis drei Tagen wieder entfernt. In diesen Abdruck wird dann der Schiffsrumpf geklebt. Wenn der Kitt gut durchgetrocknet ist, überzieht man die Oberfläche einmal mit Klarlack. So entsteht beim Betrachter der Eindruck einer glänzenden Wasseroberfläche. Wer noch mehr tun will, versieht die Wellenkämme mit kleinen Schaumkronen.
Doch nun zurück zum Schiff. Aus einem weiteren Stückchen Sperrholz wird nach den Maßen der Zeichnung das Kajütdach ausgesägt, dem Decksverlauf angepaßt und mit einem kurzen Dübel versehen, der in den Rumpf gesteckt wird – gut schleifen (Abb. 6). Schiffsrumpf und Kajütdach werden mit weißem Mattlack bemalt und, nachdem alles gut getrocknet ist, geschliffen. Dieser Vorgang muß zwei- oder dreimal wiederholt werden, bis ein tadelloses Ergebnis erreicht ist.

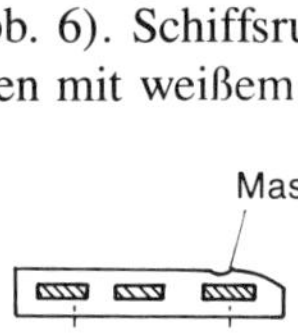


*Abb. 6*

Altes Filmmaterial – unbelichtete Enden und Filmanfänge nicht mehr wegwerfen! – liefert den Werkstoff für Oberlichter, Fenster und Luken, die nach Plan ausgeschnitten und angeklebt werden. Aus Furnier oder holzfarbenem Papier wird der Decksbelag (beim Original handelt es sich um ein Teakstabdeck) paßgenau hergestellt, aber noch nicht mit dem Deck verklebt. Schließlich soll in der Buddel nicht mehr erkennbar sein, daß der Schiffsrumpf geteilt hergestellt wurde.
Jetzt können die Kleinigkeiten hergestellt werden, die einem Schiff Leben geben:
- Rettungsinsel
- Fender
- Badeleiter
- Bootshaken
- Flaggstock mit Flagge usw.
- Ruderpinne
- Spritzwasserschutz

Nach Bauplan werden anschließend die notwendigen Löcher gebohrt – für Wanten und Stage. Für diese Takelung stand Material zur Verfügung, wie es früher beim Chirurgen zum Nähen von Wunden verwendet wurde – selbstverständlich Reste und nicht bereits gebrauchte Fäden. Dieses Kunststoffmaterial kommt den ummantelten Drähten des Originals im Aussehen sehr nahe. Selbstverständlich kann auch anderes Garn verwendet werden. Die Fäden sind in ausreichender Länge abzuschneiden, da sie aus dem Flaschenhals heraushängen müssen.
Der Mast wird aus einem Stück Bambus geschnitzt. Die Länge wird dem Bauplan entnommen. Es sind die Löcher zu bohren, und der Mast ist mattschwarz zu bemalen (im Original ist er eloxiert). Der Gaffelbaum wird nach Plan hergestellt, bemalt und am Mast befestigt. Und da wir gerade so schön dabei sind, stellen wir

auch gleich noch den Spinnakerbaum her. Den fertigen Mast stecken wir in das Mastloch des Kajütdaches, und dann wird nach Plan getakelt.

Die Segel werden aus Falzbatist hergestellt, den es in verschiedenen Stärken beim Buchbinder gibt. Anzeichnen der Segelbahnen und der Reffs nicht vergessen. Die Schoten werden angebracht, das Großsegel an den Mast und die Fock an den Stag geklebt, der Klubstander in Höhe der Saling befestigt.

Nun etwas ganz Wichtiges, auf das kein Yachtie verzichten kann und will: der Spinnaker. Dazu nehme man einen nicht zu großen runden Luftballon, puste ihn auf und knote ihn gut zu. Es darf keine Luft entweichen. Eine Wäscheklammer hält den Ballon bei der weiteren Prozedur auf dem Basteltisch. Man gibt einen ordentlichen Klecks Leim auf einen tiefen Teller und verdünnt mit Wasser, bis das Ganze dünnflüssig ist. Ein Bogen dünnes Papier (z.B. Luftpostpapier) wird in schmale Streifen geschnitten. Will man maßstabsgerecht arbeiten, muß man natürlich vorher die Breite errechnen. Diese Streifen werden in das Leimwasser getaucht, bis sie sich vollgesogen haben. Dann werden sie senkrecht und überlappend auf den Ballon gelegt. Es ist ein absolutes Muß, sie wirklich gut trocknen zu lassen, denn . . . nun ereilt den Ballon sein Schicksal – mit Hilfe einer Nadel. Dies ist zwar ein Radikalverfahren, aber bisher sind alle meine Segel heil geblieben. Nun wird die passende Spiform ausgewählt, aufgezeichnet und ausgeschnitten (Abb. 7).

Das Symbol des Schiffes wird auf das Segel gemalt oder geklebt. Dann wird nach Plan getakelt (Abb. 8). Alles fertig für den Stapellauf!

*Abb. 8*

Das Schiff wird vorsichtig auseinandergenommen:

- Den Mast aus dem Kajütdach ziehen
- Kajütdach abnehmen
- Decksbelag abheben
- Rumpf auseinanderziehen und dann die beiden Hälften durch den Flaschenhals bugsieren
- Mit zwei Drahtwerkzeugen zusammenstecken, etwas Leim in die Fuge geben und dann ganz zusammendrükken; gut trocknen lassen
- Den Rumpf mit Zweikomponentenkleber auf dem vorgesehenen Platz im Kettmeer festkleben. Vorsicht, Vor-

*Abb. 7*

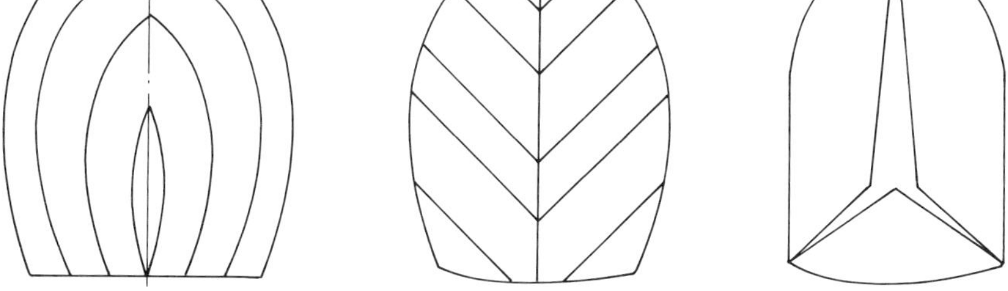

Kugelspinnaker Universalspinnaker Starspinnaker

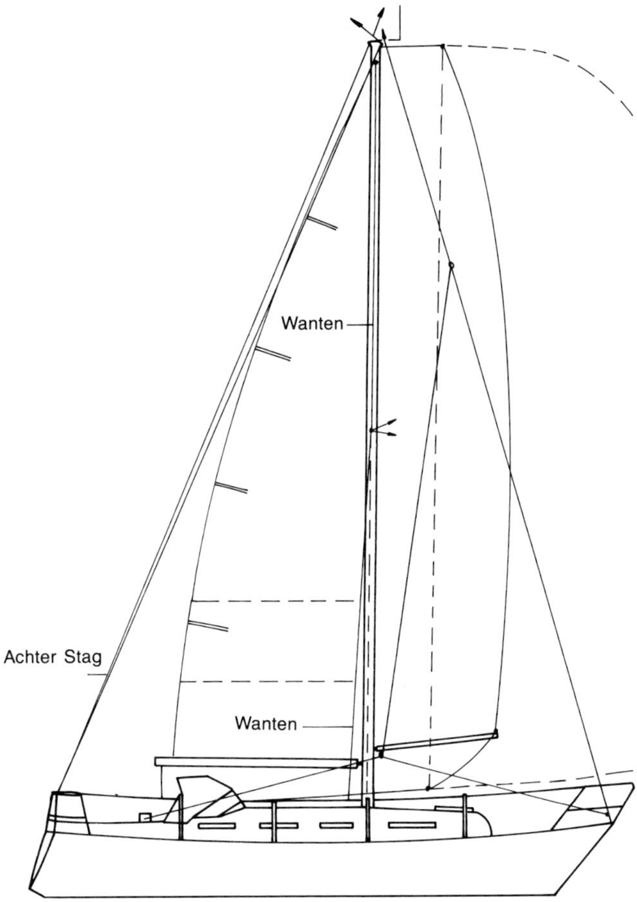
Wanten
Achter Stag
Wanten

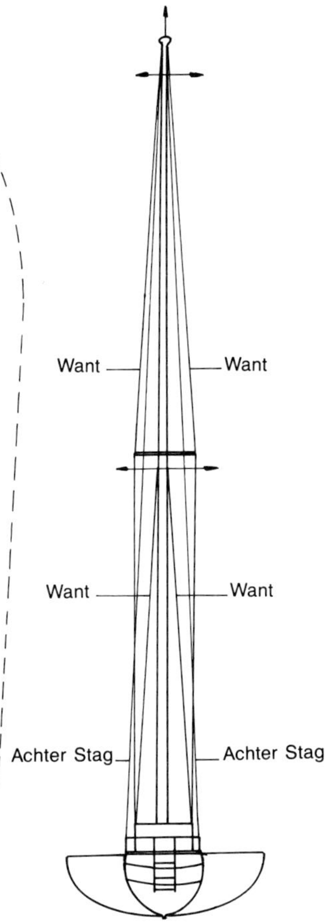
Want
Want
Want
Want
Achter Stag
Achter Stag

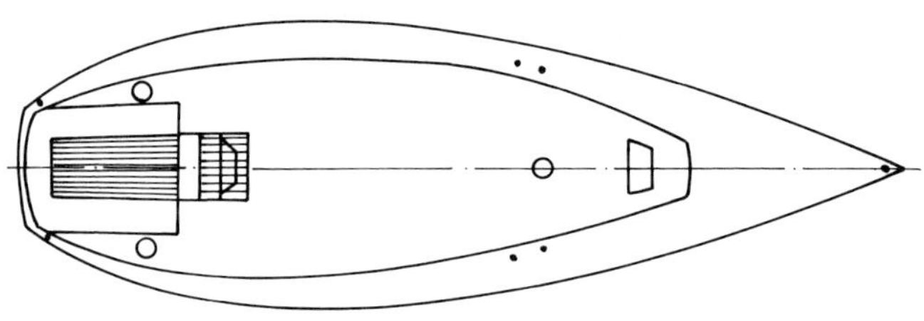

sicht und noch einmal Vorsicht beim Einbringen der Klebers! Es dürfen auf keinen Fall Teile der Takelage oder die Segel verschmiert werden.

Sitzt der Rumpf dann bombenfest an seinem Platz, wird der Mast mit allen drei Segeln durch den Flaschenhals gebracht. Dabei wird das Spi vorsichtigst zusammengerollt. In der Buddel wird es von selbst in seine alte Form springen.

Wir geben einen Tropfen Leim ins Mastloch, stecken den Mast hinein, richten ihn aus und lassen den Leim wieder gut aushärten.

Das Zubehör wird an die vorgesehenen Plätze geklebt. Ist auch dies geschehen, sind vorsichtig die Fäden straff zu ziehen. Erst wenn absolute Sicherheit besteht, daß nichts mehr vertörnt ist, und die Segel wirklich richtig stehen, werden sie im Mastkopf verklebt. Der Kleber muß gut abbinden, und dann wird jeder einzelne Faden auf seinen festen Sitz überprüft. Nun sind die Segel zu verkleben (Großsegel am Baum), Schoten von Fock und Klüver in das Cockpit zu holen und anzukleben.

Wenn auch dies alles zur vollen Zufriedenheit gediehen ist, können die Fäden gekappt und die Buddel verkorkt werden. Wir legen einen Türkenbund um den Hals und verschließen die Flasche luftdicht mit Siegellack.

Zu guter Letzt noch ein Hinweis: wenn einmal nichts mehr klappen will, dann bitte auf keinen Fall verzweifeln! Üben Sie sich in Geduld! Stehen Sie einfach vom Basteltisch auf, knipsen Sie das Licht aus und probieren Sie es ein anderes Mal, mit frischem Mut, erneut. Wenn es dann beim zweiten oder dritten Versuch immer noch nicht gelingen will, dann reißen Sie nur nicht an allen Fäden gleichzeitig das Schiff heraus, sondern schlagen Sie vorsichtig mit einem kleinen Hammer den Glashafen in Höhe des Kittmeeres entzwei. Man sollte dazu eine Schutzbrille aufsetzen! Hat man den Fehler beseitigt, kann das Spiel von vorn beginnen. Viel Spaß!

*Gerhard G. Herrling*

# Die Brigantine: Im Flaschenboden nach oben

Geeignet sind hierfür vor allem bauchige Flaschen mit möglichst kurzem Hals. Zunächst wird eine dünne Schicht gefärbten Fensterkitts in die Flasche modelliert, wobei der Hals frei bleibt. Nach einigen Tagen bis Wochen, wenn der Kitt ausgehärtet ist, wird mit kleinen Kittkugeln in der gleichen Färbung soweit aufgefüllt, daß nur noch eine trichterförmige Öffnung frei bleibt, ebenso der Hals. Nachdem mit einem gebogenen Haken die Wellen modelliert worden sind, wird die Wasseroberfläche mit einem gebogenen Pinsel bemalt. Danach läßt man das Ganze einige Wochen austrocknen. Das ist wichtig, damit beim Einbau des Schiffes, wenn die Buddel waagerecht liegt, der Kitt nicht verrutscht.

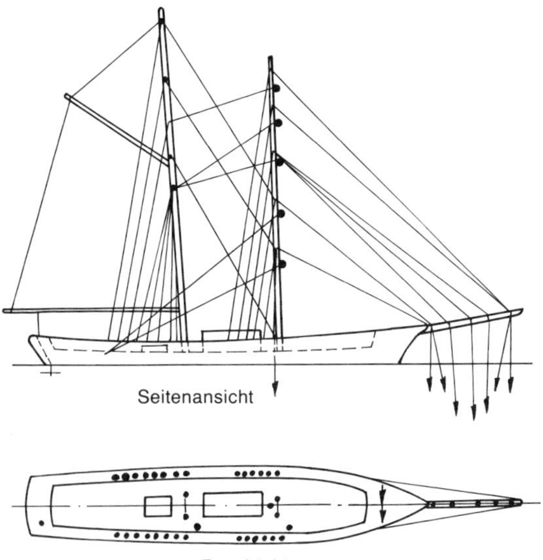


*Abb. 1*

Zum Einsetzen des Schiffes benötigt man etwas dauerelastische Dichtungsmasse von Bostik oder Ähnliches, ein graues Material, das man auch für andere Zwecke beim Buddeln gut gebrauchen kann. Ein Röllchen von etwa 6 mm Durchmesser und so lang wie die Unterseite des Schiffsrumpfes wird nun in die waagerecht liegende Flasche eingebracht und am Glas innen festgedrückt. Nun wird das Schiff durch den Hals und die Kitttrichteröffnung eingesetzt. Falls der Kitt noch etwas färben sollte, kann man das Schiff mit dünner Plastikfolie umwickeln. Nun werden die Masten mit Hilfe der Zugfäden und einem Haken so weit wie möglich aufgerichtet. Hierbei leistet eine lange Pinzette oder medizinische Zange wertvolle Hilfe. Dann wird das Schiff auf die Bostik-Masse gedrückt – nicht leimen! Die Masten können nun, da das Schiff halbwegs sicheren Halt hat, endgültig aufgerichtet und die Fäden straff gezogen werden. Wenn auch Rahen, Segel usw. vollkommen ausgerichtet sind, werden alle beweglichen Teile mit Weißleim verklebt, d.h. die Segel werden mit den Rahen bzw. Bäumen verleimt. Die Zugfäden werden unter dem Klüver verleimt, verzwirbelt und außerhalb der Flasche mit Tesafilm befestigt.

Nachdem der Leim gut ausgetrocknet ist, werden die Zugfäden am Klüver gekappt,

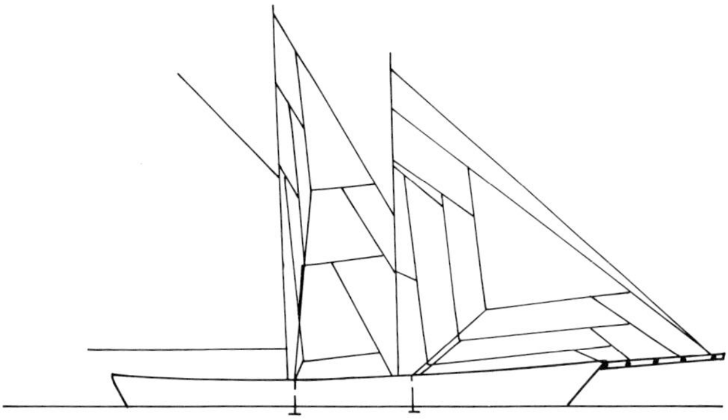


*Abb. 2*

das Schiff wird von der Bostik-Masse gelöst und die Masse aus der Flasche entfernt. Nun kann das Schiff um 90 Grad gedreht werden. Das Schiff wird etwas nach hinten geschoben. Dort, wo später Bug und Heck des Schiffes plaziert werden sollen, wird etwas Weißleim auf die Wasseroberfläche aufgetragen. Dann bugsiert man das Schiff an seinen endgültigen Liegeplatz und drückt es in den feuchten Weißleim.

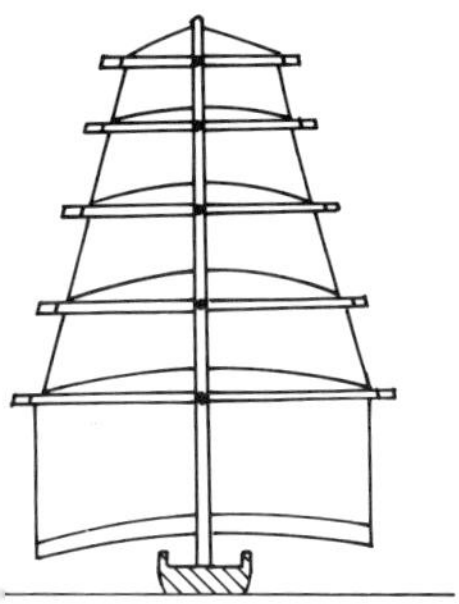


*Abb. 3*

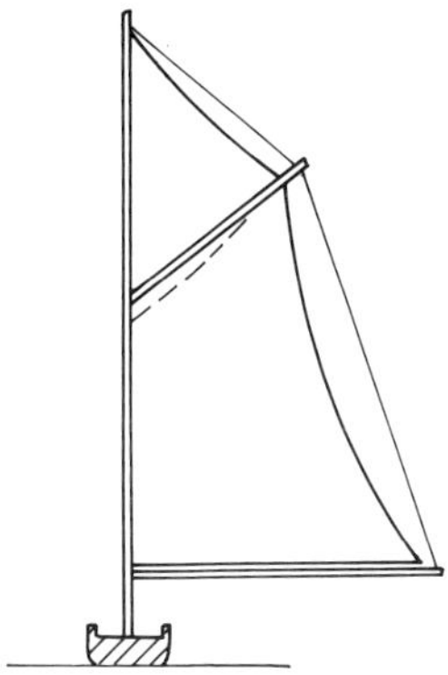


*Abb. 4*

Am nächsten Tag, wenn das Schiff bombenfest verleimt ist, wird mit kleinen Kittkugeln von unten der Trichter aufgefüllt. Dabei können die Kügelchen vorher entsprechend der Wasseroberfläche bemalt werden. Hier ist Fingerspitzengefühl erforderlich, damit der Kitt nicht zu weit hineingedrückt wird. Eventuell sollte man die einzelnen Schichten zwischendurch austrocknen lassen. Auch der Hals wird mit Kitt gefüllt.

Beim Bau des Flaschenständers sollte man bedenken, daß noch Öl aus dem Kitt nach unten sickern wird. Es empfiehlt sich, in den noch weichen Kitt im Trichter und im Hals ein möglichst dickes Rundholz einzuarbeiten, das das überschüssige Öl aufsaugt.

Diese Überkopftechnik ist für Anfänger und ungeduldige Leute nicht zu empfehlen: Jeder Handgriff muß sitzen!

*Jochen Binikowski*

# Ein Neufundlandschoner: Die hängende Flasche

Wer möchte nicht mal eine hängende Flasche besitzen, am Anker oder Zierhaken mit dem Hals nach unten aufgehängt? Geeignet sind Slibowitz- und Marillenlikörflaschen. Der Flaschenboden wird mit einem 6-mm-Glasbohrer durchbohrt. Für die Aufhängung benötigen wir eine Hutmutter und eine passende Schraube. Die Hutmutter wird seitlich durchbohrt, so daß ein kleiner Schlüsselring durchgeführt werden kann. Mit einem langen Schraubendreher wird die Schraube von innen durch den Boden geführt. Sie darf nur 5 mm herausschauen. Die Hutmutter wird mit etwas Leim versehen, auf die Schraube gedreht und handfest angezogen

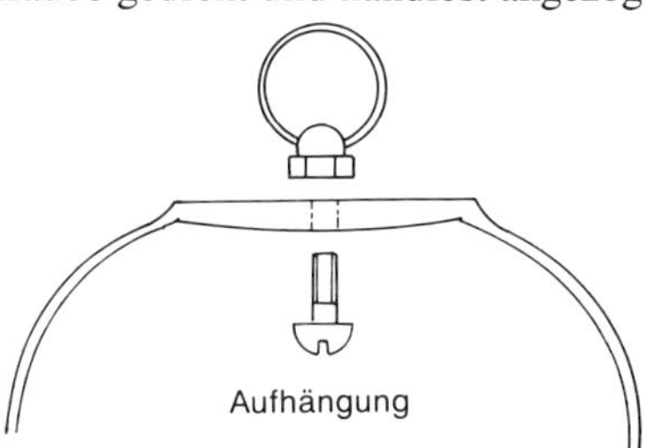


*Abb. 1*

(Abb. 1). Nun wird die Seeoberkante mit einem Filzstift angezeichnet. Diese Oberkante messen wir von innen aus, Länge und Breite. Die See wird aus vier Brettchen von 8 × 14 mm hergestellt. Sie werden mit zwei 2 mm starken Dübeln zusammengehalten.

Mit einem 2,5-mm-Bohrer werden die Brettchen durchbohrt, damit die Dübel leicht eingeschoben werden können. Länge und Breite der See werden angezeichnet. Die seitliche Rundung der Flasche wird von außen durch eine Pappschablone angepaßt und übertragen. Die See wird ausgesägt, die Außenkante abgeschrägt. Die See wird dann zerlegt, in der Flasche wieder zusammengesetzt und in die richtige Lage gebracht. Paßt alles, wird das Meer wieder auseinandergenommen und herausgeholt. Außerhalb der Buddel erneut zusammengesetzt, werden die Oberfläche und die Kanten blau gestrichen (Abb. 2).

Jetzt ist wieder die Flasche dran. Die Oberkante der See ist von außen angezeichnet. Von innen wird das Wasser von der Oberkante zum Hals hin bis auf ca. 10 bis 15 mm gestrichen. Der Rest wird ganz zum Schluß bemalt. So ist beim Einbauen

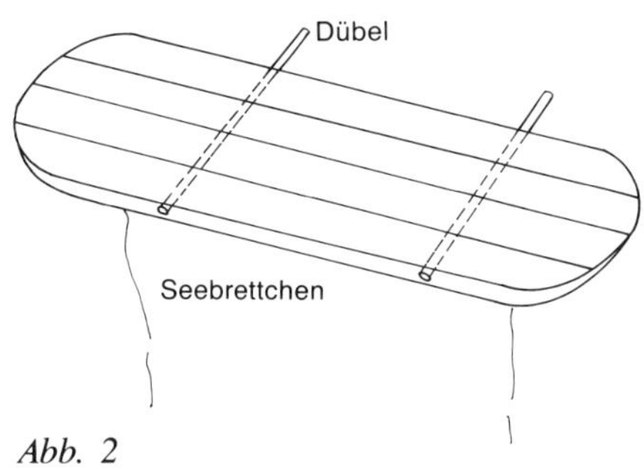


*Abb. 2*

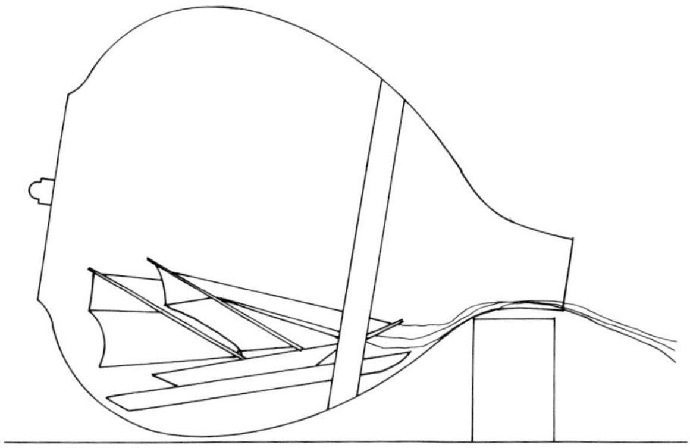


*Abb. 3*

des Schiffes die Sicht nicht so stark behindert. Ein gemalter Himmel macht sich ebenfalls ausgezeichnet.
Eingegossene Namen im Glas werden auf diese Weise verdeckt. Ist alles gut abgetrocknet, beginnen wir mit dem Einbau. An das Brettchen werden noch zwei Fäden seitlich angeleimt. Damit wird die See später in die richtige Lage gebracht. Die blau bemalten Hölzer werden in die Flasche gebracht, die Dübel hineingeschoben und zusammengeleimt.
Dann wird die Oberfläche noch einmal vorsichtig gestrichen: Bugwelle, Kielwasser und Schaumkronen nicht vergessen! Das Schiff wird eingeführt und auf der See verleimt. Die See wird jetzt zur linken Seite der Flasche geschoben, die Flasche aufgerichtet, so daß das Schiffchen aufgerichtet werden kann (Abb. 3). Den Bugspriet halte ich mit einer Pinzette fest, ziehe die Stagen an und verleime sie. Die Masten werden ausgerichtet und die Stagen, nach gutem Trocknen des Leims, abgeschnitten.
Durch die beiden Fäden, die an der See befestigt wurden, ziehe ich das Ganze in die richtige Lage. Die Fäden werden außen mit Tesafilm befestigt. Die Unterkanten der See werden am Glas durch Leimpunkte gesichert. Nach dem Aushärten können auch diese Fäden abgetrennt werden. Zum Schluß wird noch der Rest der Buddel von innen gestrichen (Abb. 4). Wenn alles gut getrocknet ist, wird die Flasche verkorkt und dann versiegelt. Ein Türkenbund verziert den Flaschenhals. Also dann: Mast und Schotbruch!

*Erich Radermacher*

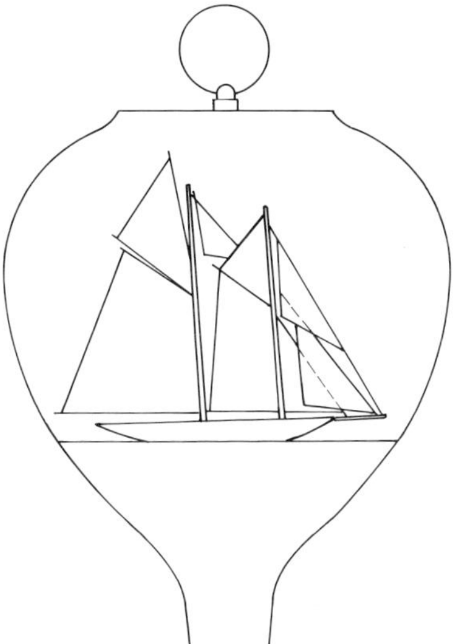

*Abb. 4*

# Bark Gorch Fock: Der Stolz der Bundesmarine

## *Werkzeuge*

Folgende Werkzeuge bilden die Grundausstattung zum Bau dieses Buddelschiffes:

- Schillermesser, bzw. Balsamesser
- kleine Pinzette
- kleine Schere
- dünnste Nähnadeln
- Stecheisen, 8–10 mm breit
- Glaspapier, mittelfein und fein
- Stahldraht, 2 und 3 mm stark
- Litzendraht, einadrig, verzinkt
- Synthetikgarn, schwarz und weiß
- Rasierklinge
- zwei Wasserfarbenpinsel
- Klebstoff (Empfehlung: Ponal-Weißleim)
- Buchenrundstäbe, 2 mm stark

Aus einer Nähnadel wird zunächst einmal eine Ahle hergestellt. Dazu spannt man eine Nadel in einen Schraubstock, so daß das Öhr etwa 2 mm herausschaut. Ein Stück Hartholz, etwa 10 cm lang, das vorher rund gearbeitet wurde, soll als Griff der Ahle dienen. Dieser Griff wird in seinem Mittelpunkt auf die Nadel gesetzt und mit leichten Schlägen hingetrieben (a).
Die Spitze der Nadel wird nun einseitig angeschliffen. Dazu empfiehlt sich ein Sandstein oder Schmirgelpapier. Beim Schleifen muß die Spitze der Nadel schräg zur Schlifffläche stehen. Auf diese Weise erhält man eine Schneide in der Art des Stecheisens (b).

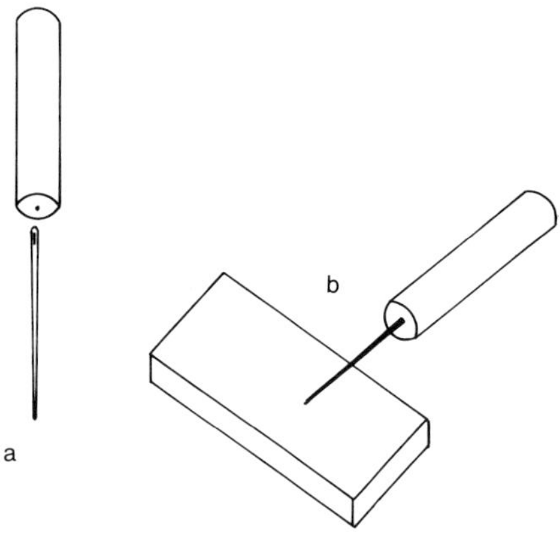


Aus den 2 mm und 3 mm starken Stahldrähten werden zwei Hakendrähte hergestellt, deren Länge sich nach der Flaschengröße richtet. Sie dienen später zum Aufrichten der Masten, Entwirren der Fäden in der Buddel und auch zum Säubern des Flascheninnern. An dem einen Ende werden sie spitz angeschliffen und zurechtgebogen (c).

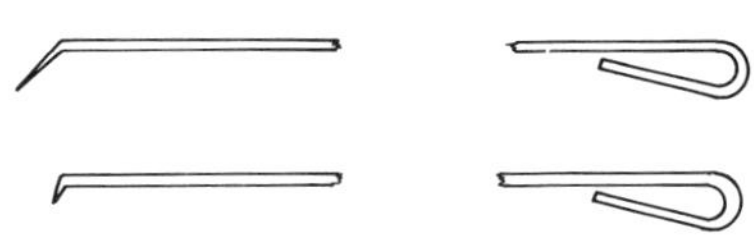

c

Mit der Zeit erhält man durch die verschiedenen Flaschenformen ein ganzes Sortiment dieser Drahthaken.
Bei einem der Pinsel wird der Holzschaft abgesägt. Etwa 5 mm unterhalb der Oberkante (Sägeschnitt) wird ein Loch gebohrt, 20 mm weiter noch eins. Auf einer Holzleiste wird der Pinsel nun durch das zweite Loch beweglich angenagelt, bzw. angeschraubt. In dem ersten Loch (an der

Oberkante) befestigt man einen dünnen Stahldraht, der vorher zurechtgebogen wurde. Der Draht folgt von der Öse der gesamten Länge der Holzleiste. Die Leiste selbst sollte etwas länger sein als die verwendete Buddel. Mit dem Stahldraht kann man nun die jeweilige Schräglage des Pinsels bestimmen. Dadurch ist es möglich, an jeden Punkt innerhalb der Flasche zu gelangen (d).

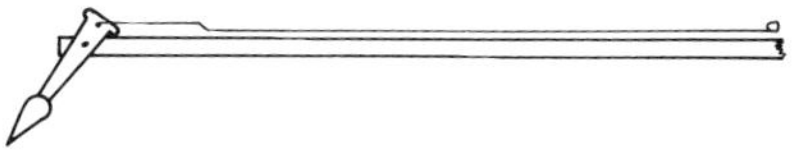

d

Der zweite Pinsel behält seinen Schaft. Er wird lediglich hinter seinem Quast umgebogen und mit einer Holzleiste verlängert (e).

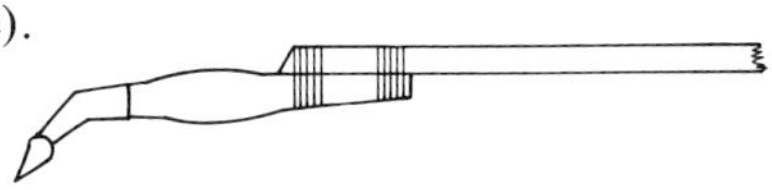

e

Als Schneide- und Schnitzgerät dient das Balsa- bzw. Schillermesser. Mit ihm werden hauptsächlich der Rumpf und die Aufbauten geschnitzt.
Es bedarf aber eines weiteren Schneidegerätes für die Arbeit in der Flasche. Zu diesem Zweck nimmt man ein der Flasche entsprechend langes Rundholz, das man an einem Ende mit einem Einschnitt versieht. In diesen Einschnitt schiebt man eine abgebrochene Rasierklinge hinein. Die Klinge wird am Schaft mit Garn umwickelt und anschließend verleimt (f).

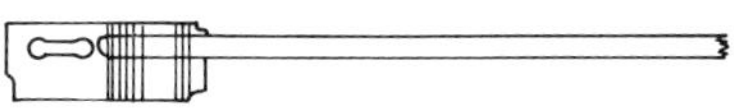

f

Für das Formen der Wellen innerhalb der Flasche, das Zurechtrücken und Korrigieren der Masten mit den Segeln werden drei dickere Drähte benötigt, deren eines Ende plattgehämmert ist. Die Länge richtet sich wieder nach der Flasche, und die Form ist der Zeichnung zu entnehmen (g).

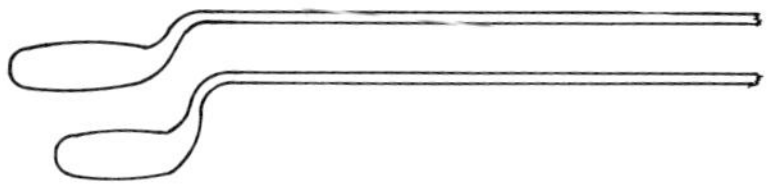

g

# *Vorbereitung der Flasche*

Als Buddel dient eine 3-l-Weinbrandflasche. Nach den üblichen Säuberungsarbeiten und der Aufbereitung der Flasche wird ein Klebeband angebracht, das die Höhe des Kittmeeres deutlich machen soll. Dann wird die Buddel von innen gestrichen, blau mit gelb, um einen Grünton zu erreichen (Abb. 1). Die See reicht praktisch vom Boden der Flasche bis zur Unterkante des angebrachten Klebebandes. Sobald die Bodenfarbe gut getrocknet ist, wird eine Leiste (5 × 20 × 250 mm) in den Boden der Flasche geleimt. Auf diese Leiste wird später der Rumpf der GORCH FOCK geleimt. So wird ein besserer Halt erreicht. Die Leiste wird mit ganz gewöhnlichem Knetgummi umgeben. Die Masse muß mit der Oberkante der Leiste eine ebene, gleichmäßige Fläche bilden. Die Oberseite wird dann in dem gleichen Farbton gestrichen wie die Meeresoberfläche.

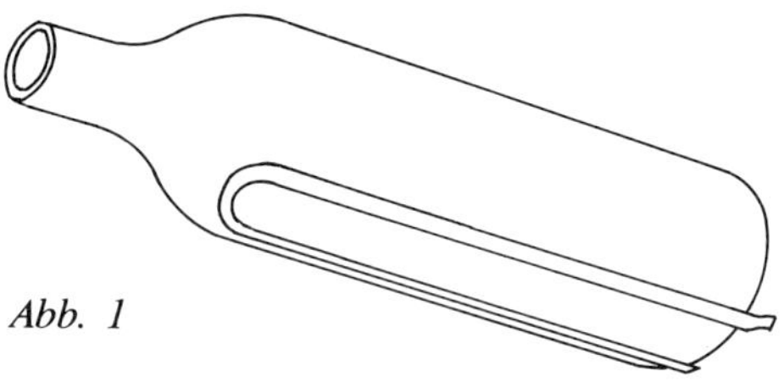

*Abb. 1*

## *Der Rumpf*

Dieser Rumpf wird nicht aus einem Stück, sondern in Schichtbauweise gefertigt, um ein maßstabsgerechteres Modell zu erhalten. Hierzu benötigt man aus Sperrholz (0,8 mm) eine Leiste 170 × 23 × 10 mm, eine Leiste 170 × 23 × 5 mm sowie Ahorn- und Macoree-Furnier.
Um Planken gleichmäßiger schneiden zu können, braucht man einen Leistenschneider. Er besteht aus zwei Sperrholzbrettchen, zwischen denen eine Rasierklinge um etwa 2 mm schräg herausragt. Das Ganze wird durch 4-mm-Schrauben zusammengehalten (Abb. 2). Als Schneidebrett benutzt man eine Sperrholzplatte von ca. 25 × 40 cm.

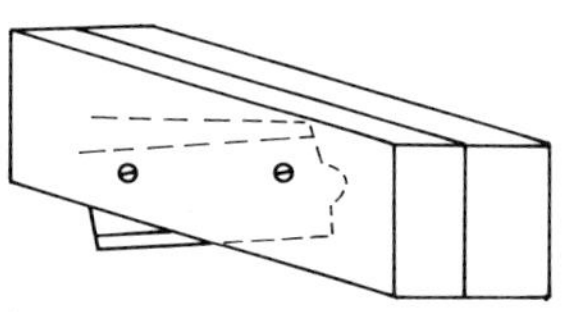

*Abb. 2*

Auf dieses Schneidebrett leimt man nun zwei Klötzchen, die dem 40 cm langen Lineal aus Flacheisen den nötigen Halt geben sollen (Abb. 3). Vom Furnier wird nun ein Stück auf Länge abgeschnitten, und zwar so, daß es zwischen die beiden Klötzchen paßt. Um die genaue Plankenbreite und die Breite der Nähte festhalten zu können, schneidet man ein Holz zurecht. Die Auskerbungen entsprechen den Breiten der Planken und Nähte. Das Modell bekommt also Planken aus Ahorn und Macoree, geteilte Masten, Beiboote und andere Details; die Wanten sind aus Webleinen. In dieser Größe ist das Modell so naturgetreu wie nur irgend möglich zu bauen. Die richtige Breite muß durch Probieren ermittelt werden. Dabei muß natürlich auch die halbe Wandstärke des Leistenschneiders berücksichtigt werden. Die Fugen werden aus Ahorn geschnitten, die Planken aus Macoree. Auf das Maßbrettchen zeichnet man sich deshalb am besten ein Schema der Plankenfugen auf. Die Planken sollten dabei etwa 1,5 mm breit werden, die Fugen so schmal wie nur irgend möglich. Sobald ein genügender Vorrat an Planken und Fugen geschnitten ist, kann man an das Verleimen gehen. Die Planke wird mit Leim dünn eingestrichen, und die Naht wird oben an die Planke angelegt. Nun streift man mit einem Finger sachte über Planke und Fuge, so daß beide miteinander verbunden werden. So wird nun eine Planke/Fuge nach der anderen verleimt. Die Planken werden auf eine Sperrholzplatte (0,8 mm), die dem Format des Schiffsrumpfes entspricht, geleimt. Sobald das leimfrische Brettchen durchgetrocknet ist, wird es mit feinem Sandpapier geschliffen und danach mit Mattlack bestrichen.

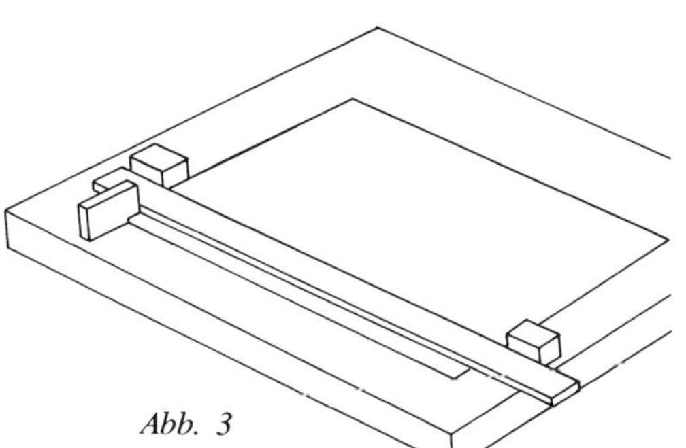

*Abb. 3*

Auf der Leiste (170 × 23 × 10) wird das Deck aufgezeichnet (Abb. 4) und das Innendeck herausgesägt. Unebenheiten werden beseitigt und geschliffen. Auf der zweiten, 5 mm starken Leiste kommt das beplankte Sperrholzbrettchen zu liegen, darüber die 10-mm-Leiste mit dem aufgezeichneten Deck. Alles wird gut ausgerichtet und durch zwei dünne Nägel zusammengehalten. Die Nägel müssen so eingeschlagen werden, daß sie später gezogen werden können, ohne etwas zu beschädigen.
Auf dem Vorder- und Achterdeck werden nun jeweils zwei Löcher (Durchmesser 2 mm) gebohrt. Die beiden Drahtstifte

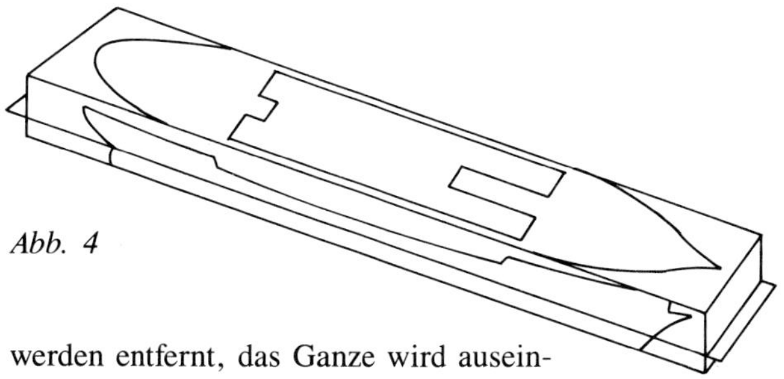

*Abb. 4*

werden entfernt, das Ganze wird auseinandergenommen. Das Unterteil bekommt vier Dübel, für die man Rundholz (2 mm) verwendet. Diese Dübel werden im Unterteil eingeleimt und oben angespitzt (Abb. 5).

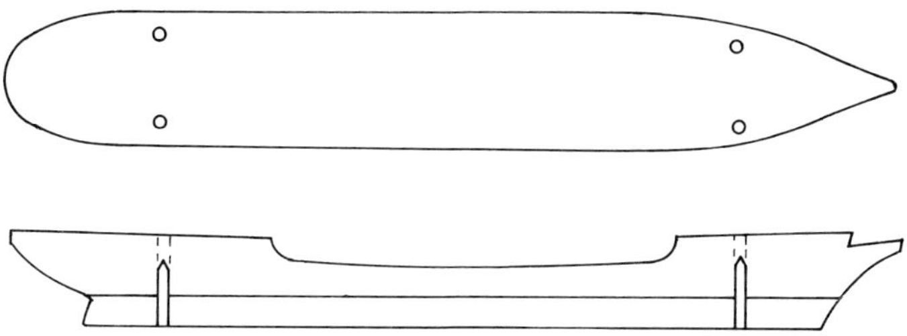

*Abb. 5*

Nun werden die Schichten wieder zusammengesetzt. Der Rumpf wird nach dem Decks- und Seitenriß ausgeschnitzt, das Deckshaus nach Plan ausgearbeitet. Die Flächen der Deckshauswände werden weiß gestrichen. Aus einem Stück mittelfeinen Schreibmaschinenpapiers, das vorher weiß gestrichen wurde, werden mittels einer Rasierklinge kleine Fenster sowie zwei Türen sorgfältig ausgeschnitten. Die Fenster haben die Größe von 2 × 2 mm, die Türen von 2 × 5 mm. Fenster und Türen werden auf die Wände des Deckshauses geleimt. Beim Beplanken wird das Deckshaus berücksichtigt.
Als nächstes wird das Loch für den Bugspriet in den Rumpf gebohrt, und die Mastlöcher werden angebohrt. Die Bullaugen werden mit einem 1,5-mm-Eisenbohrer gefertigt. Vorder- und Achterdeck werden anschließend beplankt, jedoch ohne Sperrholzbrettchen. Die Planken werden direkt auf das Deck geleimt, geschliffen und anschließend mit Mattlack lackiert. Das gesamte Schiff wird nun mit weißer Mattfarbe gestrichen. Die Bullaugen können mit einem wasserfesten schwarzen Filzstift ausgemalt werden.
Aus Sperrholz (0,8 mm) werden nun die Bootsträger hergestellt. Hinter dem Deckshaus wird ein Streifen in der Breite des Rumpfes angepaßt. Die Außen- und Innenbreite wird eingezeichnet, ausgekerbt und wieder angepaßt. Die Höhe der Träger muß bis zur Oberkante des Deckshauses reichen. Nach Zeichnung werden die Träger auf das Holz gezeichnet und ausgesägt (Abb. 6). In das Deckshaus wird ein Sägeschnitt vorgenommen, der so tief sein muß, daß der Bootsträger mit dem Deck abschließt. Diese Träger können nun verleimt werden. Zwei Längsträger werden den Rundungen der bereits erstellten Träger an beiden Seiten angepaßt und verleimt. Diese Träger werden aus Furnierholz hergestellt und weiß gestri-

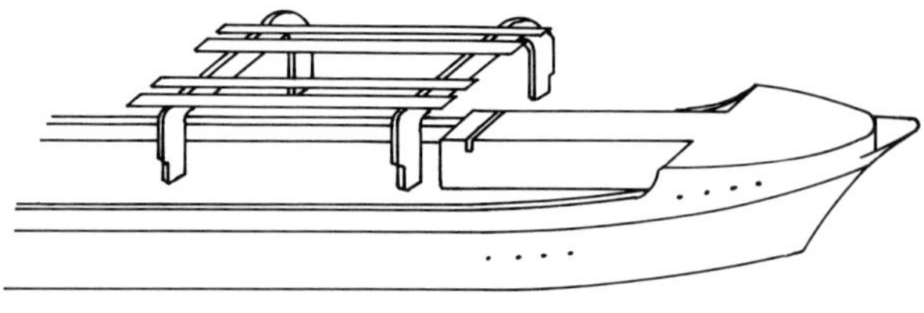

*Abb. 6*

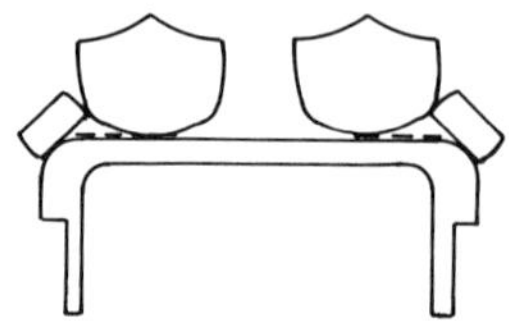

*Abb. 7*

chen. Aus Rundholz (4 mm lang und 2 mm Durchmesser) werden zehn Rettungsinseln hergestellt und dann noch zwei Positionslampen (5 mm lang) ausgeschnitten. Die Rettungsinseln werden an den Kanten leicht abgerundet, die Positionslampen nur an einem Ende. Beides wird weiß gestrichen. Auf jeder Seite der Längsträger werden nun jeweils zwei Rettungsinseln verleimt (Abb. 7). Später werden vier Rettungsinseln auf das Vordeck und zwei aufs Achterdeck geklebt.

## *Scheuerleiste und Albatros*

Die Scheuerleisten werden aus schwarzem Garn hergestellt. Dazu benötigen wir eine Länge, die um den gesamten Rumpf führt. Der Faden wird mit Leimwasser bestrichen und gerade in gesamter Länge zum Trocknen gelegt. Mit einem feinen, spitzen Pinsel wird die Rumpfseite, an der eine Scheuerleiste angebracht werden soll, mit verdünntem Leim angestrichen. Der Faden wird vom Bug aus angelegt und zum Rumpfende geführt. Der Sitz des Fadens läßt sich mühelos korrigieren, solange der Leim nicht abgebunden ist. An der anderen Rumpfseite wird dieser Arbeitsgang wiederholt. Nach der Korrektur des Fadens wird der überflüssige Leim abgestrichen. Die GORCH FOCK hat zwei Scheuerleisten; darüber hinaus werden Vorder- und Achterdeck eingefaßt. Am Heck wird eine abgesägte Stecknadel in den Rumpf geschlagen. An ihr wird später das Besanschot eingehängt.

Als Bugwappen führt die GORCH FOCK einen Albatros. Um ihn herzustellen, malt man in Goldbronze Schreibmaschinenpapier an und schneidet dann, indem man das Papier einmal faltet, einen Albatros aus. Auf diese Weise entstehen zwei Vögel, die deckungsgleich sind. Kopf und untere Rumpfseite werden zusammengeleimt. Die Flügel werden etwas auseinandergedrückt und sodann am Bug angeleimt (Abb. 8).

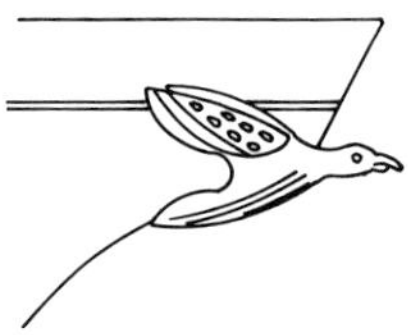

*Abb. 8*

## *Anker*

Die Steuerbordseite bekommt einen Hallanker, die Backbordseite einen Stockanker. Dieser liegt auf dem Vorderdeck. Um ein Rundholz (2 mm Durchmesser) wird ein mit Leim durchtränkter Faden gelegt. Beide Enden des Fadens werden mit einer Rasierklinge gekappt. Der um das Rundholz gewickelte Faden bildet nun einen Ring, der in der Mitte geteilt wird und so zwei Halbringe bildet. In der Mitte der beiden Hälften wird jeweils ein Faden angeleimt. Der Hallanker bekommt seinen Faden unterhalb des Halbringes; beim Stockanker wird der Faden quer zum Schaft angeleimt. An beide Enden bekommen die Halbringe nun jeweils einen

Leimtropfen, der mit dem Daumennagel breit gedrückt werden kann. Dieser Tropfen bildet so die Schaufeln der Anker. Der Hallanker wird festgeleimt; der Stockanker kommt auf das Vordeck an der Backbordseite.

## *Gangspills*

Die Gangspills werden aus Rundholz (2 mm Durchmesser) geschnitzt. Auf der Oberseite wird Garn, das zunächst durch Leim versteift worden ist, angeleimt. Es hat so den Anschein, als handelte es sich hier um die Speichen. Anschließend werden die Fäden auf gleiche Länge geschnitten und schwarz gestrichen.

## *Kran*

Zur Herstellung des Kranes benötigt man einen schmalen Streifen Furnier. Durch das Garn wird der Baum mit dem Ständer gehalten. Unterhalb des Baumes wird am Faden, der zuvor durch Leim versteift worden ist, ein Haken gebogen.

## *Poller*

Ein Zündholz wird rundgeschnitzt und geschliffen, bis es eine Stärke von etwa 1 mm aufweist. Mit einer Rasierklinge müssen nun Längen von etwa 2 mm abgestanzt werden. Jeweils zwei Poller werden dann auf einen Furnierstreifen geklebt. Die gesamte Pollerreihe wird schwarz gestrichen. Anschließend werden mit der Rasierklinge jeweils zwei Poller abgestanzt und die Schnittstellen ebenfalls schwarz gestrichen.

## *Die Boote*

Die GORCH FOCK verfügte bei ihrer Indienststellung über fünf Boote: eine Motorpinasse, ein Beiboot und drei Kutter (Abb. 9). Die Boote werden auf eine Leiste (5 × 5 mm) aufgezeichnet und ausgeschnitzt. An beide Seiten der Kutter wird eine Schräge angeschliffen. Alle Boote erhalten einen weißen Anstrich. Die Oberseite der Kutter wird zusätzlich mit Nessel beklebt. Das überstehende Material wird sauber abgeschnitten. Alle Boote bekommen an beiden Seiten Scheuerleisten aus brauner Nähseide. Aus einem Zündholz wird ein etwa 1 mm starkes Rundholz geschliffen. Ein brauner Faden wird mit Leimwasser bestrichen, angetrocknet und um das Rundholz gedreht. Das Zündholz wird anschließend längs geteilt, wodurch Halbringe entstehen, die nur bei den Kuttern unterhalb der Scheuerleisten angeleimt werden (Abb. 10). Zwei Kutter und das Beiboot hängen in Davits. Diese Boote werden durchbohrt (Abb. 10 und 11). Die beiden Löcher werden nun am Kiel durch eine geritzte Rille verbunden. Ein Litzendraht wird vorn von oben durch das Loch geführt, in die Rille gebettet und am anderen Ende durch das hintere Loch oben wieder herausgezogen. Beide Draht-

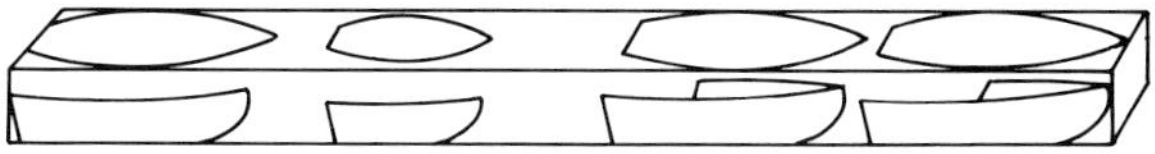

*Abb. 9*

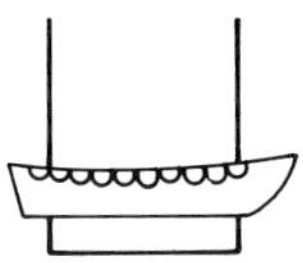

*Abb. 10*

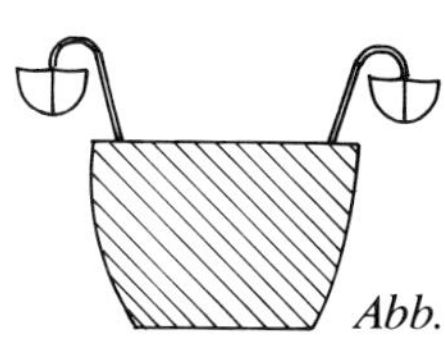

*Abb. 11*

*Abb. 12*

enden werden über ein Rundholz (2 mm Durchmesser) nach unten gebogen. Die Enden werden in ein durchbohrtes Brettchen gesteckt. Der Draht wird weiß gestrichen. Nach Bauplan werden mit der Ahle Löcher gebohrt. In diese werden später die Drähte (Davits) gesteckt und verleimt (Abb. 12).

## Treppen

Die Treppen werden aus einer Weichholzleiste von 3 × 4 mm gefertigt. Die Stufen entstehen durch Auskerben mit einer Rasierklinge und werden danach schwarz gestrichen. Aus Schreibmaschinenpapier werden 3 mm breite Streifen ausgeschnitten, weiß gestrichen und seitlich als Backen an die Treppen geleimt.

## Die Reling

Ein Brettchen mit den Ausmaßen 5 × 25 cm wird der Länge nach mit weißem Garn umwickelt, so daß auf jeder Längsseite sechs Bahnen Garn verlaufen. Das Garn wird wieder abgewickelt und mit Leimwasser durchtränkt. Mit Daumen und Zeigefinger streicht man den Faden glatt. Ein zweiter Faden wird geleimt und zum Trocknen gelegt. Das Brettchen, um das vorher der Faden gewickelt war, bekommt an jedem schmalen Ende jeweils sechs Einkerbungen im Abstand von ca. 2 mm. An der Längsseite wird kurz vor jeder Breitseite noch jeweils eine Kerbe angebracht, in der der Faden gesichert werden kann. Der lange Faden wird nun in einer dieser Kerben gesichert und längs um das Brettchen gewickelt. Das andere Ende des Fadens wird mit der Kerbe am zweiten Ende gesichert. Auf dem Brettchen wird der Faden erneut mit Leimwasser bestrichen. Dann werden zwei angespitzte Zündhölzer in der Mitte des Brettchens unter das Garn geschoben. Die beiden Hölzer werden jeweils an ein Ende bewegt, so daß das Garn stramm gespannt ist. Der gleiche Arbeitsgang wird auf der Rückseite wiederholt.
Der andere Faden wird in Längen zu jeweils ca. 15 mm zerschnitten. Mit einer Pinzette hebt man diese Stücke einzeln auf, bestreicht sie mit Leim und legt sie quer auf das gespannte Garn. So erhält man Relingsstützen. Der Abstand zwischen den Stützen beträgt jeweils 6 mm. Wenn das Ganze gut ausgetrocknet ist, wird es mit weißem Mattlack gestrichen. Die Reling wird, sobald die Farbe trocken ist, an den Zündhölzchen abgeschnitten. Sie wird umgelegt und auf ein Brettchen gelegt. Die überragenden Enden der Stützen werden abgeschnitten, und die ganze Reling wird nochmals gestrichen (Abb. 13). Was sich aus diesen Arbeitsgängen ergibt, ist eine Reling mit sechs Zügen. Drei werden aber nur gebraucht. Also wird kurzerhand halbiert. Aus Macoree-Furnier wird etwa in der Stärke, die man als Fugen für die Planken gebraucht hat, ein schmaler Streifen für den Handlauf geschnitten. Auf jede Reling wird noch ein Handlauf geleimt.

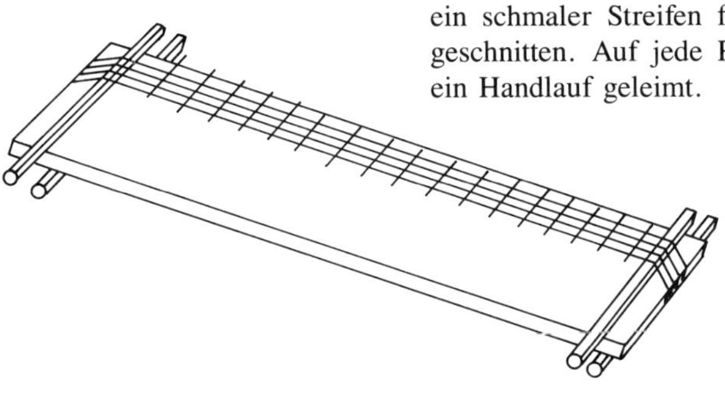

*Abb. 13*

## Die Masten

Die Masten werden aus 2 mm starkem Buchenrundholz hergestellt und genau wie beim Original geteilt (Abb. 14). Da der Fockmast höher steht als die anderen, muß er etwas gekürzt werden. Die Masten müssen zunächst mit den Löchern und der Länge nach eingezeichnet werden. Löcher für die Rahen und Wanten werden ebenfalls gebohrt. Die untere Plattform des Mastes nennt man Mars, die obere Saling. Marsen und Salinge werden auf ein Brett gezeichnet. Durch die Marsen muß ein 2-mm-Loch gebohrt werden. Nun werden mit einer Rasierklinge dünne Scheiben abgeschnitten: Zwei Scheiben werden über den Untermast des Fock- und Großmastes geschoben. Die Marsen müssen nun soviel Toleranz aufweisen, daß sie sich leicht verschieben lassen, da sie sonst unter Umständen platzen könnten.

*Abb. 14*

Unter- und Obermasten werden verleimt und mit einem schwarzen Faden dreimal umwickelt, der anschließend verknotet wird. Die Umwicklung wird mit verdünntem Leim behandelt, und die Enden des Knotens werden abgeschnitten. Der Besanmast bekommt lediglich einen Mars nach dem gleichen Verfahren wie bei den anderen Masten. Die obere Plattform wird bis zum Ansatz des Obermastes hochgeschoben und dort verleimt. Die Marse werden an ihren Platz gebracht und ebenfalls verleimt (Abb. 15). Mit der

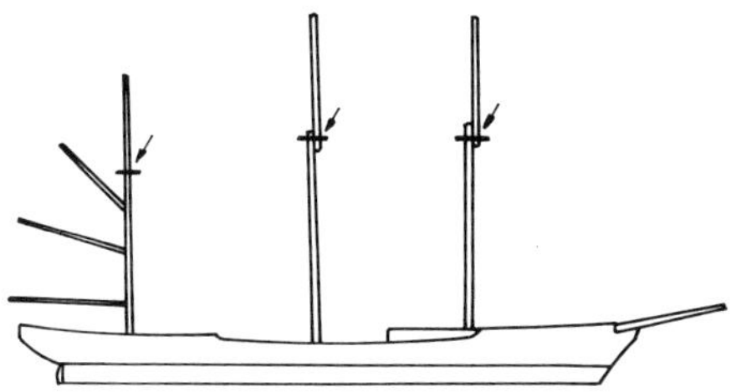

*Abb. 15*

Klinge werden die Salinge beschnitten. Sie müssen kleiner sein als die Marsen. Die Marsen bekommen nun an jeder Seite zwei Einkerbungen, die Salinge eine. Ein entsprechend langer Faden wird durch das zweite Loch unterhalb der Saling zum Obermast, durch das Wantloch und zurück geführt und anschließend wieder durch das zweite Loch gezogen. Auf diese Weise wird der Faden so lange fortgeführt, bis jede Seite zwei Wanten hat. Die Wanten werden dann in die Kerben der Salinge gelegt und dort verknotet. Die Webleinen werden aus schwarzem Garn hergestellt. Einige Fäden werden mit verdünntem Leim bestrichen und getrocknet. Von den getrockneten, erhärteten Fäden werden Stücke (3 bis 5 mm) abgeschnitten und je nach Größe auf die Wanten geleimt. Danach wird noch einmal verdünnter Leim aufgetragen. Die überragenden Enden werden abgeschnitten: Den Rand der Marsen und Salinge streicht man weiß, die Webleinen und die Wanten

schwarz. Verschlüsse, die sich durch die Farbe bilden können, werden mit der Ahle entfernt.
Die Stage werden an die Masten geknüpft und mit Leim versehen (Abb. 16). Die Knotenenden werden abgeschnitten. Die Stage müssen so lang bleiben, daß sie nach dem Einführen des Schiffes in die Flasche noch ein ganzes Stück heraushängen.

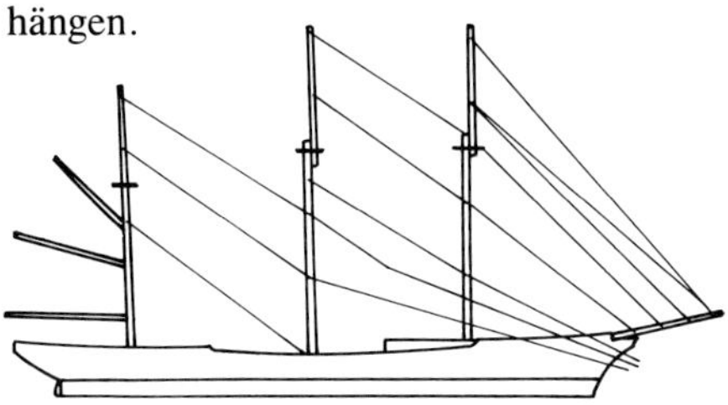

*Abb. 16*

Der Rumpf wird nun wieder auf ein Arbeitsbrettchen geleimt, aber nur mit zwei Leimtupfern. Die Leiste muß die Breite und die doppelte Länge des Rumpfes haben. Die eine Seite des Brettchens wird mit Kerben versehen, in die die Stage geklemmt werden.
Ober- und Unterteil des Rumpfes werden nun voneinander getrennt. Das Unterteil bleibt auf der Leiste. In dieses Teil wird mittschiffs eine Rille gekerbt, die zum Bug hin schmal ausläuft. Durch das Oberteil des Rumpfes werden drei Löcher gebohrt: hinter dem Fockmast, in Höhe des ersten Bootsträgers und hinter dem Großmast. Durch diese Löcher werden die Stage gezogen. Am Bug wird auf jeder Seite jeweils ein Loch für die Buggeien gebohrt. Von diesen Löchern, die an der Unterseite herauskommen, werden Rillen bis zum ersten Stagloch gebohrt. In die Bordwand werden nun mit der Klinge kleine Kerben für die Wanten geschnitten (Abb. 17). Vier sind für die Wanten (Abstand 3 mm) und vier für die Pardunen (Abstand 2 mm).
Nun werden Besan- und Großmast aufgesetzt. Die Stage werden durch das Loch

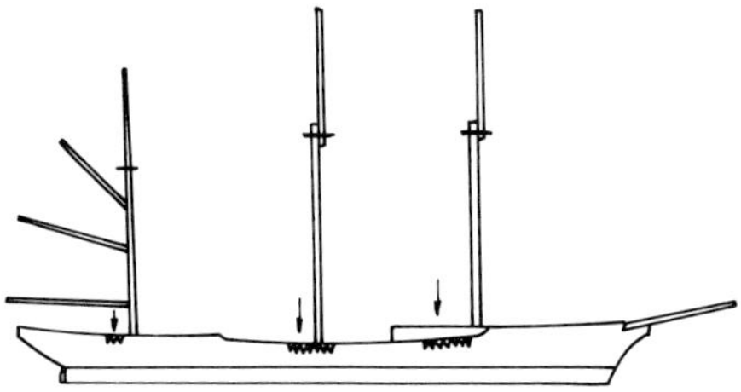

*Abb. 17*

gezogen. Die zwei Stage, die durch das Loch hinter dem Fockmast laufen, werden dann von unten durch jeweils ein Loch der Klüverbaumgeien gezogen. Das Oberteil des Rumpfes wird nun wieder auf das Unterteil gesteckt. Das unterste Stag des Besan- und des Großmastes laufen durch die Rille und treten am Bug heraus: Später laufen sie als Wasserstag zum Klüverbaum. Nachdem die Masten ausgerichtet sind, werden die Wasserstagen am Kopf des Brettchens festgelegt. Die Enden werden mit einem Klebeband gekennzeichnet. Das gleiche geschieht mit den Klüvergeien.
Nun bekommen die Masten die noch fehlenden Wanten. Das Ende des Fadens wird in einer Kerbe des Arbeitsbrettchens festgesetzt. Der Faden geht durch das obere Loch unter dem Mars, wird um den Rumpf gelegt und geht wieder hoch durch das Loch hindurch. Der Besanmast erhält auf jeder Seite drei Wanten; Groß- und Fockmast bekommen jeweils vier. Die Wanten werden in den Kerben in der Bordwand verleimt. Anschließend können die Webleinen aufgeleimt werden. Das oberste Stag des Großmastes wird durch den Fockmast gezogen und läuft durch den Klüverbaum. Die Stage sind ebenfalls festzusetzen.

## Rahen und Bäume

Wir schnitzen nun die Rahen und die Bäume (Abb. 18). Eine offene Schlinge, deren Knoten verleimt ist, wird über den Nagel am Heck gestreift, zum Baum geführt,

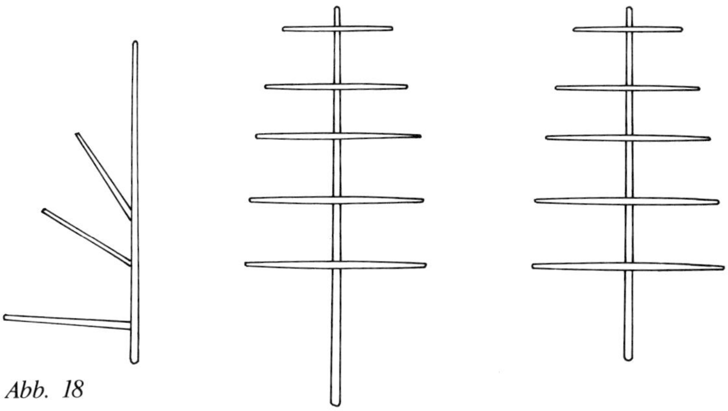

*Abb. 18*

einmal herumgeschlungen und verleimt. Anschließend kommen der nächste Baum, der Gaffelbaum und schließlich der Topp des Mastes an die Reihe. Kurz vor dem Mast werden die Bäume auf jeder Seite durch einen Faden verbunden. Dieser wird mit einem Leimtropfen von Baum zu Baum verleimt (Abb. 19).

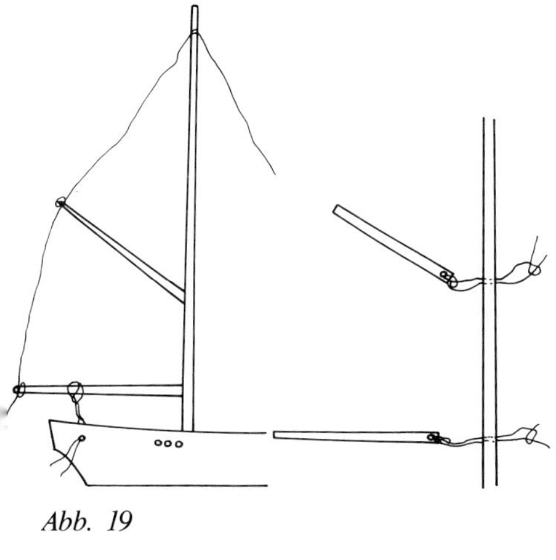

*Abb. 19*

An den Rahen wird zunächst die Mitte eingezeichnet. Eine Schlinge wird über die Rahen gehoben, zugezogen und mit verdünntem Leim bestrichen (Abb. 20). Sind alle Rahen mit diesen Schlingen versehen, legen wir sie geordnet nach Größe auf den Arbeitstisch. Mit der untersten,

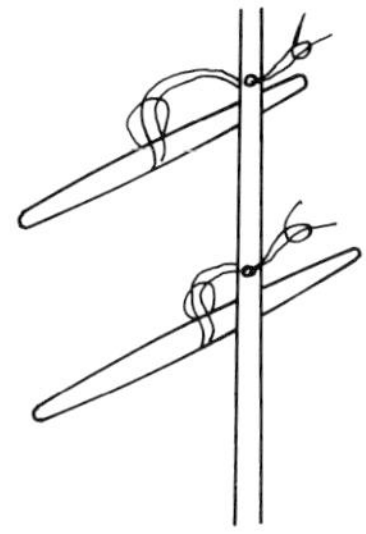

*Abb. 20*

der größten Rah wird begonnen. Die beiden Fäden, die die Pardunen darstellen sollen, werden durch das unterste Loch im Mast gezogen.

Die ersten Pardunen werden in die letzte Kerbe der Wanten gelegt, stramm gezogen und in einer Kerbe des Helligbrettchens gesichert. Die Pardunen der ersten bis zur einschließlich fünften Rah haben jeweils eine Kerbe, in die sie gelegt werden. Sie werden wieder an der Hellig gesichert. Sobald die Rahen am Mast angebracht sind, zieht man die Pardunen an. Die Pardunenkerben werden dann mit Leim gefüllt, damit eine glatte Bordwand entsteht. Am Besan knüpfen wir zwei Pardunen an, eine am Topp, also unterhalb der Spitze, und eine über dem Mars. Sie werden wie alle anderen festgelegt. Die Stagen werden nochmals überprüft und notfalls nachgezogen.

## *Die Brassen*

Um die Rahspitze wird jeweils eine Schlinge gelegt. Der Knoten muß dabei hinter der Rah bleiben. Die zugezogene Schlinge wird mit verdünntem Leim bestrichen. Ein Ende wird nun hinter der nächsthöheren Rah am Mast vorbei zum anderen Rahende geführt und verknotet. Nun liegt der Faden auf der oberen Rah. Sind die unteren Rahen belegt, werden die Fäden (Brassen) zur Bordwand geführt. In die Bordwand müssen vier Löcher gebohrt werden, zwei vor dem Großmast und zwei hinter dem Besan. Die Löcher hinter dem Besanmast gehen durch die Bordwand und kommen am Deck wieder heraus. Die Fockbrassen der ersten Rah auf der Steuerbordseite werden zusammen durch das Loch gezogen. Dasselbe geschieht auf der Backbordseite. Die Brassen liegen nun innenbords. Durch Ziehen an den Fäden brassen wir die Rahen hart steuerbord. Mit der Pinzette ziehen wir sie um 2 mm heraus, bestreichen diese 2 mm mit Leim und ziehen sie wieder zurück in die alte Lage. Die Enden werden abgeschnitten. Die beiden oberen Rahen werden nun belegt, d.h. mit Fäden versehen. Bei der obersten Rah geht der Faden vom Ende der Rah zur Mastspitze durch ein Loch und dann zum anderen Ende der Rah. Die langen Enden dieses Fadens stellen die Brassen dar. Sie werden zum hinteren Mast geführt. Die Brassen werden verleimt und anschließend abgeschnitten.

Die Brassen, die zur Bordwand laufen, bekommen unterhalb der Rah einen Leimpunkt, auf dem kurze Fäden, die durch Leim steif gemacht worden sind, geleimt werden. Sie führen zur Bordwand und werden an die Brassen geleimt. Die Leimpunkte und die Verleimung an der Bordwand werden mit gelbbrauner Farbe gestrichen.

Sobald die Takelage fertig ist, müssen die Segel angepaßt werden (siehe Bauplan). Dabei ist darauf zu achten, daß sie noch nicht gebläht sind. Sie müssen jeweils 3 mm von der Rah überstehen. Anschließend kann das einzelne Segel gebläht und angeleimt werden. Die Besansegel werden nach außen etwas breiter gelassen, damit sie beim Anleimen ihre windgefüllte Form erhalten. Auf die Klüversegel wird ein Faden geleimt (Abb. 21). Die Stage werden mit Leimpunkten versehen. Mit der Pinzette werden die Segel an diese Leimtropfen gehalten. So erweckt man den Anschein, als liefen die Segel durch Ringe an den Stagen. An die Untersegel des Fock- und Großmastes leimen wir ebenfalls kurze Fäden, die später an der Bordwand verleimt werden. Danach werden nun die Rahen erneut ausgerichtet. Die Fäden der Untersegel werden nach hinten zur Bordwand geführt, dasselbe geschieht mit den Stagsegeln. Die Stagsegelfäden laufen in einem Punkt aus. Sie werden ebenfalls auf Länge geschnitten (Abb. 21).

*Abb. 21*

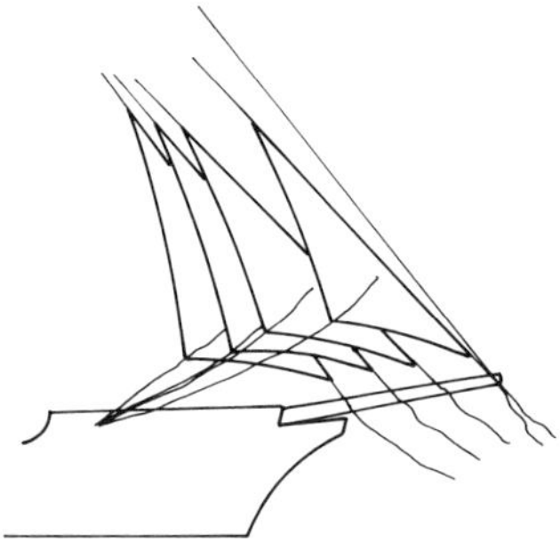

## *Das Anbringen der Reling*

Um eine saubere Rundung zu bekommen, ohne daß der Handlauf bricht, nehmen wir ein Rundholz und legen es auf die Reling. Durch leichtes Rollen des Stabes unter Druck und Anziehen der beiden Enden bekommt man die gewünschte Rundung. Sie wird dann angepaßt. Die überragenden Enden werden abgeschnitten.

### *Beiboote*

Das Dingi und die beiden Kutter mit den Davits werden in die vorgebohrten Löcher geleimt und ausgespreizt. Poller, Ankerkran und Spills werden ebenfalls aufgeleimt. Die Niedergänge (Treppen) kommen an ihren jeweiligen Platz und werden dort ebenfalls verleimt.

## *Das Einbringen in die Flasche*

Die GORCH FOCK ist nun so weit fertig, daß sie in die Flasche gelangen kann. Der Stapellauf steht unmittelbar bevor. Die Stage werden am Kopf des Brettchens gelöst, und die Besanschot wird am Achterteil des Rumpfes ausgehakt. Das Oberteil wird vom Unterteil des Rumpfes gelöst bzw. abgehoben und zur Seite gelegt. Das Unterteil wird anschließend vom Arbeitsbrett getrennt.
Auf die Leiste, die sich schon in der Flasche befindet, wird nun Leim gestrichen. Anschließend wird rundherum die See aufgebracht. Dazu benutzt man die Seefarbe und rührt diese in ein Bindemittel (Moltofill), so daß ein dicker Brei entsteht. Dieser Brei wird mit dem Seespachtel in die Flasche gefüllt, verteilt und geglättet. Ist dies geschehen, wird die See aufgerauht, damit leichte Wellen entstehen. Ist die See richtig ausgehärtet und ausgetrocknet, werden die Wellenkronen weiß gestrichen.
Sobald alles trocken ist, wird das Oberteil des Schiffsrumpfes eingeführt. Das Unterteil wird mit einigen Leimtupfern versehen. Die Dübel dürfen nicht mit dem Leim in Berührung kommen – sie könnten aufquellen! Die Folge: Das Oberteil kann nicht mehr sauber aufgesetzt werden. Nun wird das Oberteil angehoben und auf die Dübel gesetzt. Beide Teile müssen nun fest aufeinandergedrückt werden, so daß keine Naht zu sehen ist. Das Aufrichten der Masten erfolgt wie bei den vorher beschriebenen Schiffen. Sobald das Modell einwandfrei steht, werden die Stage verleimt und gekappt. An eine Stange wird eine Stecknadel gebunden. Mit dieser Nadel nehmen wir das Ruder- bzw. Kartenhaus auf, bestreichen es an der Unterseite mit Leim, führen es in die Flasche und stellen es auf das Deck. Das Ruderhaus muß hinter dem Besanmast stehen.
Auf die gleiche Art und Weise werden die drei Kutter sowie die Pinasse auf dem Deck befestigt. Die dafür vorgesehenen Träger sind ja bereits vorhanden. Auf dem Vordeck müssen noch die Positionslampen angebracht werden (backbord – rot, steuerbord – grün). Die Lampen müssen etwa 2 mm höher als die Reling stehen. Vor die Lampen werden noch zwei Rettungsinseln geleimt.
Das Deck ist nun vollendet. Lediglich die durch das Aufsetzen verschobenen Rahen müssen noch einmal gerichtet werden. Die Fäden der Untersegel und der Stagsegel werden an der Bordwand verleimt. Nun sind noch die Segel an den unteren Rahen anzuleimen, und die GORCH FOCK ist fertig.

## *Der Ständer der Flasche*

Es bleibt der Fantasie und dem Geschmack des einzelnen überlassen, wie der Ständer der Buddel beschaffen sein soll.

### *Lichter über dem Meer*

Einen Leuchtturm für diese 3-l-Flasche stellt man aus einem Rundholz (Stärke 12 mm) her. In der Längsrichtung wird

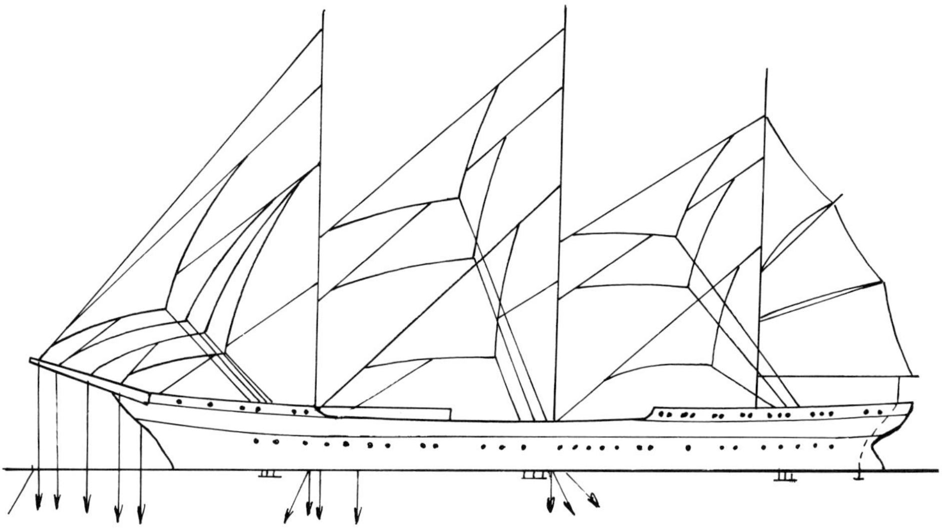

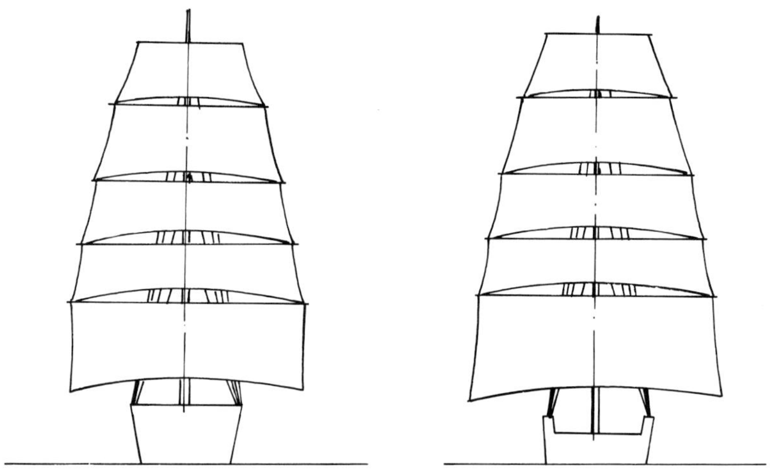

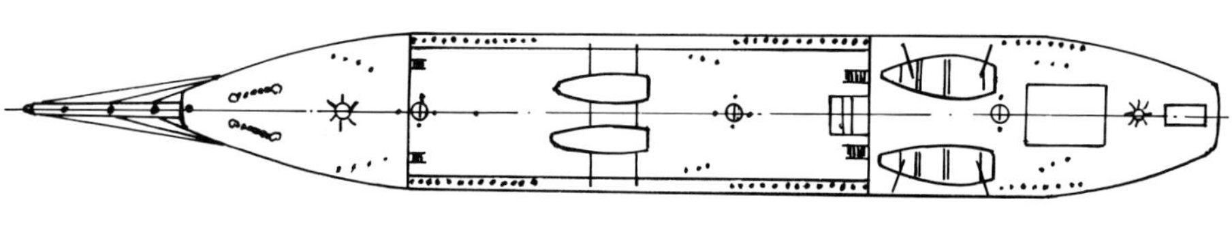

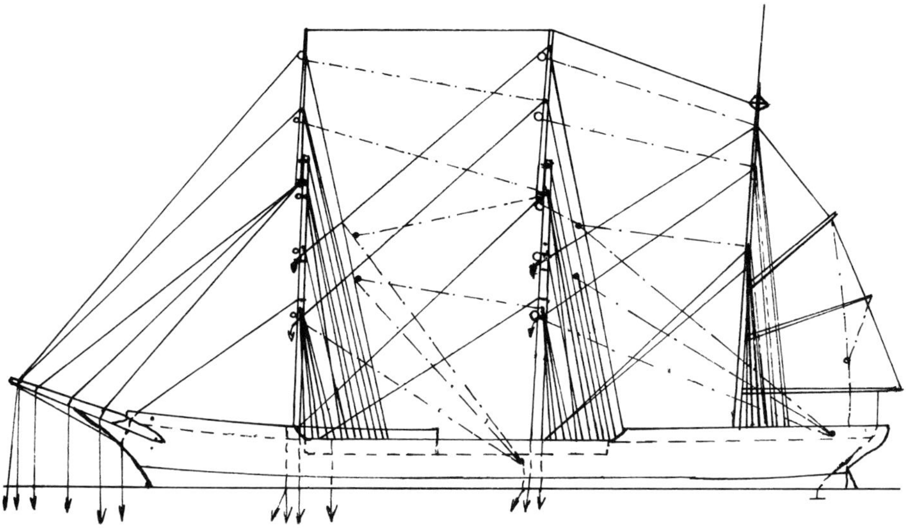

das Holz durchbohrt (4 mm). Der Kopf, der die Lampe enthalten soll, wird mit einem Bohrer von 7,5 mm ausgebohrt. Der Turm selbst wird geschnitzt und weiß gestrichen. Anschließend wird er rot abgesetzt. Mit einem Vidiabohrer wird die Flasche angebohrt. Das geschieht am besten schon vor dem Einbringen der See. Der Turm wird ohne Lampe durch den Flaschenhals geschoben. Ein Aluminiumröhrchen wird mit einem Hartkleber bestrichen, in das Bohrloch gedrückt und am Glas verleimt. Durch das Rohr schieben wir nun einen Faden in den Turm und vom Turm aus der Flasche und binden eine Bimetall-Blinkleuchte daran. Die Leuchte geht nach Erwärmung an und aus. Dann ziehen wir den Faden zurück, so daß die Lampe in die Turmspitze rutscht. Die Anschlußdrähte der Leuchte ragen unten aus dem Bohrloch heraus, wo sie an einen Akku und einen Schalter angeschlossen werden. Es empfiehlt sich in diesem Fall, den Ständer so zu bauen, daß er auch zur Aufnahme und Verkleidung von Stromquelle und Schalter dient.

*Erich Radermacher*

# Viermastbark PASSAT: Ein Flying-P-Liner

## *Geschichte des Schiffes*

Die PASSAT wurde 1911 bei Blohm & Voss in Hamburg für die Reederei Laeisz gebaut. 1912 lief sie zu ihrer ersten Reise nach Chile aus. Bis zum Ausbruch des Ersten Weltkrieges machte sie noch fünf weitere Reisen in der Salpeterfahrt. Bei Kriegsbeginn lag sie mit anderen Seglern in Iqueque, Chile. Die Heimreise mit 4700 t Salpeter an Bord konnte erst am 27. Mai 1921 angetreten werden – Marseille for order.
Das Schiff mußte an Frankreich abgeliefert werden. Die Franzosen hatten jedoch keine Verwendung dafür, und so konnte der Reeder Laeisz es zurückkaufen. Nach der Instandsetzung in Hamburg wurde die PASSAT erneut in der Salpeterfahrt eingesetzt. Nach einem Umbau 1927 fuhr sie als frachttragendes Schulschiff. Im Jahre 1932 erwarb der finnische Reeder Gustaf Erikson aus Mariehamn das Schiff. Unter finnischer Flagge fuhr die PASSAT in der australischen Weizenfahrt, bis der Zweite Weltkrieg ausbrach. Zunächst lag das Schiff in Mariehamn und dann ab 1944 in Stockholm – als Getreidespeicher.
Als die PASSAT und die PAMIR im Januar 1951 an eine belgische Abwrackfirma verkauft werden sollten, setzte sich Kapitän Helmut Grubbe für sie ein. Der Reeder Heinz Schliewen kaufte beide Schiffe. Heimathafen wurde Lübeck. Nach gründlicher Überholung und Modernisierung bei den Howaldtswerken in Kiel segelte die PASSAT am 12. Februar 1952 nach Brasilien und Argentinien.
1957 ging eine Weizenschüttladung bei stürmischer See über. Es entstand gefährliche Schlagseite, so daß die mit Weizen gefüllten Ballasttanks geflutet werden mußten. Lissabon wurde als Nothafen angelaufen. Nachdem kurze Zeit zuvor bereits die PAMIR verloren gegangen war, wurde nun die PASSAT außer Dienst gestellt. Seit 1960 liegt sie nun als Wahrzeichen am Priwall in Lübeck-Travemünde. Seit 1978 steht sie unter Denkmalschutz.

## *Materialliste*

*Für den Flascheninhalt:*
- 1 leere 1-l-Bacardi-Rumflasche
- je 1 Stück Linden- oder Pappelholz mit den Maßen 20 × 10 × 125 mm für das Überwasserschiff, 20 × 5 × 125 mm für das Unterwasserschiff, 3 × 3 × 30 mm für die Sportboote und Autos
- 1 Stück Bambus, ca. 20 mm Durchmesser, Länge zwischen zwei Knoten
- 1 kg Fensterkitt
- 1 Tube Ölfarbe blau
- 2 bis 3 Stücke Tafelkreide (zu Pulver zerkleinert)
- 1 Stück dunkles Furnier, ca. 200 × 100 mm, Nußbaum, Teak o.ä.
- 1 kleine Flasche Propellerleim
- etwas Kork (Korkdichtung oder Korktapete)
- einige Kieselsteine, ca. 1 mm Korngröße, Siegellack rot

- ca. 1,5 m Hanfgarn 1,5–2 mm für Türkenbund
- 1 Rolle Isolierband
- je 1 kleine Farbdose: schwarz, weiß, grün, grau, gelb, rot und klar
- 1 kleine Tube Uhu-hart

*Für die Flaschenhalterung:*
- 1 Sperrholzbrett 70 × 140 × 6 mm
- 2 Leisten 15 × 15 × 140 mm

*Für die Helling:*
- 1 Sperrholzbrett 70 × 140 × 6 mm
- 2 Holzschrauben 3 × 30 mm Flachkopf

*Für den Flaschenhals:*
(zum Befestigen der Spannfäden)
- 1 Sperrholzbrett 20 × 100 × 4 mm

Für den Buddelständer:
- 1 Brettchen aus Linden- oder Pappelholz 190 × 100 × 8 mm
- 1 Stück Linden- oder Pappelholz für den Albatros 150 × 35 × 35 mm
- 1 Stück Linden- oder Pappelholz für die Rückseite 120 × 15 × 15 mm
- 1 Stück Kupferblech für das Schild 60 × 15 × 0,5 mm
- 1 Dose Sprühlack klar
- 1 Satz Abreibebuchstaben Größe 4 mm
- Holzbeize: Kastanie, Eiche dunkel

**Sonderwerkzeuge**

**Helling**

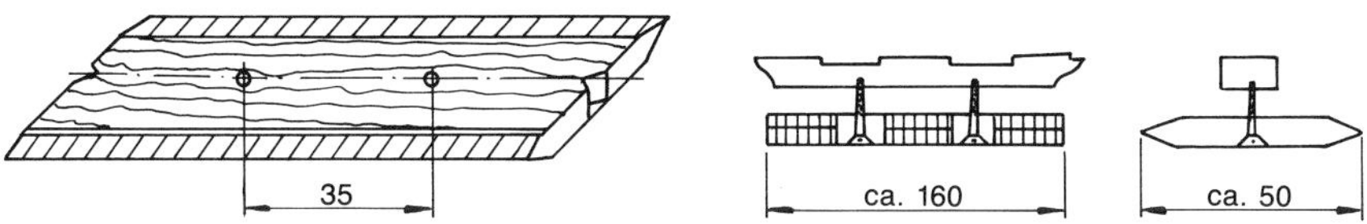


**Kittlöffel**

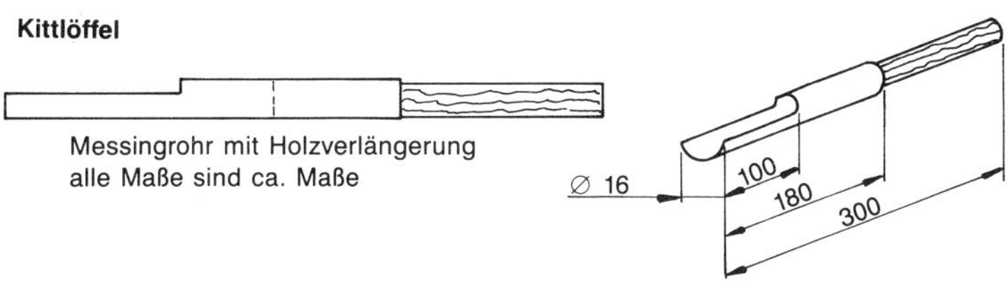


**Leimspritze**

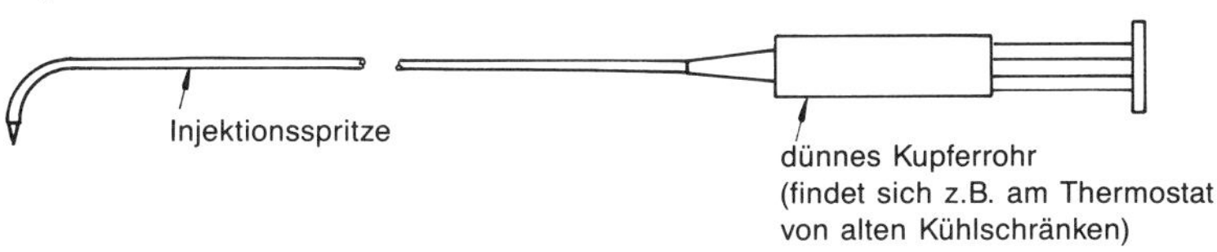

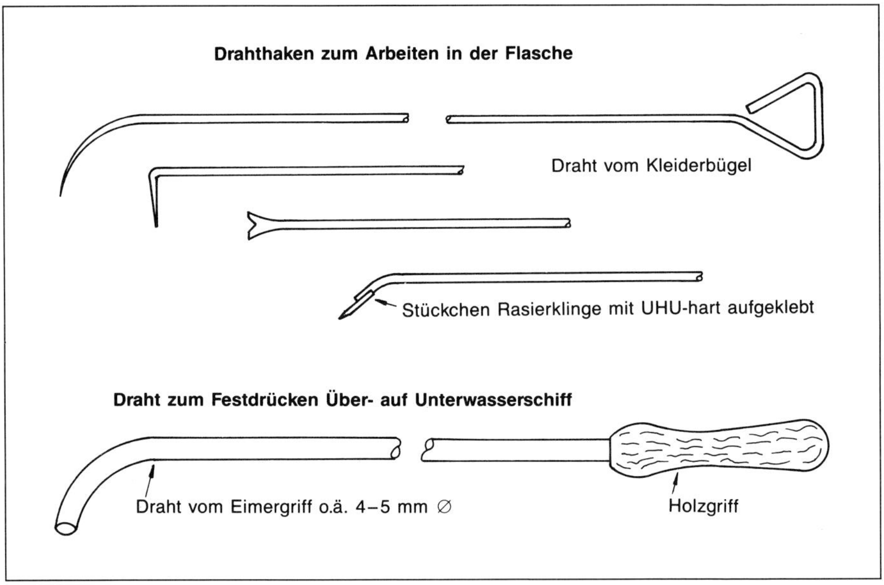


**Passat am Priwall**

| | | |
|---|---|---|
| Masthöhe von Wasserlinie | = | 64 mm Fock-, Groß- u. Kreuzmast |
| Besanmasthöhe | = | 53,5 mm |
| Länge zwischen den Loten | = | 116,2 mm |
| Länge über alles mit Klüverb. | = | 140,2 mm |
| Breite | = | 17,26 mm |
| Freibord | = | 7 mm |
| Länge der Unterrahr | = | 34,5 mm // 31,5 mm // 30,4 mm // 25,9 mm |
| Länge der Royalrahr | = | 17,7 mm |
| Länge des Klüverbaums | = | 18,4 mm |
| Länge des Besanbaums | = | 20,1 mm |
| Lange der Untergaffel | = | 17,2 mm |
| Höhe des Schanzkleides | = | 18,8 mm auf dem Brückendeck 1,2 mm |

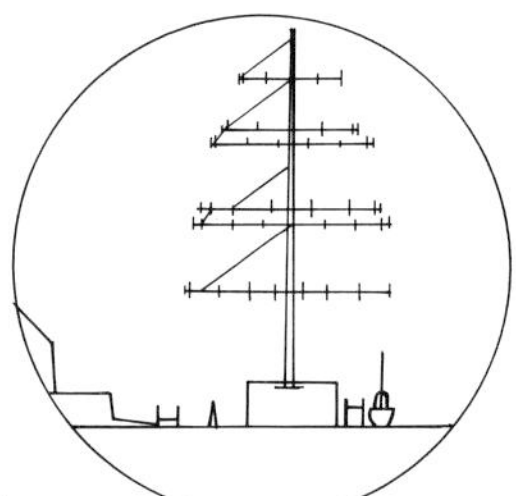

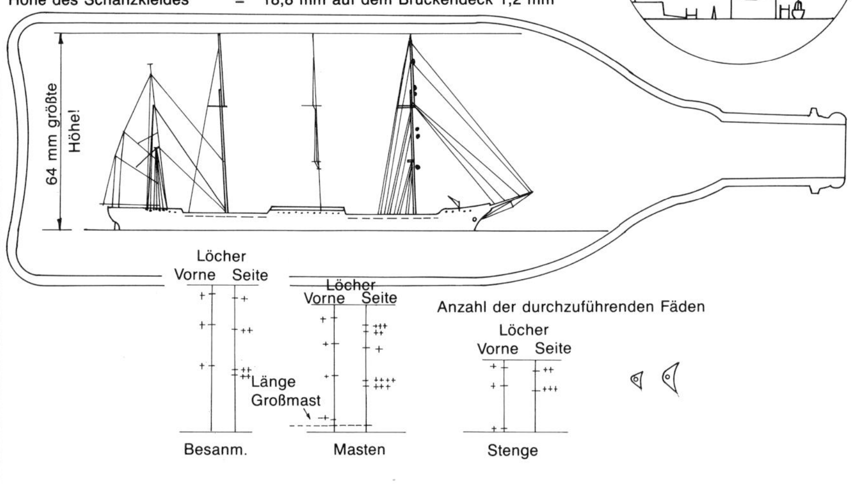

## *Anfertigung des Rumpfes*

Der Rumpf wird in zwei Teilen, dem Über- und dem Unterwasserschiff, hergestellt. So kann die Farbabgrenzung gut ausgeführt werden und nach der Fertigstellung der Landschaft ist – und das ist viel wichtiger – ein festes Fundament für das einzusetzende Schiff vorhanden.

Zuerst wird gemäß Zeichnung eine Schablone aus Karton des Rumpfes – von der Seite (Schablone 1), in Draufsicht (Schablone 2) sowie in Höhe der Wasserlinie (Schablone 3) – angefertigt. Damit lassen sich die Formen des Rumpfes besser auf das Holz übertragen. Die Seitenansichten werden als erstes übertragen, und die Form wird über die gesamte Breite des Holzes ausgearbeitet. Immer wieder sind mit der Schablone die beiden Seiten auf Formgenauigkeit zu prüfen.

Danach wird die Schablone der Draufsicht aufgelegt, auf das Holz übertragen und ebenfalls ausgearbeitet. Als letztes wird dann die Rumpfform in Höhe der Wasserlinie von unten übertragen, und die Übergänge werden von oben nach unten so ausgearbeitet, daß der Rumpf die gewünschte Form erhält. Für das Unterwasserschiff wird jetzt das entsprechende Holz, ca. 5 mm dick, auf die Unterseite des Rumpfes gelegt und mit zwei Löchern von 1 mm Durchmesser so weit durchbohrt, daß die Löcher ca. 3 mm in den Rumpf führen. In diese Löcher steckt man je einen Dübel, der aus Bambusholz geschnitten wurde, und arbeitet das Unterwasserschiff entsprechend der Rumpfform aus. Ober- und Unterwasserschiff werden auseinandergenommen, und die Oberseite des Unterwasserschiffes wird bis auf eine rundum laufende Kante ca. 0,5 bis 1 mm ausgchöhlt. In der Höhlung sollen später die Fäden laufen (Abb. 1). Die Dübel im Unterwasserschiff werden festgeleimt. Die Relings des vorderen und hinteren Hauptdecks entstehen durch vorsichtiges Ausarbeiten des überflüssigen

**Schablonen**

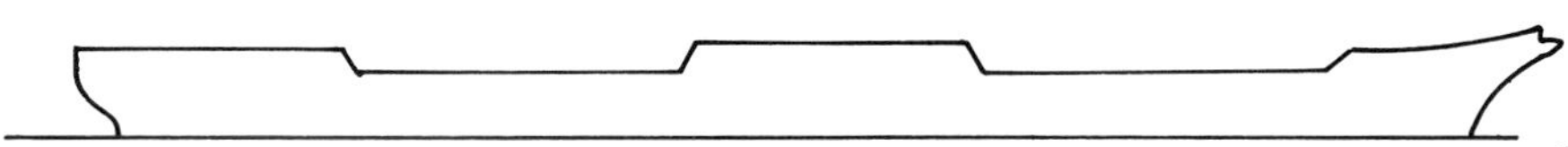

*1*

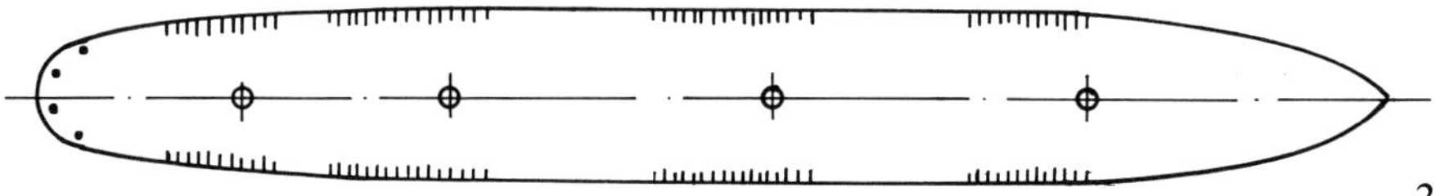

*2*

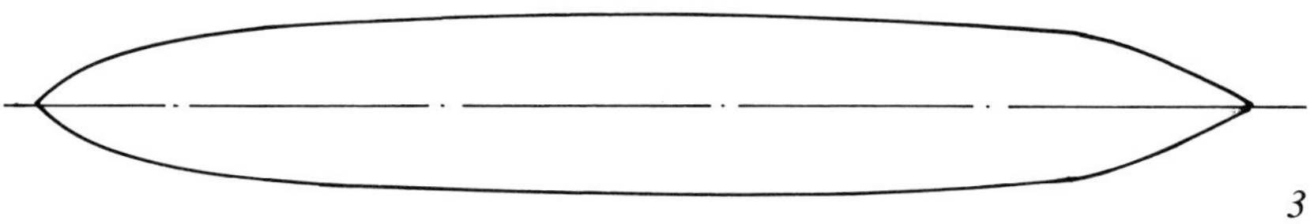

*3*

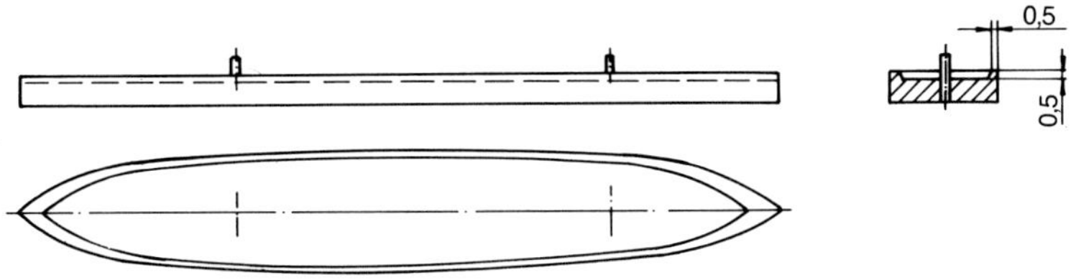

*Abb. 1*

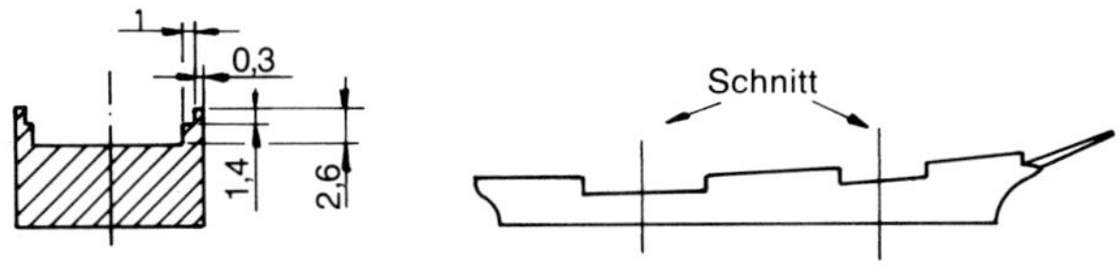

*Abb. 2*

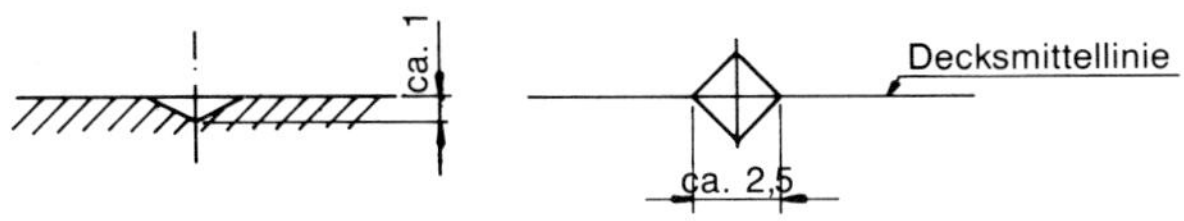

*Abb. 3*

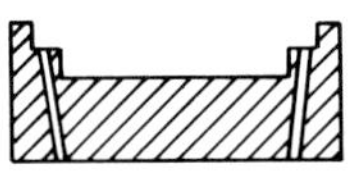
*Abb. 4*

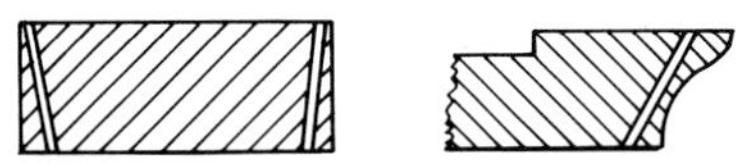
*Abb. 5*

Holzes, am besten mit einem scharfen Messer und einem kleinen flachen Stecheisen. Der Rumpfquerschnitt soll die Form haben, die in der Skizze dargestellt ist (Abb. 2).

Für die spätere Fixierung der Masten werden kleine eckige Vertiefungen an die entsprechenden Stellen in die Decks geschnitten (Schablone 2). Sie sollen, damit sich die Masten beim Auftakeln und beim Aufrichten in der Flasche nicht verdrehen, die in der Skizze gezeigte Form haben (Abb. 3).

Die Löcher für die Wanten, Stage und Brassen werden an den in der Bauzeichnung (Schablone 2) angegebenen Stellen angezeichnet. Sie sollen beim Hauptdeck auf dem Absatz der Reling (Abb. 4) gebohrt werden – auf dem Brücken- und auf dem Poopdeck gemäß Skizze (Abb. 5). Ein Abrutschen des Bohrers läßt sich durch leichtes Vorstechen vermeiden. Die beste Erfahrung habe ich bei allen zu bohrenden Löchern mit einer Injektionsnadel gemacht, die ich zwischen Daumen und Zeigefinger leicht drehe.

In die Rumpfunterseite werden jetzt kleine Vertiefungen geschnitten. Diese müssen so groß sein, daß sich alle Bohrlöcher für die Wanten hier in Gruppen wiederfinden (Abb. 6).

Rund um die Masten werden sechs bis acht Löcher für die Fäden, die vom Mast in den Rumpf führen, die acht Spannleinen für die Stage usw. gebohrt (Abb. 7). Bei all der Bohrerei darf das Loch für den Klüverbaum (1,5 mm) nicht vergessen werden. Dieses Loch wird in entsprechendem Winkel gemäß Bauzeichnung von vorne in den Rumpf gebohrt (Abb. 8).

Jetzt wird das Unterwasserschiff rot bemalt, und der Rumpf erhält unten einen 1 mm dicken weißen Streifen und wird im übrigen schwarz bemalt. Die Außenseiten des Back-, Brücken- und Poopdecks sowie die Relings von innen werden weiß gestri-

*Abb. 6*

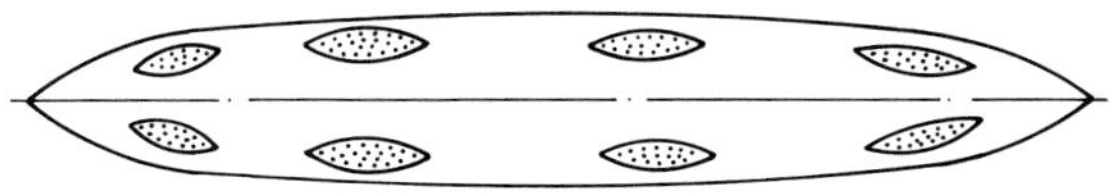

*Abb. 7*

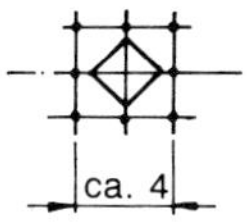


*Abb. 8*

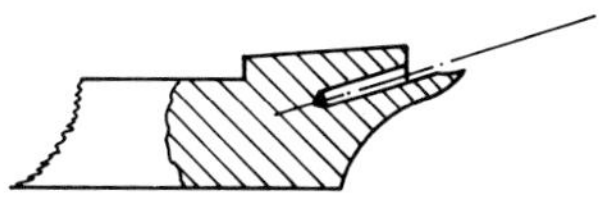

*Abb. 9*

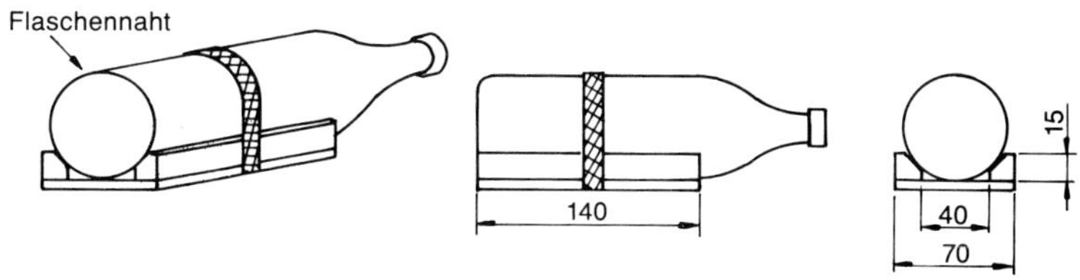


chen. Die Decks bleiben holzfarben oder werden hellbraun gestrichen.
Man steckt noch einmal Über- und Unterwasserschiff zusammen und vergleicht die Konturen. Vor allem darf die Trennlinie nicht auffallen, sie darf nur als Farbtrennungslinie zu erkennen sein. Jetzt ist die Zeit gekommen, wo wir uns an die Gestaltung der Landschaft in der Flasche machen sollten. Darum wird das Überwasserschiff erst einmal beiseite gestellt.

# *Die Gestaltung in der Flasche*

Die leere Flasche wird zuerst gereinigt. Dazu genügt es in der Regel, daß sie einfach mit lauwarmem Wasser ausgespült wird. Damit es keine Wasserflecken gibt, wird sie anschließend mit reinem Spiritus nachgespült und auf den Hals gestellt. Nachdem sie ausgetrocknet ist, suchen wir die beste Flaschenhälfte zwischen den Längsnähten aus. Diese Seite soll nach vorne zeigen, und zwar so, daß eine Naht schräg hinten oben und eine schräg unten vorne zu sehen ist. In dieser Lage wird die Flasche auf einem Montagebrett (Abb. 9) mit Isolierband oder Tesafilm festgesetzt. Mit einem Fettstift oder einem Folienschreiber markieren wir von außen die festgelegte Wasserlinie. Nachdem die geschätzte Kittmenge mit blauer Tubenölfarbe eingefärbt und mit der zerbröselten Kreide wieder in eine knetbare Masse verwandelt worden ist, wird diese Kittmasse mit dem Kittlöffel eingebracht. Vorsicht, es darf in der Flasche über dem Wasserspiegel niemals Kitt an den Flaschenhals kommen! Die Flasche wird bis an die Linie mit Kitt gefüllt, der zu einer Fläche geglättet wird. Durch Einlegen bzw. Einarbeiten von Holzstückchen wird

**Skizze zur Gestaltung der Landschaft**

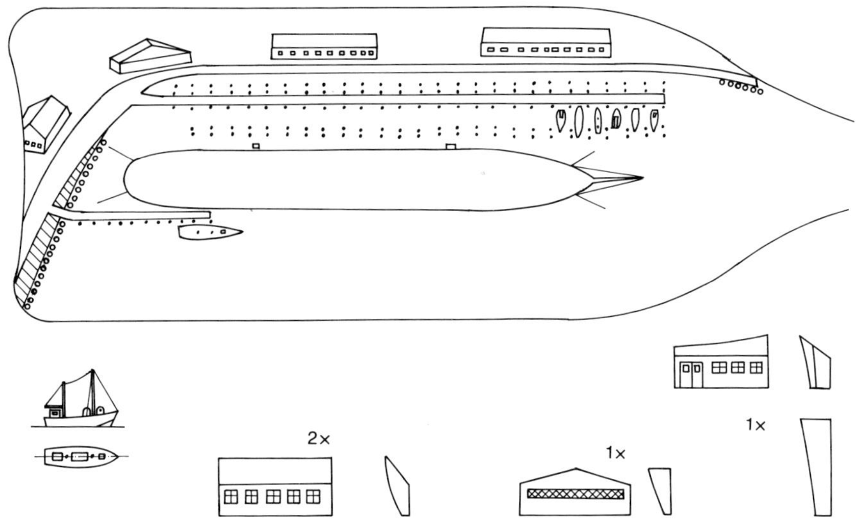


das Öl aus dem Kitt aufgesaugt, und das Meer trocknet schneller. Es muß aber unbedingt darauf geachtet werden, daß genügend Platz für das Unterwasserschiff bleibt.

An der gemäß Bauzeichnung vorgesehenen Stelle wird nun das Unterwasserschiff hineingedrückt, bis es noch ca. 1 mm aus dem Wasser ragt. Jetzt wird der Flaschenhals mit einem Stückchen Damenstrumpf bespannt und die Flasche eine Weile zur Seite gestellt. Durch den Strumpf soll einerseits der Kitt belüftet und andererseits ein Staubeintritt in die Flasche verhindert werden.

In der Zwischenzeit beschäftigen wir uns mit der Herstellung der Häuser, die an ihrer Rückseite der Rundung der Innenflasche angepaßt werden. Die Fenster der Häuser werden aufgemalt, die Dachrinnen durch Aufkleben eines weißen Fadens angedeutet.

Der 15 cm lange Steg für die Sportboote wird aus einem Stück dunklen Furnierholzes geschnitten. Damit der Steg gleichmäßig 1 mm über die Wasseroberfläche hinausragt, werden in der Mitte der Stegunterseite kleine Furnierstreifen in Steglängsrichtung aufgeleimt (Abb. 10). An diesen Steg werden jetzt in Abständen von je 6 mm die Poller mit Propellerleim befestigt. Die Köpfe der Poller werden nach dem Aushärten des Leimes mit weißer Farbe bemalt.

Der Steg, der als Zugang zur PASSAT dient, wird ebenfalls aus dem dunklen Furnierholz hergestellt. Er hat jedoch einen anderen Unterbau. Hier werden zwei Furnierstreifen aufeinandergeleimt, und es werden auf jeder Seite zehn Poller unten/seitlich an diese Streifen geleimt (Abb. 11). Für den Aufbau der Geländer wird weißes Garn, das vorher mit Leim steif gemacht worden ist, verwendet.

Das Anfertigen der 22 Sportboote, die in Größe und Farbgebung sowie als Motor- oder Segelboote unterschiedlich gestaltet werden können, dürfte keine Schwierig-

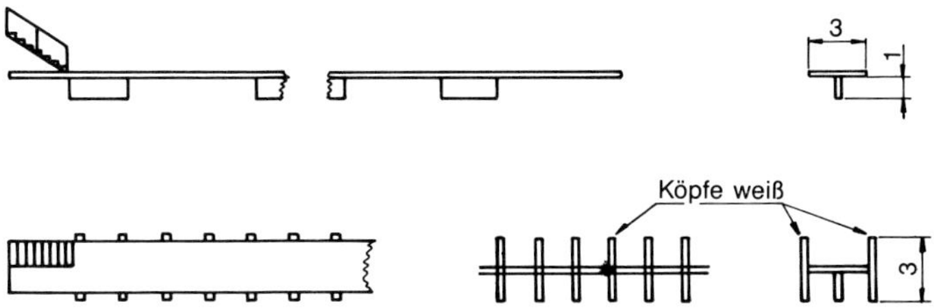


*Abb. 10*

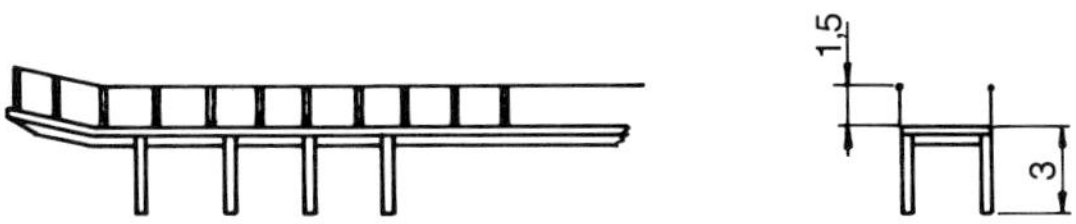


*Abb. 11*

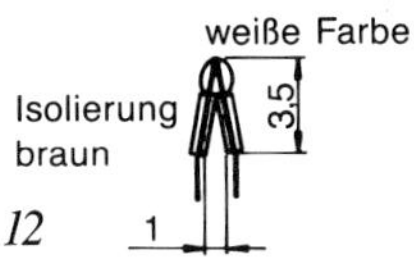


*Abb. 12*

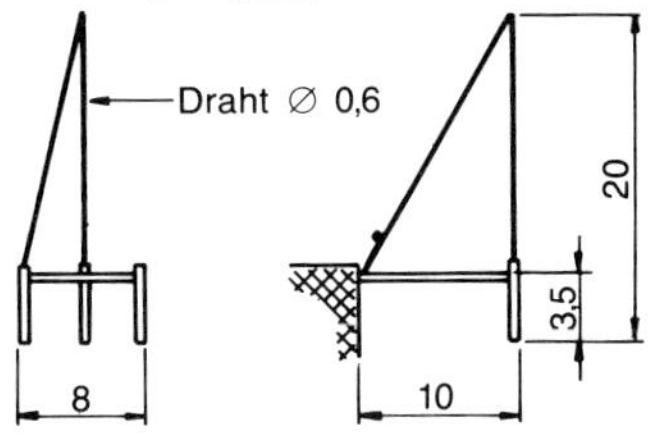


*Abb. 13*

keit bereiten. Wichtig ist, daß ein buntes Bild am Bootssteg entsteht.

Wenn der Kitt in der Flasche nach ca. zwei bis drei Wochen etwas ausgehärtet ist, wird im rückwärtigen Teil und am Flaschenboden die Landschaft wie folgt geformt: Im hinteren Teil soll ein etwas ansteigender Sandstreifen entstehen, dahinter eine Mauer mit einigen Vorsprüngen aus Feldsteinen. Für den Flaschenboden ist eine Fahrstraße vorgesehen, die durch eine schräge Mauer, ebenfalls aus Feldsteinen, zum Wasser hin gesichert ist. Zwischen dieser Mauer und dem Wasser liegen einige Findlinge als Wellenbrecher. Das Mauerwerk aus Feldsteinen wird durch Korkstreifen hergestellt. Für die Findlinge verwenden wir kleine Kieselsteine. Im hinteren Teil und am Flaschenboden sollte jetzt ein Gelände entstanden sein, das ca. 6 bis 7 mm über dem Wasserspiegel liegt.

Wenn auch diese Kittarbeit etwas angetrocknet ist, wird von innen die Flaschenrückwand mit Bäumen und Himmel, Wolken und Gras bemalt. Die Wasserfläche wird, wenn erforderlich oder gewünscht, farblich nachgearbeitet und nach dem Trocknen mit Klarlack gestrichen. Hierdurch wird der Wassereffekt besser dargestellt. Der Campingplatz wird durch Papierschnipsel, die die Form von Wohnwagen oder Zelten haben und mit Plakafarben bemalt sind, gestaltet. Diese Wohnwagen und Zelte sowie das Waschhaus, das auf gleiche Weise hergestellt wird, werden mit verdünntem Propellerleim in der Flasche auf die Farbe (Grasfläche) geleimt. Jetzt werden die zwischenzeitlich fertiggestellten Häuser an die vorgesehenen Stellen geklebt und es wird, wenn erforderlich, mit Kitt und Farbe nachgearbeitet.

Wenn alles so weit fertig ist, können der Sportbootsteg und der Steg zur PASSAT eingesetzt und ebenfalls mit etwas verdünntem Propellerleim festgeleimt werden. Die 24 »A«-Poller, die zwischen

Sportbootsteg und PASSAT stehen, werden aus dünnem, braun isoliertem Draht gefertigt, die Köpfe werden weiß bemalt (Abb. 12). Diese Poller werden in den Kitt gedrückt und ebenfalls mit Leim befestigt. Leichter geht das Einsetzen, wenn die Punkte für die Poller markiert und dann mit einer an einem Draht befestigten dünnen Nadel alle Löcher vorgearbeitet werden. Vor dem Haus auf der rechten Seite befindet sich noch eine Plattform mit einem »A«-Kranständer (Abb. 13), zum Masteinsetzen usw.! Dieser wird ebenfalls aus Furnierholz und Draht angefertigt. Zwischen den beiden Häusern steht noch eine aufgebockte Yacht (Abb. 14). In der Flaschenecke links neben der

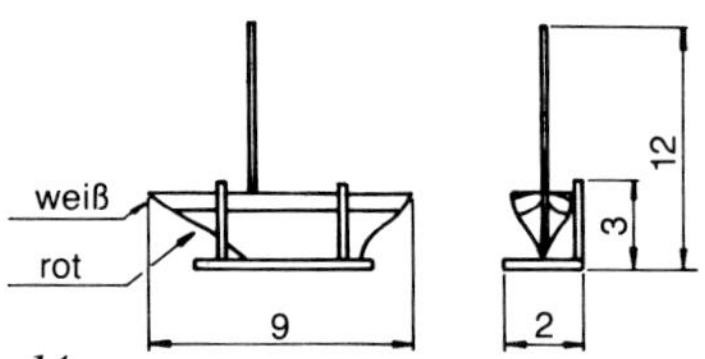


*Abb. 14*

silbergrauen Halle stehen fünf Personenwagen; sie sind aus Holz geschnitten und entsprechend bemalt (Abb. 15).

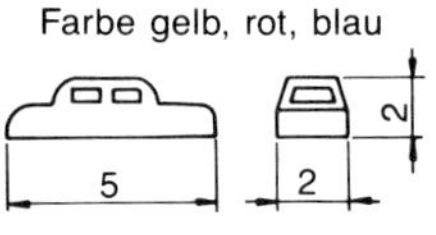


*Abb. 15*

Zum Abschluß dieser Arbeiten kann der Bootshafen mit den Sportbooten bestückt werden. Die Boote werden einfach mit verdünntem Propellerleim auf das Wasser geklebt. Die Flasche wird jetzt wieder, wie schon bekannt, mit einem Damenstrumpf verschlossen und beiseite gestellt. Wir widmen uns jetzt wieder dem Schiff.

## *Decksaufbauten*

Der Rumpf, das Überwasserschiff, wird noch einmal genau untersucht, und die gebohrten Löcher, die meistens durch die Malarbeiten dicht gesetzt wurden, werden noch einmal nachgebohrt. Die Bullaugen in der Back, dem Brückendeck und der Poop werden beidseitig angezeichnet – ein Stechzirkel ist dabei eine große Hilfe – und vorsichtig mit einem 1-mm-Bohrer angebohrt. Anschließend werden die so entstandenen Vertiefungen mit schwarzer Farbe ausgefüllt.

Für die Relings der Back, des Brückendecks und der Poop sowie für die Geländer der Verbindungsstege Back-Brücke und Brücke-Poopdeck wird ein Stückchen Gardinenstoff in etwas stark verdünntem Propellerleim gestärkt. Nach dem Trocknen läßt sich diese Gardine in schmale Streifen schneiden und als Reling verarbeiten. Die Reling des Brückendecks wird zusätzlich von außen mit dünnem grauem Stoff beklebt; so soll eine Schutzplane angedeutet werden. Jetzt werden erst einmal die Luken angefertigt. Hierzu verwenden wir wieder dunkles Furnier, das in entsprechender Anzahl jeweils einmal in Lukengröße und einmal 1 mm schmaler und kürzer zugeschnitten wird. Beide Stücke werden aufeinandergeleimt, so daß rundherum ein Absatz entsteht (Abb. 16). Luke 1 und 4 werden mit Leim auf dem Deck befestigt. An die Stellen, wo Luke 2 und 3 später aufgeleimt werden, wird je ein 1,5 mm großes Loch durch den Rumpf gebohrt. Durch diese Öffnungen wird später, in der Flasche, der Leim gedrückt, der Überwasser- und Unterwasserschiff fest verbindet. Das Kartenhaus wird aus einem Stückchen dunklen Holzes geschnitten oder dunkelbraun bemalt; die Fenster werden in hellblauer Farbe aufgemalt (Abb. 17). Danach wird das Kartenhaus auf das Brückendeck geleimt.

Zum Anfertigen der Kappe für das Steu-

*Abb. 16*

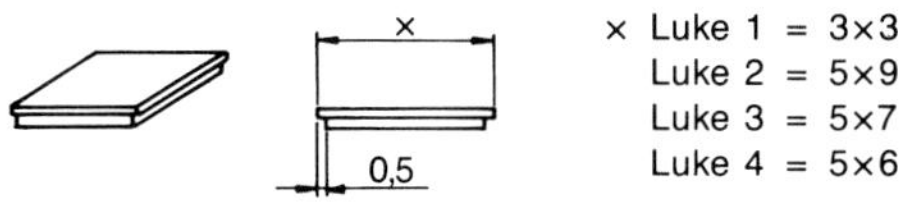


*Abb. 17*

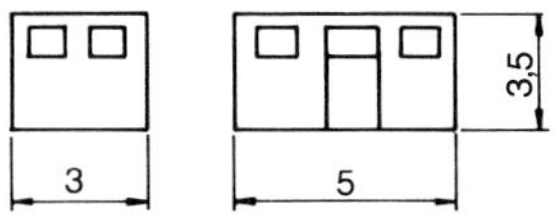


*Abb. 18*

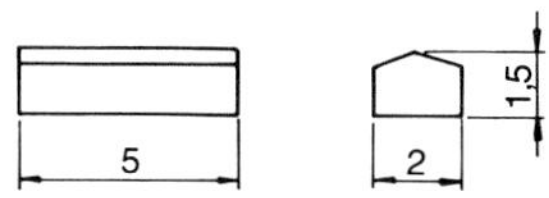


*Abb. 19*

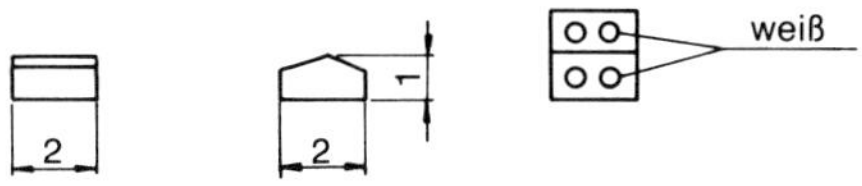


*Abb. 20*

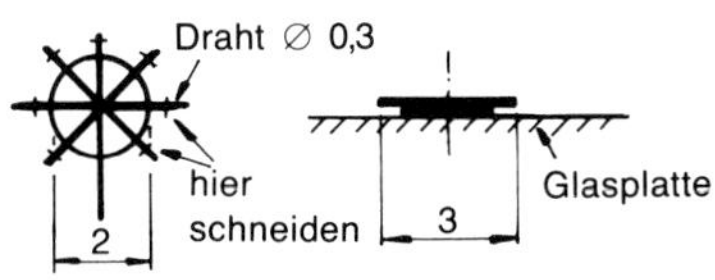


*Abb. 21*

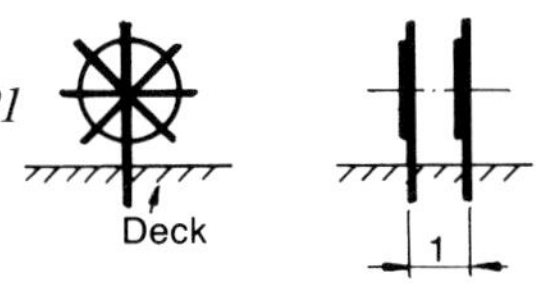


*Abb. 22*

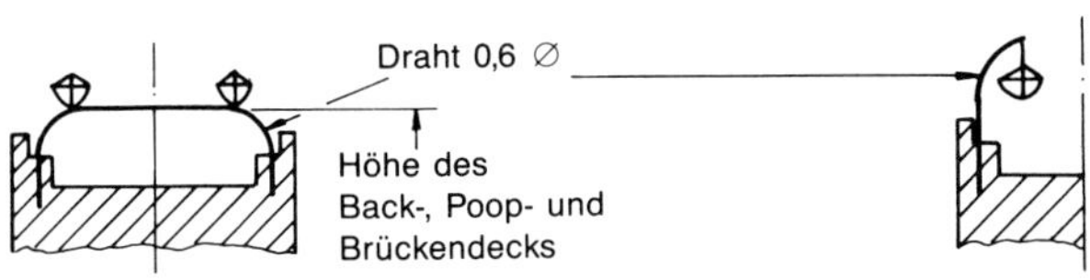


ergerät aus dunklem Holz ist nach Skizze zu verfahren (Abb. 18). Die Kappe kann nach Fertigstellung aufgeleimt werden. Die beiden Oberlichter für das Poop- und das Brückendeck werden gemäß Skizze hergestellt (Abb. 19) und an den entsprechenden Stellen aufgeleimt. Die drei Rettungsringe werden einfach aus Draht gebogen und weiß und rot bemalt. Ein Ring wird auf die Rückseite der Kappe für das Steuergerät und je ein Ring auf die Back- bzw. Steuerbordseite des Kartenhauses geleimt.

Zum Anfertigen der vier Steuerräder werden aus dünnem Draht vier Ringe gebogen und mit brauner Farbe bemalt. Auf die noch frische Farbe werden jetzt die Speichen gelegt (Abb. 20). Nach dem Trocknen der Farbe wird der Ring vorsichtig von seiner Unterlage, am besten Glas, gelöst. Bis auf eine Speiche werden alle auf die richtige Länge geschnitten, und das ganze Steuerrad wird noch einmal vorsichtig mit brauner Farbe bemalt. Am Rumpf befestigt werden die Steuerräder, indem je ein dünnes Loch an den Stellen gebohrt wird, wo die Steuerräder stehen sollen. In diese Löcher wird jetzt die noch lange Speiche mit etwas Leim eingesetzt (Abb. 21).

Die Bügel zum Aufsetzen der Rettungsboote und die Davits werden aus Draht hergestellt und weiß gestrichen (Abb. 22). Die Rettungsboote sind aus Holz gefertigt und unten weiß, dann mit einem Streifen braun, die Abdeckplane ist grau gestri-

*Abb. 23*

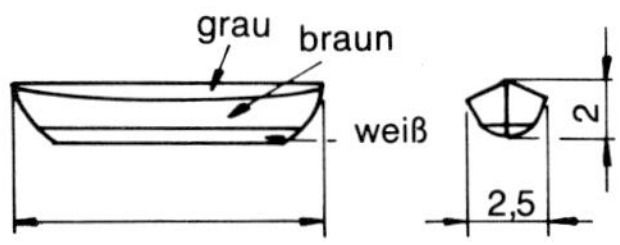


*Abb. 24*

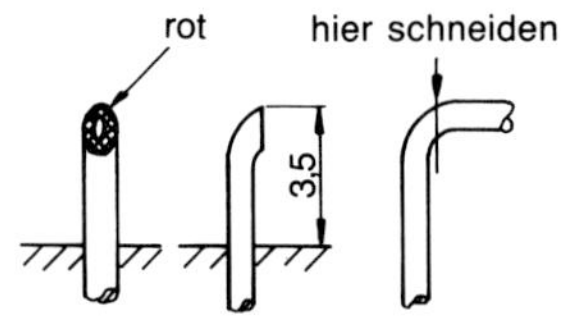


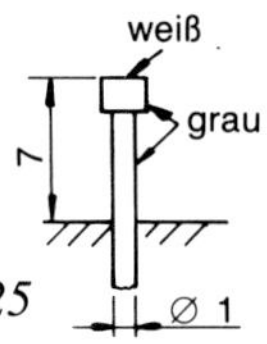


*Abb. 25*

*Abb. 26*

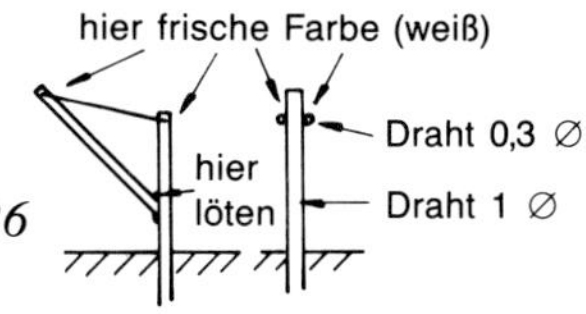


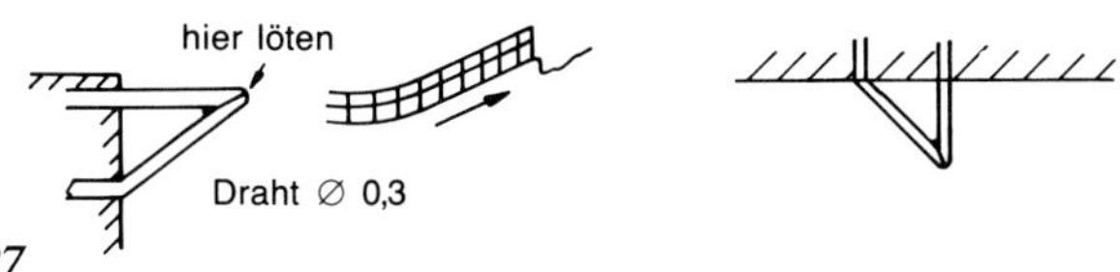


*Abb. 27*

chen (Abb. 23). Für die Bügel und die Davits werden jetzt Löcher in den Rumpf gebohrt, und alles wird durch Verleimen an der entsprechenden Stelle befestigt. Die Aufhängung der Rettungsboote wird mit einem schwarzen Faden dargestellt.

Die Windhutzen fertigen wir am einfachsten aus 1-mm-Weichlötdraht, indem ein Stückchen scharf auf 90° abgebogen und dann kurz hinter dem Bogen mit einem Messer abgeschnitten wird (Abb. 24). Der Schaft wird weiß gestrichen, die Schnittstelle sollte rot oder schwarz angemalt werden. An den Stellen im Rumpf, wo die Windhutzen stehen sollen, wird ein 1-mm-Loch gebohrt, und diese werden dann mit Leim eingesetzt. Die vier großen Entlüftungsschlote (Abb. 25) werden ebenfalls aus Draht gefertigt. Als Kopf wird ein Stück Isolierung über den Draht gesteckt, der Schaft wird grau, der Kopfdeckel weiß bemalt. Zum Befestigen auf Deck sind wieder Löcher zu bohren, in die die Schlote mit Leim eingesetzt werden. Der Ankerdavit wird aus Draht hergestellt, wobei die Teile am besten weich zusammengelötet werden (Abb. 26). Auch er kann nach Fertigstellung auf die übliche Weise auf Deck befestigt werden.

An der Bordwand des Poopdecks werden an beiden Seiten je ein Drahtbügel zum Befestigen einiger Brassen angebracht (Abb. 27). Diese Bügel lötet man am besten mit Weichlot zusammen und streicht sie weiß an.

Das Gangspill und die Festmachpoller sind Drahtstücke, die ebenfalls bemalt und auf Deck befestigt werden. Die Ankerauflage wird aus einem Stückchen hellen Holzes geschnitten und auf das Backdeck geleimt. Jetzt fehlen nur noch die beiden Verbindungsstege zwischen Back- und Brückendeck sowie Brücken- und Poopdeck. Sie werden wie der Bootssteg aus einem Streifen dunklen Furniers geschnitten und erhalten wie die Relings seitlich Geländer aus Gardinenstoff (Abb. 28).

Nach deren Fertigstellung werden die Verbindungsstcgc an Ort und Stelle festgeleimt. Die acht Leitern, die vom Haupt-

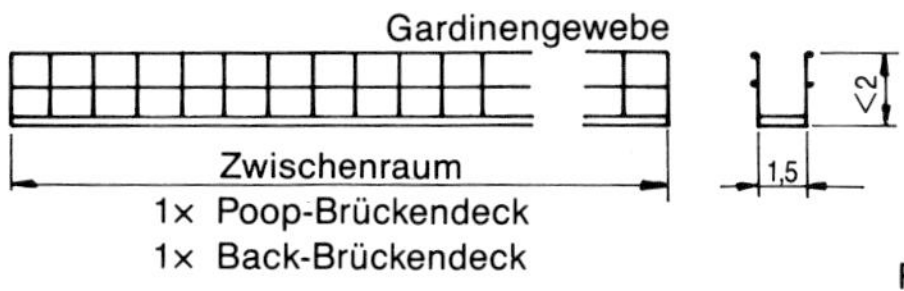


*Abb. 28*

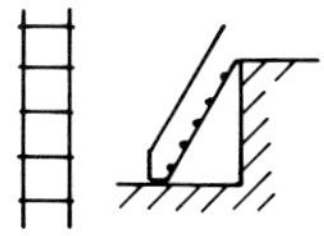

*Abb. 29*

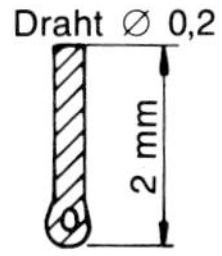


*Abb. 30*

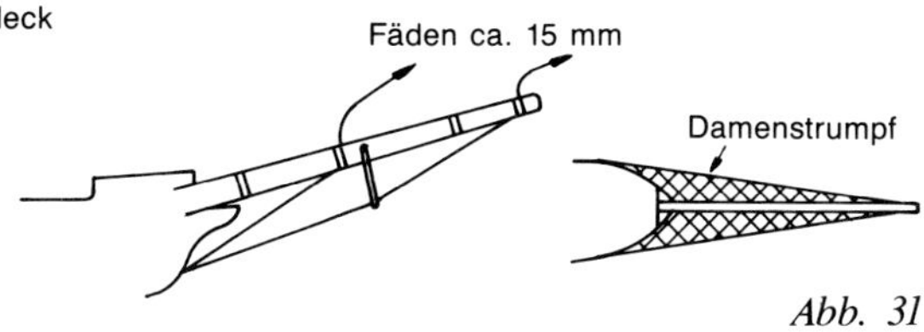


*Abb. 31*

deck auf die Back, die Brücke und die Poop führen, werden aus einem Stückchen braungefärbten Gardinenstoffes geschnitten (Abb. 29). Die dazu gehörenden Geländer sind mit Leim gestärkte Fäden. Bevor wir das Schiff auf die Helling setzen, muß erst der Klüverbaum angefertigt werden. Hierzu verwenden wir ein Stück Bambus, das so gespalten wird, daß ein vierkantiger Stab von ca. 2 mm Stärke entsteht. Jetzt werden gemäß Bauzeichnung die Löcher (0,3 bis 0,5 mm) in den Vierkantstab gebohrt. Vorstechen, wie bei den Rumpfarbeiten, ist hier unerläßlich. Nach dem Bohren wird das Vierkantholz auf genaue Länge geschnitten und rund geformt. Hierbei ist es wichtig, immer darauf zu achten, daß die Löcher in der Mitte des entstehenden, immer dünner werdenden Rundholzes bleiben. Wenn der Klüverbaum die richtige Form hat, wird er mit gelber Farbe gestrichen, und die Spitze wird ca. 1,5 mm breit weiß bemalt. Die Löcher müssen nach dem Trocknen der Farbe noch einmal frei gebohrt werden – wie stets nach Farbarbeiten.

Der Klüverbaum ist so mit Leim in den Rumpf einzusetzen, daß die Löcher senkrecht angeordnet sind. Wenn alles getrocknet ist, wird aus einem ca. 0,2 mm starken Draht der Stampfstock angefertigt (Abb. 30), schwarz bemalt und mit Leim in das entsprechende Loch eingesetzt. Bei der Klüverbaumbespannung, die gemäß Zeichnung herzustellen ist, werden die Fäden, die von unten aus dem Rumpf kommen, durch die Bohrungen im Klüverbaum gezogen und ca. 15 cm länger gelassen. Sie werden später zum Vorroyalstag bzw. zum Vorunterbramstag (Abb. 31). Der Ketscher (Netz unter dem Klüverbaum) wird aus einem Stück schwarzen, vorher mit Leim gestärkten Damenstrumpfes in zwei Teilen geschnitten und unter den Klüver geklebt. In diesem Zustand kann das Schiff auf die Helling kommen.

## Die Helling

Es gibt die verschiedensten Möglichkeiten, eine Helling anzufertigen. Hier soll eine einfache Variante vorgestellt werden. Ein Stück Sperrholz mit längs verlaufender Deckschicht wird an den Seiten von oben und unten angeschrägt, die Schrägen werden mit einem Messer in Abständen von ca. 5 mm eingeschnitten und an der Vorder- bzw. Hinterseite mit Kerben versehen. In die Mitte des Holzes werden jetzt zwei Löcher gebohrt und von der Unterseite angesenkt. Der Abstand der Löcher entspricht dem Abstand der beiden durch den Rumpf gebohrten, 1,5 mm großen Leimlöcher. Jetzt wird das Schiff auf die Helling gesetzt. Zwei Holzschrauben werden von unten durch das Brett gesteckt und vorsichtig in den Rumpf gedreht, bis sie fest genug sitzen. Die Schrauben sind mit Uhu-hart oder Siegellack am Brett festzusetzen, so daß ein deutlicher Zwischenraum zwischen Rumpf und Brett entsteht. Das Schiff ist jetzt auf der Helling und wird mit dieser eine Weile zur Seite gestellt.

## Die Masten

Zum Anfertigen der Masten spalten wir wieder Bambus, so daß ein Vierkantstab entsteht. Gemäß Zeichnung werden die Löcher gebohrt. Daß die Löcher für die Stage um 90° zu den Löchern der Wanten und Pardunen versetzt sind, versteht sich von selbst. Die Durchmesser der Löcher richten sich nach der Anzahl der Fäden, die durch sie geführt werden sollen. Nach dem Bohren werden die Masten bzw. Mastteile auf Länge geschnitten und gerundet, wobei auf die Löcher zu achten ist: Sie müssen alle durch die Mitte führen. Der Fock-, Groß- und Kreuzmast ist jeweils aus zwei Teilen, dem Untermast und der Stenge, gefertigt. Nur der Besanmast ist aus einem Stück (Abb. 32 bis 37). Alle Masten müssen am Fuß vierkantig angespitzt werden, damit sie sich später nicht verdrehen (Abb. 37). Die Marssalinge der Masten werden wieder aus dünnem Sperrholz angefertigt und direkt über die Löcher für die Wanten so an den Mast geleimt, daß die hintere Seite parallel zum Verlauf dieser Löcher weist (Abb. 38). Fock-, Groß- und Kreuzmast werden mit der entsprechenden Stenge verleimt. Ganz vorsichtiges Abflachen der beiden Leimflächen kann sehr hilfreich sein. Diese drei Masten bekommen jetzt noch eine Bramsaling, die aus kleinen vierkantigen Bambusstückchen aufgebaut wird (Abb. 39). An den Besanmast wird noch eine Flaggen- bzw. Signalrah aus rundem Bambus angeleimt (Abb. 40).
Die oberen Enden der Masten, die Toppen, werden etwas angespitzt und mit einem Drahtring versehen. Jetzt können die

*Abb. 32 bis Abb. 37*

*Abb. 32*

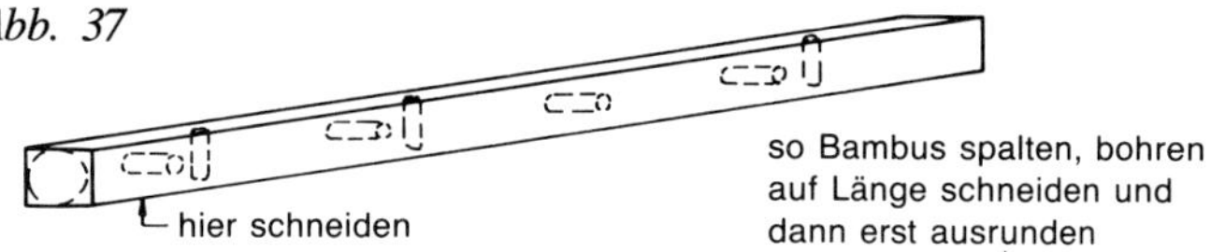


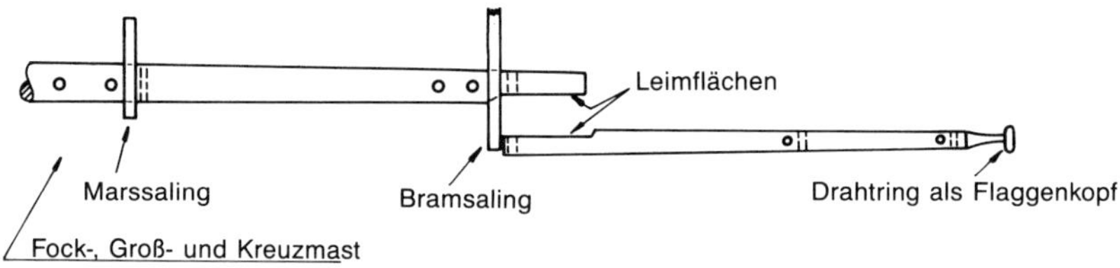


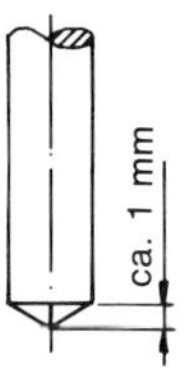


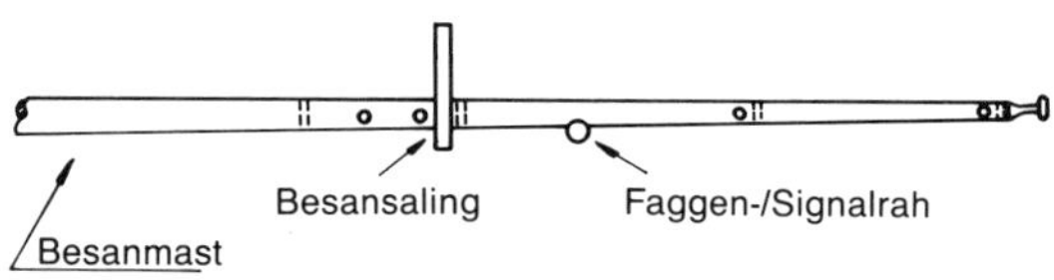


*Abb. 37*

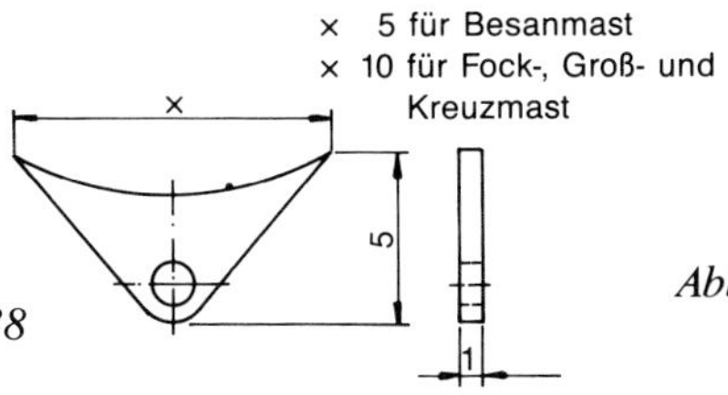


*Abb. 38*

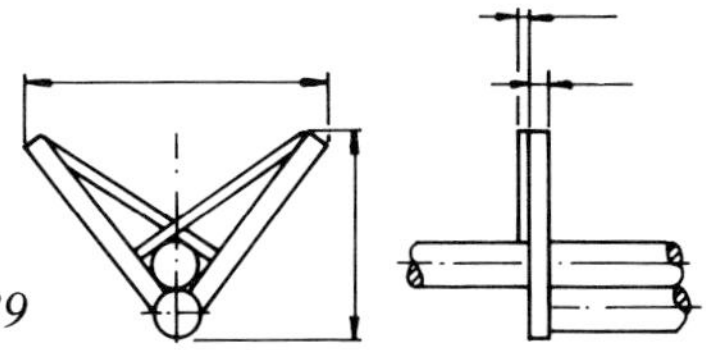

*Abb. 39*

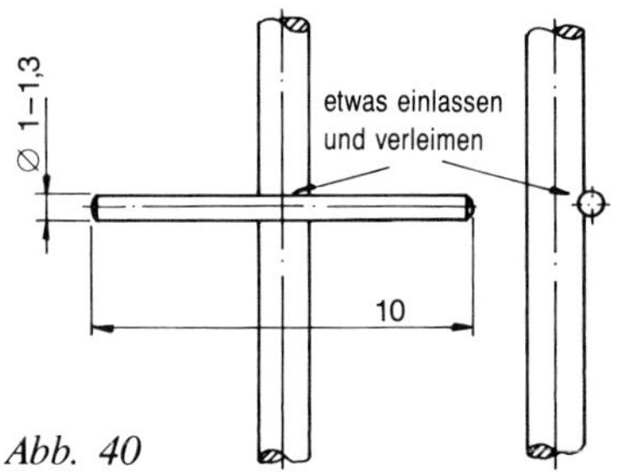


*Abb. 40*

*Abb. 41*

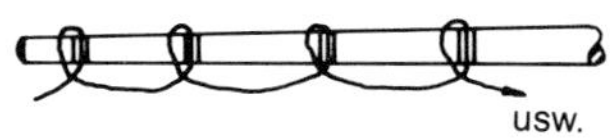


*Abb. 42*

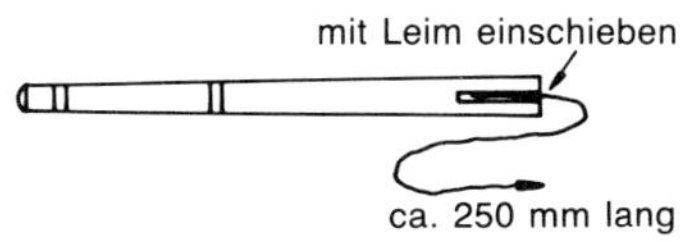


Masten mit gelber Farbe gestrichen werden. Die Toppen werden weiß abgesetzt.

## *Die Rahen*

Die Rahen werden ebenfalls aus Bambus gefertigt. In der Regel ist eine Rah am Ende (Rahnock) nur noch halb so stark wie in der Mitte. Die unterste Rah ist zweimal so lang wie die oberste. Die Längen der einzelnen Rahen sind aus der Zeichnung zu entnehmen. Die Löcher in den Rahen sind zur späteren Herstellung der Fußpferde erforderlich. Nach der Anfertigung aller Rahen werden diese gelb gestrichen, die Spitzen bis zur ersten Bohrung werden mit weißer Farbe abgesetzt. Wenn die Farbe getrocknet ist und die Löcher nachgebohrt sind, werden die Rahen mit den Fußpferden versehen. Hierzu wird ein dunkelbrauner Faden von ca. 20 cm Länge auf beiden Seiten ausgeschabt und mit einem Tropfen Uhu-hart zwischen Daumen und Zeigefinger gedreht, so daß eine harte Spitze an jedem Fadenende entsteht. Die Halbschläge werden angeordnet und mit etwas Leim in der richtigen Form gehalten (Abb. 41). Aber Achtung, die Löcher an den Rahspitzen und bei der Obermarsrah (vierte von oben), auch das zweite Loch, müssen offen bleiben! Dies geschieht am besten dadurch, daß man dünnen Draht vor dem Leimen zusätzlich in diese Löcher steckt. Nach dem Aushärten des Leimes können die Fäden kurz abgeschnitten werden.

## *Der Baum und die Gaffeln*

Man verwendet ebenfalls Bambus und bohrt gemäß Zeichnung. Hier ist jedoch zu beachten, daß je ein Loch in Längsrichtung gebohrt wird; es muß beim Runden unbedingt in der Mitte bleiben. Nach dem Bemalen, gelb – Nock weiß, wird ein hellgrauer Faden mit Leim in das Längsrichtungsloch gesteckt (Abb. 42). Die andere Seite des Fadens wird angeschabt und mit Uhu, wie bekannt, zu einer Spitze geformt. Wir sind soweit, daß wir mit dem Aufriggen beginnen können.

## Das Aufstellen der Masten

Die Abspannung der Masten, Wanten, Pardunen und Stage wird mit schwarzem Nähgarn vorgenommen. Es werden Fäden von ca. 20 bis 25 cm Länge geschnitten und an beiden Enden angespitzt. Bevor die Masten aufgestellt werden, können die Mars- und Bramwanten schon eingezogen werden. Dabei werden die Fäden so geführt, daß jeweils zwei Enden unterhalb der Bramsaling bzw. in Höhe der Royalrahen aus den Bohrungen kommen (Abb. 43). Sie werden jetzt Pardunen.

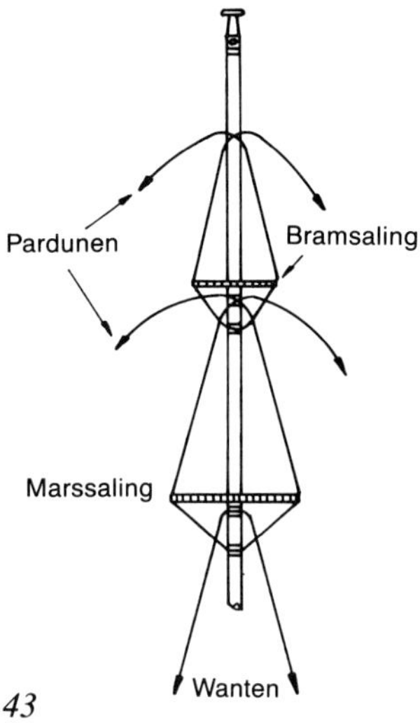


*Abb. 43*

Der Fockmast wird in seiner Vertiefung gehalten, die schon vorhandenen Pardunen werden durch die entsprechenden Löcher geführt und in die Schlitze des Hellingbrettchens eingeklemmt (Abb. 44).

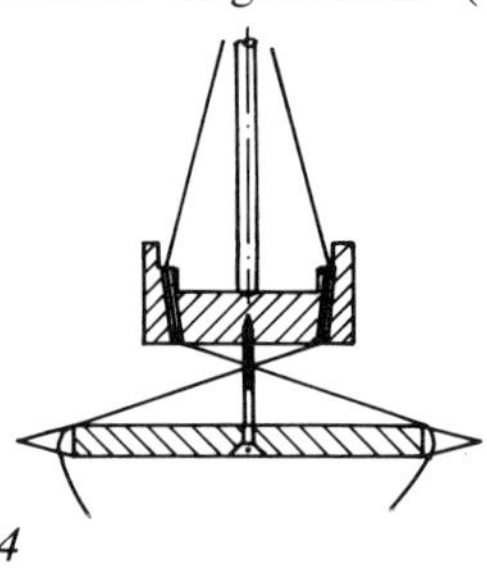

*Abb. 44*

Nach vorne wird erst einmal ein Hilfsfaden gespannt, damit der Mast nicht nach hinten abkippen kann. Jetzt wird ein dünner grauer oder hellbrauner ca. 30 cm langer Faden auf der einen Seite angespitzt, durch das obere Loch im Mast von vorne nach hinten gezogen, an diesem herunter auf das Deck und dort neben dem Mast durch eines der Löcher im Rumpf geführt. Das andere Ende dieses Fadens wird nach Abmessen des Außenstags (äußerer Faden, der schon am Klüver ist) durch einen Slipstek mit diesem verbunden und durch einen Tropfen Leim gesichert (Abb. 45). Nach dem Trocknen

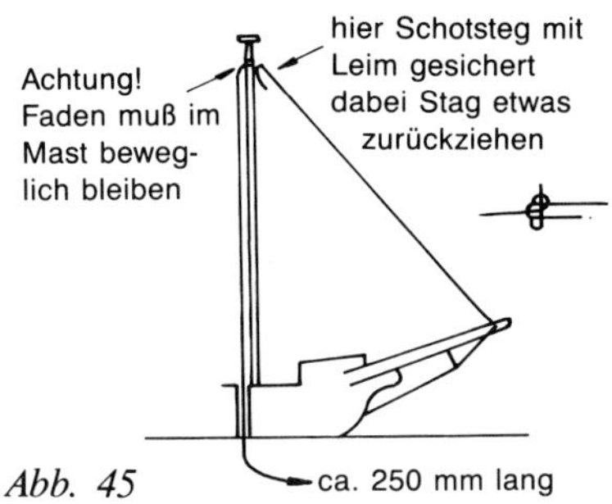


*Abb. 45*

des Leimes wird der Faden unter dem Rumpf stramm geholt. Der Knoten dient jetzt als Anschlag, so daß der Mast nicht zu weit nach vorne gezogen werden kann. Der Faden wird in der Seite der Helling eingeklemmt und der Rest um das Brett gewickelt. Hierbei sollte ein Schlitz gewählt werden, der nicht im Bereich der Wanten, bzw. Pardunen liegt. Die übrigen Stage werden am Klüver befestigt und mit Leim gesichert (Abb. 46). Das Abspannen geschieht wie schon beschrieben. Als

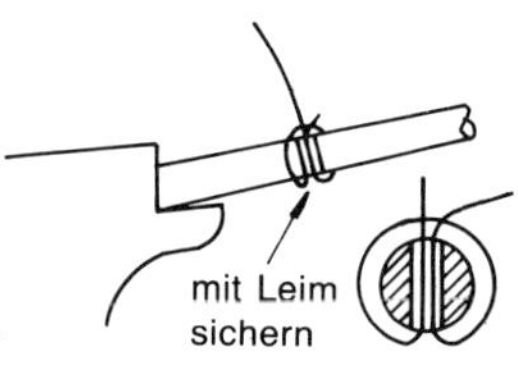


*Abb. 46*

Verbindungsknoten wird immer ein Slipstek benutzt, der mit etwas Leim gesichert wird. Wenn alle Stage richtig sitzen und die Neigung des Mastes gemäß Zeichnung stimmt, werden die Wanten und Pardunen eingezogen und einzeln in der Helling eingeklemmt (Abb. 47).

*Abb. 47*

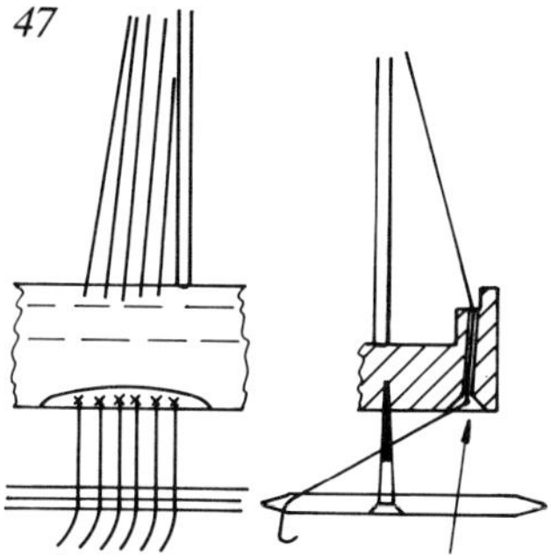


Wenn jetzt noch einmal die Stellung des Mastes kontrolliert worden ist und alles so steht, wie auf der Zeichnung dargestellt, können Wanten und Pardunen von unten mit Leim am Rumpf befestigt werden (Abb. 47). Hierzu genügt es in der Regel, wenn man etwas verdünnten Leim mit einer Nadelspitze von unten an die Fäden gibt. Nach gutem Aushärten des Leimes (ca. 24 Stunden) können die Fäden abgetrennt und die Fadenreste aus der Helling entfernt werden. Die drei übrigen Masten werden auf die gleiche Weise aufgestellt. Es sind die Stage immer vorne zu befestigen und über den Mast zu spannen. Wenn alle Masten stehen, werden die Wanten ausgewebt. Hier habe ich folgendes Verfahren angewandt: Ein schwarzer Faden wird vorsichtig in seine drei Einzelfäden aufgedreht, diese werden in ca. 5 bis 8 mm lange Stückchen geschnitten, vorsichtig in etwas stark verdünntem Leim getränkt und sofort auf die Wanten gelegt. Dazu muß das Schiff natürlich in die entsprechende Lage gebracht werden. Die durch das Aufdrehen entstandene Wellenform der Fadenstückchen läßt sie später auf den Wanten wie durchgetretene Wegleinen erscheinen. Den Leim verdünne ich tröpfchenweise auf einer Untertasse. Wenn er nach einer Nacht ausgetrocknet ist, werden die Überstände an beiden Seiten der Wanten vorsichtig mit einer kleinen Schere abgeschnitten (Abb. 48). Nun sollte das Schiff schon recht ordentlich aussehen.

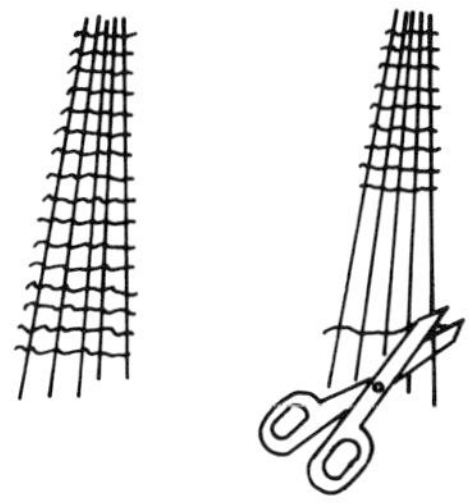

*Abb. 48*

## *Das Anbringen der Rahen*

Wir beginnen am dritten, dem Kreuzmast, oben mit der Royalrah. Hierzu wird ein Stückchen dünnes hellbraunes oder graues Garn von ca. 20 cm Länge an beiden Enden angespitzt, oberhalb des Royalstags um den Mast geschlungen und verknotet, so daß links und rechts ca. 10 cm Garn verbleiben. Je ein Ende wird jetzt durch die offen gehaltenen Löcher an den Rahspitzen geführt und so weit durchgeholt, daß die Rah oberhalb des Bramstages sitzt. Die beiden Enden werden nun als Brassen zum Besanmast geführt und hier oben am Mast verknotet. Dabei sollte die Rah in einem Winkel von etwa 50° bzw. 120° zur Schiffsachse sitzen. Der Knoten wird mit Leim gesichert. Achtung, der Spannfaden der Stage darf dabei nicht am Mast festgeleimt werden! Nach dem Aushärten wird ein Ende kurz am Mast abgeschnitten, das andere Ende wird später für die Gaffeln und den Baum verwendet.

Die zweite Rah, die Oberbramrah, wird wie folgt befestigt: Ein ca. 20 cm langer Faden von derselben Sorte wird an beiden Enden angespitzt und mit einem Ankerschlag in der Mitte der ersten Rah befestigt. Die Enden werden wieder durch die offenen äußeren Löcher der Rah gezogen. Diese Rah soll in Höhe der Spitze des Untermastes sitzen. Die Fadenenden werden wieder zu Brassen zum Besanmast geführt, in Höhe des Besanstags um den Mast geschlungen und verknotet – Rahstellung beachten.

Beide Enden werden jetzt unterhalb der Brassen als Brassen für die dritte, die Unterbramrah, zurückgeführt, von unten in die Löcher dieser Rah und weiter von unten in die Löcher der Oberbramrah gesteckt. Ober- und Unterbramrah haben jetzt einen Abstand von ca. 1 mm voneinander. Wenn alles zur Zufriedenheit sitzt, können die Fäden mit Leim befestigt werden. Die vierte Rah, die Obermarsrah, wird wieder mit einem Ankerschlag in der Mitte der Unterbramrah befestigt. Der Faden wird jedoch doppelt bis über das Stengestag geführt. Hier wird ein einfacher Überhandknoten geschlagen. Der Knoten muß so sitzen, daß er beim Herunterziehen die Toppnanten der oberen Rahen spannt, aber immer noch das Stengestag frei läßt. Zu beiden Seiten des Stengestags wird jetzt ein Faden als Toppnant in die zweiten Löcher der Obermarsrah geführt. Diese Rah soll in der Mitte zwischen der Mars- und der Bramsaling sitzen. Nach dem Ausrichten können die Toppnanten an der Rah verleimt werden. Die Brassen für die Ober- und Untermarsrah werden wie folgt hergestellt: Wir benötigen je einen Faden von ca. 15 cm Länge, der auf der einen Seite in bekannter Weise angespitzt wird. Auf der einen Seite wird ein dünner Draht (0,3 mm) mit einem Webleinenstek und einem halben Schlag verknotet und mit Leim gesichert. Wenn der Leim ausgehärtet ist, kann der Draht herausgezogen werden, und wir erhalten eine Öse. Sie soll später wie ein Block wirken. Das angespitzte Ende wird von unten durch das äußere Loch der Obermarsrah gesteckt, einmal um die Rahspitze geschlungen und wieder zurückgeführt. Beim Strammziehen soll die Öse ca. 6 mm von der Rahspitze abstehen. Das angespitzte Fadenende wird jetzt von oben durch das Loch in die Untermarsrah gesteckt, hinten um die Rahspitze herumgeführt und wieder von oben durch das Loch gesteckt. Bei stramm gezogenen Fäden soll der Abstand zwischen den beiden Rahen ca. 2 mm betragen. An diesem Fadenende wird jetzt in ca. 6 mm Abstand von der Rahspitze wieder wie beschrieben eine Öse hergestellt. Die unterste Rah wird wieder mit Toppnanten, die in der Mitte der Untermarsrah mit einem Ankerschlag befestigt sind, gehalten. Die angespitzten Fäden werden von oben in die Löcher der Rahspitze geführt, wieder hinten um die Rahspitze gelegt und erneut von oben nach unten durch das Loch gesteckt. Wenn die Rah beim Festziehen der Fäden unterhalb der Marssaling sitzt, können auch diese Fäden mit Leim gesichert werden. Im Abstand von ca. 6 mm von der Rahspitze wird wieder eine Öse angefertigt.

Um die Rahen in der richtigen Position zu halten und die Toppnanten richtig zu spannen, wird ein dünner, am besten gelber, ca. 30 cm langer Faden in der Mitte der untersten Rah befestigt; ein Webleinenstek ist zu empfehlen. Auf der anderen Seite wird der Faden angespitzt und in ein Loch neben dem Mars durch den Schiffsrumpf geführt. Der Faden wird stramm geholt und in einem Schlitz in der Helling eingeklemmt. Der Rest des Fadens wird einfach um die Helling gewickelt. Das ganze Rahpaket sollte jetzt so aussehen (Abb. 49).

Um die Brassen an der Obermarsrah zu vervollständigen, wird ein Faden von ca.

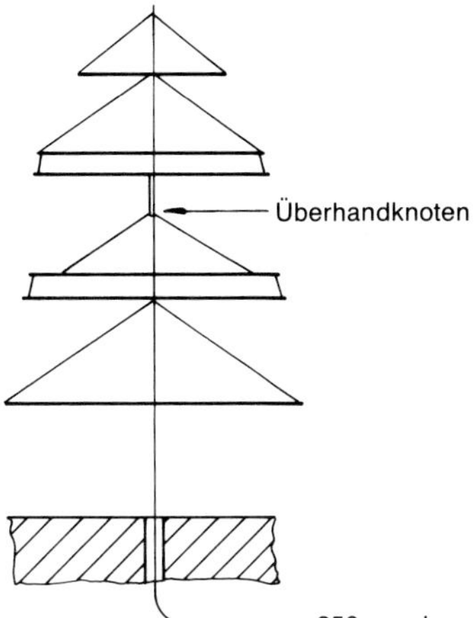


*Abb. 49*

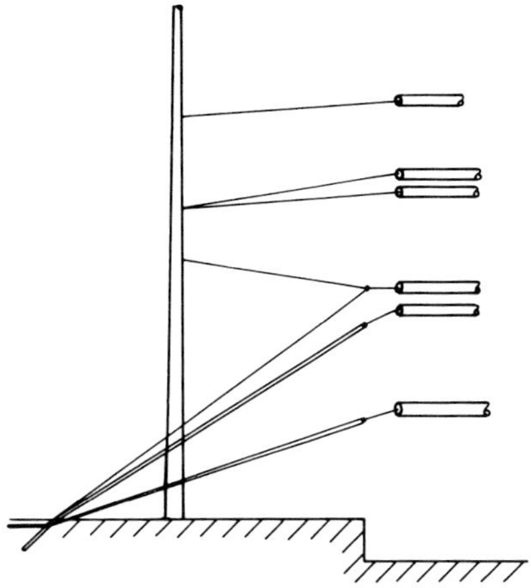

*Abb. 50*

20 cm Länge an beiden Enden angespitzt und dann unterhalb der Signalrah am Besanmast so verknotet, daß zwei gleiche Enden entstehen. Je ein Ende wird durch die Öse am Faden der Rahspitze geführt. Dann wird der Faden an den Draht am Poopdeck geführt und hier so verknotet, daß die Rahen den richtigen Anstellwinkel haben. Das Fadenende wird durch die Fadenöse an der Untermarsrah und wieder zurück an den Drahtbügel geführt und verknotet. Der gleiche Vorgang wird an der untersten Rah wiederholt. Wenn alles richtig sitzt, sollen die Brassen so wie auf der Zeichnung aussehen (Abb. 50).

Alle Knoten werden mit Leim gesichert und die Fadenösen mit einem kleinen braunen Farbtupfer versehen. Die Befestigung der Rahen an den beiden anderen Masten, dem Groß- und dem Fockmast, geschieht auf die gleiche Weise. Nur die Brassen werden an einer anderen Stelle an den Kreuz- bzw. Großmast geführt. Die Brassen von der Royalrah werden in Höhe der Bramstag, die Brassen der Ober-, und Unterbramrah sowie das eine Ende der Obermarsbrassen werden alle in der Höhe der Bramsaling am Mast befestigt.

Achtung! Beim Sichern dieser Knoten darf der Zugfaden für die Stage nicht festgeleimt werden. Das noch lose Ende der Obermarsbrassen wird in das Loch vor den Wanten in die Reling gesteckt und wie bei den Wanten erst einmal an der Helling eingeklemmt. Die Doppelbrassen der Untermarsrah und der Groß- bzw. Fockrah werden am einfachsten als Einzelfäden – an beiden Seiten angespitzt – einmal durch die entsprechenden Fadenösen und dann an der Reling durch den Rumpf geführt.

## *Das Anbringen der Gaffeln und des Besanbaumes*

Zuerst wird die kurze, die Besanobergaffel befestigt. Der bereits in Längsrichtung in der Gaffel befestigte Faden wird von hinten durch das Loch unterhalb der Saling durch den Mast und vor diesen nach unten durch den Schiffsrumpf geführt, leicht strammgeholt und in die Helling eingeklemmt; der Rest wird um die Helling gewickelt. Der an der Mastspitze befindliche Faden wird jetzt von oben in das

Loch geführt. Vor dem Festziehen dieser Schlaufe muß anhand der Bauzeichnung die korrekte Schrägstellung der Gaffel zum Mast eingestellt werden. Der Knoten kann nun mit Leim gesichert werden. Mit der Unterbesangaffel und dem Besanbaum wird in gleicher Weise verfahren. Die Fäden, die in diesen Fällen durch den Mast geführt sind, müssen auf jeden Fall lose und so lang sein, daß sie später aus dem Flaschenhals hängen.
In Höhe der beiden Löcher, die hinter der Rudergetriebeverkleidung durch den Rumpf gebohrt sind, wird ein angespitzter Faden mit einem Webleinensteg am Baum befestigt und je ein Ende durch eines der Löcher geführt, stramm geholt und verleimt. In Höhe der Signalrah wird wieder ein angespitzter Faden um den Mast geschlungen und so verknotet, daß die beiden Fadenenden nach hinten zeigen. Einer dieser Fäden wird jetzt von oben in die Oberbesan- und einer in die Unterbesangaffel gesteckt, stramm geholt und mit Leim befestigt. Je ein weiterer angespitzter Faden wird über die Spitze einer Gaffel gelegt, und die anderen Enden werden durch die Löcher im Rumpf gezogen. Jetzt müssen die Gaffeln und der Baum in Schiffslängsrichtung ausgerichtet werden, bevor alle Fäden mit Leim befestigt werden. Zum Abschluß müssen noch von jeder Spitze der Signalrah ein Faden hinter den Pardunen zur Reling heruntergeführt und dort befestigt werden.
Nun werden die Flaggen gefertigt. Benötigt wird eine Bundesflagge, eine Schleswig-Holstein-Flagge und die Flagge der Reederei Zerssen. Alle Flaggen haben die Größe von 3 × 5 mm und werden mit Plakafarbe bemalt. Schwarz-Rot-Gold wird an der rechten Oberbesangaffelschot, Blau-Weiß-Rot ebenfalls rechts unter der Signalrah und Zerssen (eine weiße Flagge mit rotem Rand und einem roten Z) auf der linken Seite unter der Signalrah befestigt.

Bevor wir alle Spannfäden lösen, das Schiff von der Helling nehmen und den Stapellauf vollziehen, ist noch einmal alles kritisch zu überprüfen.

## *Das Einschieben in die Flasche*

Wir nehmen das Schiff vorsichtig zwischen Daumen und Zeigefinger und drücken mit der anderen Hand die Masten stückchenweise nach hinten. Immer wieder müssen die Spannfäden gelockert werden, bis alle Masten aus ihrer Vertiefung springen. Alle Masten und Rahen werden auf dem Deck des Schiffes so verteilt, daß das ganze Bündel durch den Flaschenhals geschoben werden kann. Auf keinen Fall sollte man versuchen, ein geordnetes Bündel zu schaffen. Es wird nicht gelingen, außer man riskiert Mast- bzw. Rahbruch, und dann ist die ganze Arbeit umsonst gewesen. Hin und wieder muß mit sehr viel Gefühl auch einmal Druck ausgeübt werden. Aber plötzlich hat man das Empfinden, daß das Schiff von selbst in die Flasche rutscht. Da liegt nun der traurige Haufen und soll wieder aufgerichtet werden.

## *Das Aufrichten der Masten in der Flasche*

Zunächst muß sich alles, was im Flaschenhals zusammengedrückt wurde, wieder entspannen. Dann werden die auf der Unterseite des Schiffes laufenden Spannfäden von der linken und der rechten Seite des Schiffes mit einem Drahthaken sauber zur entsprechenden Seite gelegt, und der Rumpf wird auf die Dübel des im Kittmeer festsitzenden Unterwasserschiffes gedrückt. Vorsichtig werden jetzt mit einem Haken die Masten etwas hochgezogen. Immer wieder sind alle Fäden daraufhin zu beobachten, ob sich nicht etwas verhakt. Die Spannfäden der Stage kön-

*Eingericht – Vorläufer der Buddelschiffe.*

*Besan-Ewer, ein typisches Handels- und Fischereifahrzeug der Unterelbe um 1900.*

*GFK-Yacht vom Typ Scalar 31, im Bocksbeutel.*

*Brigantine* FORTUNA, *der Flaschenhals zeigt nach unten; eine nicht ganz alltägliche Art, ein Schiff »einzubuddeln«.*

*Ein Kutter in einer hängenden Pflaumenschnapsbuddel; ein Tip für Sammler, deren Regale bereits voll sind.*

*Der Stolz der Bundesmarine, die* GORCH FOCK.

*Die »Königin der See«: das einzige Fünfmastvollschiff der Welt – die* PREUSSEN, *fertig zum Stapellauf.*

*Schoner* WALTRAUD: *Kieler Miniaturen, auch geeignet als Dekolletéschmuck.*

*Der Finkenwerder Fischewer HF 21.*

*Die Ostseebark EMMA RÖMER, mit dem Bug voran durch den Flaschenhals.*

*Walfänger Lagoda, 1826 gebaut als Vollschiff, 15 Jahre als Frachtschiff eingesetzt, dann Umbau zur Bark für die Walfangfahrt. Die Ostsee-Brigg wurde nach dem gleichen Prinzip gebaut.*

*Sengoku-Bune, ein japanisches Schiff aus der Edo-Periode; der Erbauer ist der Präsident der japanischen Buddelschiffer-Vereinigung.*

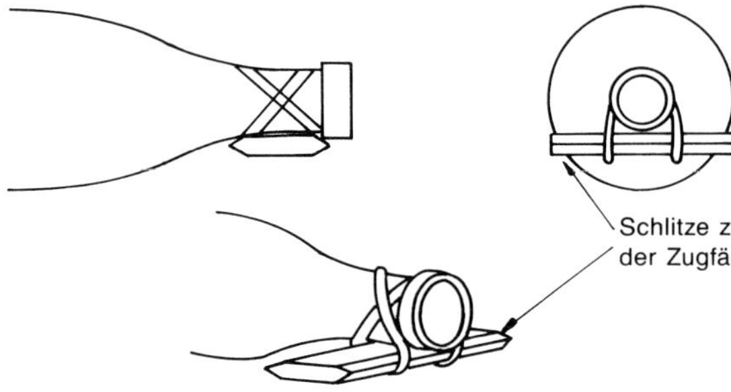


*Abb. 51*

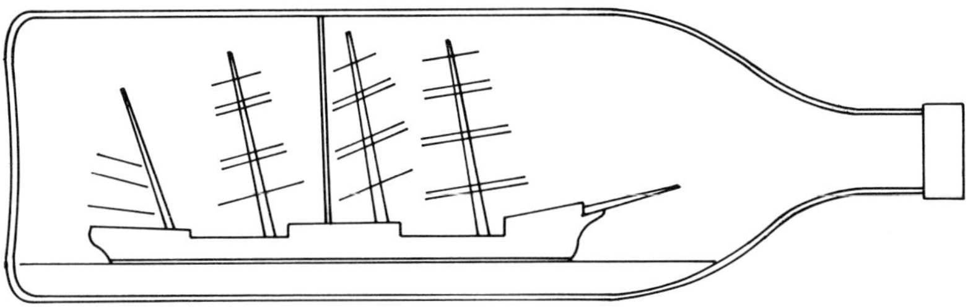


*Abb. 52*

nen dabei schon etwas angezogen werden. Wenn alles so aussieht, als würde es richtig sitzen, werden die Masten mit einem Draht am Mastfuß nach hinten gedrückt, so daß sie in ihre Vertiefungen im Schiffsrumpf gelangen. Es kann auch mit einem zweiten Draht nachgeholfen werden, indem mit diesem die Mastspitzen nach vorne gezogen werden. Bei allen Arbeiten in der Flasche ist immer nur sanfte Gewalt anzuwenden. Wenn die Masten aufgerichtet sind, werden die Spannfäden von den Stagen stramm geholt und in gespanntem Zustand am Flaschenhals befestigt. Dazu muß vorher allerdings ein Befestigungsbrettchen am Flaschenhals angebracht werden (Abb. 51).

Sollte das Überwasserschiff trotz aufgerichteter Masten dabei aus den Dübeln des Unterwasserschiffes springen, muß ein Hilfsstempel zwischen Deck und Flaschenoberseite gesetzt werden (Abb. 52). Nach dem Aufrichten der Masten werden die Spannfäden, die von den Mitten der drei Unterrahen kommen, stramm geholt und ebenfalls am Flaschenhals befestigt. Zuletzt werden die drei Fäden der Besangaffeln und des Baumes vorsichtig so weit gezogen, daß die Gaffeln plus Baum wieder am Mast sitzen. Auch diese Fäden werden am Flaschenhals befestigt. Wenn alle Fäden ausgerichtet und stramm sind, gibt man überall dorthin, wo ein Faden durch die Masten bzw. durch den Rumpf geführt wurde, einen Tropfen etwas verdünnten Leims. Wenn dieser Leim ausgehärtet ist, werden alle Spannfäden vom Flaschenhals gelöst und in der Flasche an der Trennlinie zwischen Über- und Unterwasserschiff mit einem Rasierklingensplitter, der an einen Draht geklebt wurde, abgeschnitten. Die am Schiff verblie-

benen Fadenreste werden zwischen die beiden Schiffshälften gesteckt, und das Überwasserschiff wird mit einem dickeren Draht fest auf das Unterwasserschiff gedrückt. Durch die beiden Löcher unter Luke 2 und 3 wird jetzt mit der Leimspritze verdünnter Leim zwischen die beiden Rumpfhälften gedrückt. Damit sich der Leim zwischen den beiden Schiffshälften richtig verteilen kann, wird die Flasche kurz auf den Flaschenfuß und dann auf den Flaschenhals gestellt. Im Anschluß können die Luken 2 und 3 auf das Schiffdeck geleimt werden. Es fehlen noch die vier Ankerketten, mit denen die PASSAT an ihrem Liegeplatz gehalten wird. Hierzu wird ein schwarzer Faden auf- und zu einer Kordel zusammengedreht.
Sie sollte so locker sein, daß sie wie eine Ankerkette wirkt. Mit Leim wird sie jetzt steif gemacht, es werden zwei Stücke von 15 mm und zwei Stücke von 11 mm abgeschnitten. Die längeren Stücke werden hinten vom Rand des Poopdecks etwas schräg nach außen am Schiff und auf dem Wasser festgeleimt. Die beiden anderen Stücke führen aus den Ankerklüsen schräg ins Wasser. Auch sie werden am Schiff und auf dem Wasser festgeleimt.
Für die recht dünnen Leinen in der Takelung des Kutters werden nur die Wanten und das Stag aus schwarzem Garn, alles andere am besten aus schwarzem Haar, gefertigt. Das Buddelschiff ist fertig!
Die Flasche muß nur noch verschlossen werden. Hierzu verwenden wir einen normalen Flaschenkorken, der einigermaßen stramm sitzen sollte; man muß ihn sich gegebenenfalls zurechtschneiden. Vor dem endgültigen Verkorken muß die Flasche im Innern absolut trocken sein. Am besten stellt man dazu das fertige Buddelschiff einen Tag neben eine warme Heizung (absichern gegen Staub mit einem Damenstrumpf). Wenn der Korken eingedrückt wird, soll die Flasche richtig warm – aber niemals heiß – sein.
Zur Verschönerung wird noch ein Türkischer Bund aus ca. 2 mm Hanfband um den Flaschenhals gelegt und der Korken vorne mit rotem Siegellack verdeckt. Das Eindrücken eines Siegels ist empfehlenswert.

## *Der Ständer*

Bei unserem Stolz über die fertige Arbeit sollten wir den Ständer nicht vergessen. Es gibt hier die verschiedensten Möglichkeiten. Ich habe einen Albatros, der das Schild »PASSAT am Priwall« im Schnabel hält, gewählt. Der Albatros ist aus einem Stück geschnitten, wobei ich mich einer Schablone bedient habe. Das Holz (Kastanie) wurde gebeizt und mit Klarlack versiegelt. Das Schild ist aus Kupferblech, ca. 0,5 mm dick. Die Schrift habe ich mit einem Stechbeitel graviert und dann mit schwarzer Farbe ausgefüllt. Abreibebuchstaben sind ebenfalls empfehlenswert. Man schneidet dazu das Schild aus, poliert es und überzieht es mit einer Schicht Klarlack. Anschließend wird die Schrift aufgerieben und das Ganze wieder mit Klarlack ganz vorsichtig übersprüht – andernfalls verschieben sich die Buchstaben. Danach wird das Schild mit Uhuhart auf den Ständer geklebt.
Das Buddelschiff wird als letzte Arbeit vorsichtig mit transparentem Silicon auf dem Ständer befestigt. Wer will, kann noch einen kleinen Zettel mit Angaben über die PASSAT sowie Baudaten und Erbauer des Buddelschiffes im Ständer unterbringen. Dafür ist der Schlitz im hinteren Holz vorgesehen.

*Werner Schulze*

**Albatros für den Ständer**

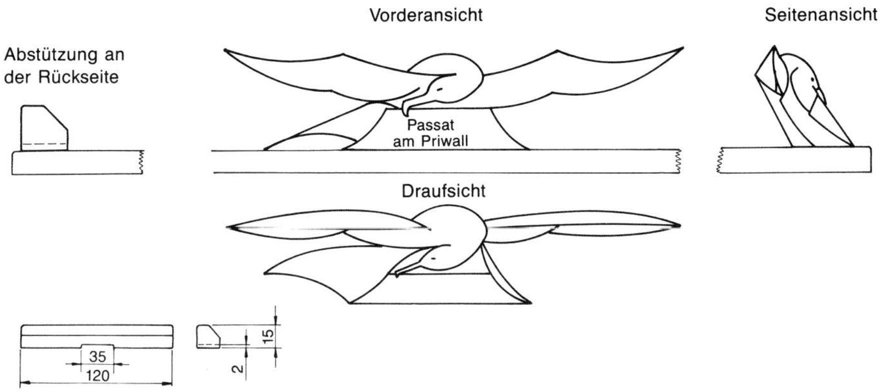

# Fünfmastvollschiff PREUSSEN: Die »Königin der See« als Krönung

## *Geschichte des Schiffes*

Im Jahre 1902 ließ die Reederei F. Laeisz aus Hamburg bei Joh. C. Tecklenborg in Geestemünde ein Schiff bauen, das in die Geschichte der Seefahrt eingehen sollte. Es war das Fünfmastvollschiff PREUSSEN. Das Schiff ist zwar nicht das größte Segelschiff, das je gebaut wurde; das kann die FRANCE II für sich in Anspruch nehmen, die 1911 als Fünfmastbark mit Hilfsantrieb vom Stapel lief. Doch die PREUSSEN blieb das einzige Fünfmastvollschiff. Ihr Rumpf war 133,195 m lang und 16,40 m breit. Jeder der fünf Masten trug sechs Rahen, und der Großmast ragte 57 m hoch über das Deck. Das Schiff war mit 5 081 BRT vermessen und hatte eine Tragfähigkeit von 8 000 t. 43 Segel mit einer Fläche von 5 560 $m^2$ gaben ihm eine Geschwindigkeit bis zu 17 kn. Diese sagenhafte Schnelligkeit und die gleichmäßigen Reisen fanden sehr schnell große Beachtung, und es kursierten bald die unglaublichsten Geschichten über Begegnungen mit der »Königin der See«.

Bis auf eine Weltumseglung, die elfte Reise, unternahm die PREUSSEN alle Fahrten nach Chile, um für die deutsche Industrie Salpeter zu holen. Das Schiff gehörte zu der großen Flotte der Nitrat-Klipper. Die Ladung auf der Reise nach Südamerika bestand fast ausschließlich aus Grobkiesballast. Mit ca. 5,25 m Tiefgang ging die Reise im Schlepp von Hamburg bis weit in die Nordsee oder sogar bis in den Englischen Kanal, ehe mit günstigem Nord- oder Nordostwind die Fahrt unter Segel fortgesetzt werden konnte. Es ging dann durch den Kanal in den Atlantik, mit Kurs SSW zu den Kanarischen Inseln und dann, der afrikanischen Küste folgend, zwischen dem 20. und 30. Grad westlicher Länge weiter auf Südkurs, um südlich von St. Fernando zur südamerikanischen Seite des Atlantiks überzuwechseln. Nun der amerikanischen Küste folgend, führte die Route mit Kurs SW bis nach Feuerland. Der 50. Grad südlicher Breite war für die Kap-Hoorn-Segler ein Meßpunkt. Es wurde die Zeit genommen, die vom 50. Grad im Atlantik bis zum 50. Grad im Pazifik benötigt wurde. Dazwischen lag das gefürchtete Kap Hoorn. Von Ost nach West brauchte das Schiff zwischen 8 und 20 Tage, um es zu umrunden. Auf der Rückreise ist die Strecke auch schon in fünf Tagen gesegelt worden.

Doch wenn Kap Hoorn gerade vergessen war, stand schon die Knochenarbeit im Salpeterhafen an. Lag der Segler auf Reede fest zwischen den Ankern und der Ballast war über Bord geschafft, dann kamen vom Festland flache Kähne, die Salpeterlanchen, mit ihrer Ladung heran. 8 000 t als Sackladung mußten im Rumpf verstaut werden: Ent- und Beladung nahmen 16 Tage in Anspruch. Das Verstauen der Ladung war eine Kunst für sich, die nur wenige Leute beherrschten. Eine falsch gestaute Fracht konnte das Todesurteil für ein Schiff bedeuten, denn da waren wieder das Kap mit seinen schweren Stürmen und Strömungen und 12 000 sm Ozean zwischen Iquique in Chile und Hamburg. Mit dem Kap ist die PREUSSEN immer fertig geworden.

Die elfte Reise war, wie erwähnt, eine Weltumseglung. Von Hamburg ging es mit Ballast nach New York. Dort wurde Fracht für Japan übernommen, die zum größten Teil aus Petroleum in Kisten bestand, dazu kleinere Mengen Wachs und Fett. Die PREUSSEN lief unter Vollzeug aus. Bei dieser Gelegenheit entstand das bekannteste Foto des Großseglers. Die Fahrt ging südwärts über den Atlantik, das Kap der Guten Hoffnung wurde passiert, die Roaring Forties nahmen das Schiff auf und jagten es mit nordwestlichen Stürmen auf Australien zu. Später ging man auf NO, um die Lombok-Straße zwischen Bali und Lombok zu passieren. Nachdem dies in Rekordzeit geschehen war, wagte sich die PREUSSEN durch die gefährliche Makassar-Straße, kreuzte die Celebes-See und segelte östlich der Philippinen nach Norden auf Japan zu.

Die Ladung wurde in Yokohama gelöscht, und weil für das große Schiff keine neue Fracht aufzutreiben war, wurde wieder in Ballastfahrt nach Taltal in Chile gesegelt, um Salpeter zu laden. Da das Schiff in Taltal nicht voll wurde, ging es nochmals nordwärts nach Tocopilla und dann erst mit vollem Bauch Richtung Heimat. In sieben Tagen wurde Kap Hoorn umrundet und nach einem Jahr und 25 Tagen machte das stolze Schiff wieder in Hamburg fest.

Leider sollte die PREUSSEN im November 1910 den Englischen Kanal nicht mehr verlassen. In der ersten Stunde des 6. November kollidierte der Riese unter Segeln mit dem englischen Kanalschiff BRIGHTON. Die BRIGHTON war dem Segler vor den Bug gelaufen. Beim Aufprall hatten sich bei der PREUSSEN am Vorschiff die Stahlplanken gelöst, und Wasser war unter der Back eingedrungen. Das Vorschott hielt, so daß keine unmittelbare Gefahr bestand, daß das Schiff sofort sinken könnte. Der durch die BRIGHTON herbeigerufene Schlepper ALERT nahm die PREUSSEN auf den Haken, um sie mit günstigem Wind nach Portsmouth zu schleppen.

Leider drehte der Wind und briste auf. Auch der Schleppzug mußte wenden, um nun Dover zu erreichen. Aber der Wind steigerte sich zum Sturm, und die ALERT mußte aufgeben. Im Schutze einer Felsnase sollte geankert werden, aber auch dies vereitelten Sturm und See. Nacheinander brachen beim Versuch zu ankern beide Ketten. Noch einmal nahmen drei in der Nähe wartende Schlepper den Segler an die Leine, denn die Küste war bedrohlich nahe. Abermals brach eine Trosse, und die anderen mußten gekappt werden, weil ihre Kraft nicht ausreichend war. Auf der PREUSSEN wurden einige Segel gesetzt, um mit eigener Kraft von den Klippen frei zu kommen. Das tiefliegende Vorschiff geriet auf ein Unterwasserriff, der mächtige Rumpf drehte sich quer zum Sturm und wurde nun unrettbar auf die Kreideklippen gedrückt. Dies alles geschah unter den Augen der englischen Küstenwache, die alle Vorbereitungen traf, um die Mannschaft zu retten. Die Seeleute konnten geborgen werden, das einst so stolze Schiff aber war verloren. Die Schuld an diesem Unfall wurde der Führung der BRIGHTON zur Last gelegt. – Noch in den 60er Jahren ragten einige Spanten des zerfallenen Riesen aus den Fluten.

## *Daten der Preussen*

Länge Rumpf über Heck und Galion 133,195 m
Länge über Bugspriet 146,40 m
Breite über Außenhaut 16,40 m
Größe des Schiffes 5081 BRT
Tragfähigkeit 8000 t
Tiefgang beladen 8,20 m
Tiefgang Ballast 5,25 m
Höchste geloggte Geschwindigkeit 17 kn
Höhe Großmast über Deck 57 m
Segelfläche 5560 $m^2$
Anzahl der Segel 43 Stück (30 Rahsegel, 4 Vorsegel, 4 Bramstagsegel, 4 Bramstengestagsegel, 1 Besan-Gaffelsegel; 3 Royalstagsegel konnten zusätzlich gesetzt werden)

Die Rahen von Vor-, Groß-, Mittel- und Laeiszmast hatten gleiche Maße:
Unterrah 30,50 m
Untermars 28,24 m
Obermars 25,30 m
Unterbram 22,64 m
Oberbram 19,20 m
Royals 15,70 m

Länge der Rahen am Kreuzmast:
Bagien 24,40 m
Untermars 22,40 m
Obermars 19,80 m
Unterbram 18,00 m
Oberbram 14,70 m
Royal 11,20 m

Besanbaum 17,40 m
Gaffel 12,00 m
Flaggengaffel 6,00 m

## *Die Farbgebung der Preussen*

Schwarz: Rumpf, außen ab Wasserlinie, Back, außen Poller, Anker.
Ocker: innenbords die Wände der Back, Brücke und Poop, die Lukenschächte, das Kesselhaus, alle Winden und das Rigg außenbords, Schanzkleid der Brücke.
Weiß: außenbords die ca. 3 m hohe Ladelinie, an Poop und Brücke die Streifen von der Oberkante des Schanzkleides der Oberdecks bis zur Kante der Hochdecks, innenbords das Schanzkleid, die oberen Platten der Poller, die Spillköpfe der Ladewinden, die Rettungsboote (bis auf die Sitzbänke), die Reling, das Oberlicht des Notruderstandes, die Davits, die Kappen der Gangspills auf dem Brückendeck die Lüfter, der Ankerkran und die Lampentürme bis zur Messinghaube.
Mittelgrün: alle Gangspills.
Dunkelbraun: der Handlauf der Reling, das Kartenhaus, die Wassergänge, die Nagelbänke.
Sandfarben: das Deck, die Planken der Laufgänge (abgescheuertes Teak).
Diese Farbangaben sind gewiß nicht vollständig, reichen aber für den Buddelschiffbau ganz sicher aus.

## *Die Preussen als Buddelschiff*

Im Maßstab 1:650 paßt die Preussen genau in eine 3-l-Weinbrandflasche. Der Rumpf ist dann 205 mm lang und 25,2 mm breit. Der Großmast wird 88 mm hoch auf dem Oberdeck stehen. Insgesamt wird das Modell 94 mm (ab Wasserlinie) hoch. Die Preussen ist ein Drei-Insel-Schiff (Poop, Brücke und Back).

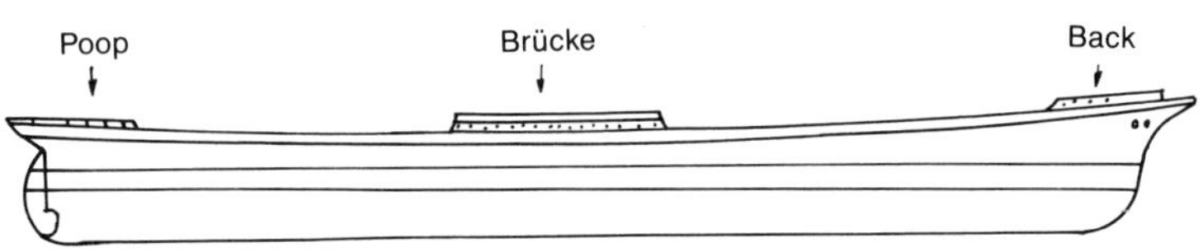


*Abb. 1*

*Abb. 2*

Lampenturm

*Abb. 4*

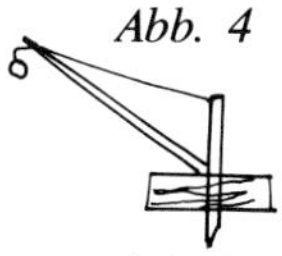

Ankerkran

*Abb. 6*

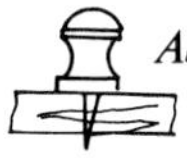

Ankerspill

*Abb. 3*

Stockanker

*Abb. 5*

Doppelpoller

*Abb. 7*

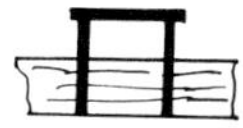

Nagelbank
am Bugspriet
innenbords

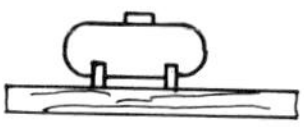

Wasserfaß

*Abb. 9*

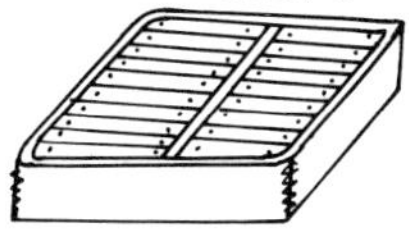

Lucke
es gibt 5 Größen

*Abb. 12*

Fallwinde

*Abb. 8*

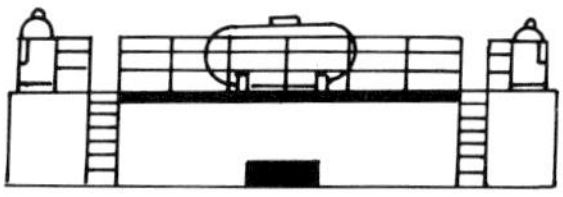

Die Back: Blick vom
Hauptdeck nach vorn

*Abb. 10*

Brasswinde

*Abb. 11*

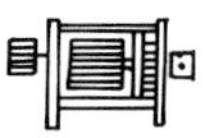

Ladewinsch

*Abb. 13*

Gangspill

*Abb. 13*

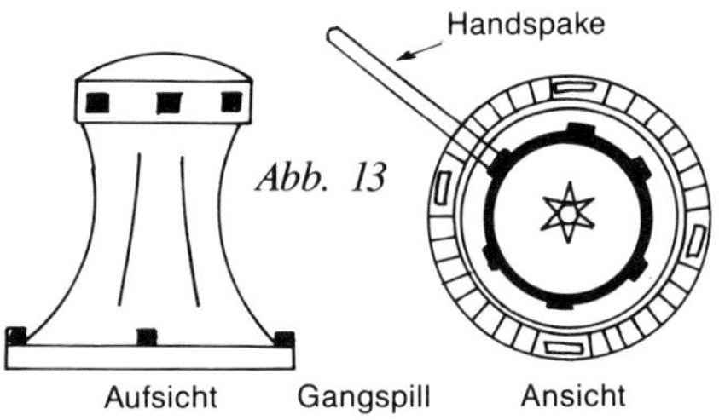


Aufsicht Gangspill Ansicht

*Abb. 12*

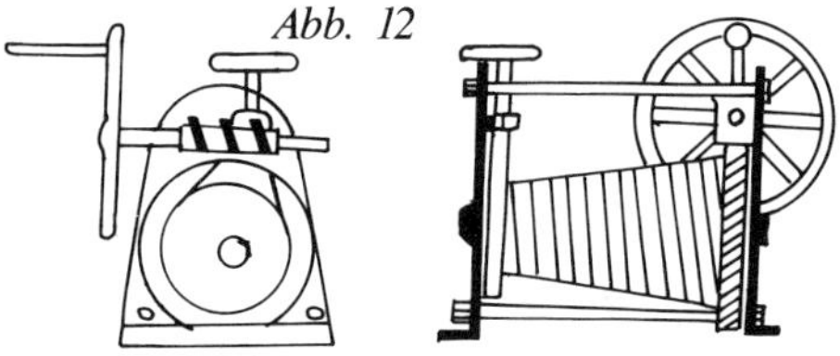

Rahfallwinde

Der Rumpf (Abb. 1), die Deckshäuser, Luken und Oberlichter sind aus abgelagertem Birnenholz gefertigt. Auch die Beiboote werden aus diesem Material hergestellt.

Das Vor- und Achterschiff und auch das Brückendeck sind so auszufräsen, daß ein Schanzkleid von 1 mm Stärke stehenbleibt. Die Höhe soll ab Oberdeck 2 mm und ab Brückendeck 1,5 mm betragen. Back und Poop bekommen eine Reling von ca. 2 mm Höhe. An Deck gibt es rund 125 Details.

Auf der Back stehen Lampentürme (Abb. 2), Anker (Abb. 3) und Ankerkran (Abb. 4), Doppelpoller (Abb. 5), Spill (Abb. 6), Nagelbänke für die Vorsegel (Abb. 7), ein Wasserfaß (Abb. 8). An Deck sind die Luken (Abb. 9), Braßwinden (Abb. 10), Ladewinden (Abb. 11); Fallwinden (Abb.

*Abb. 14*

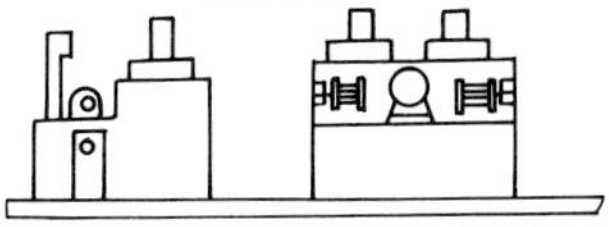

das Kesselhaus für Ladewinschen
und Ruderanlage

*Abb. 16*

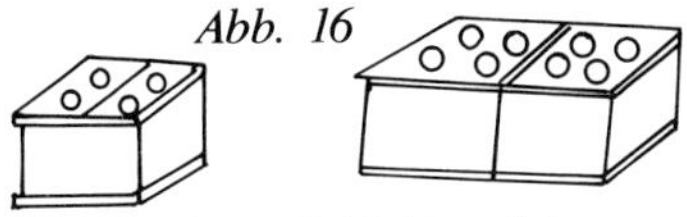

Oberlichter-Schächte auf dem
Brückendeck

*Abb. 15*

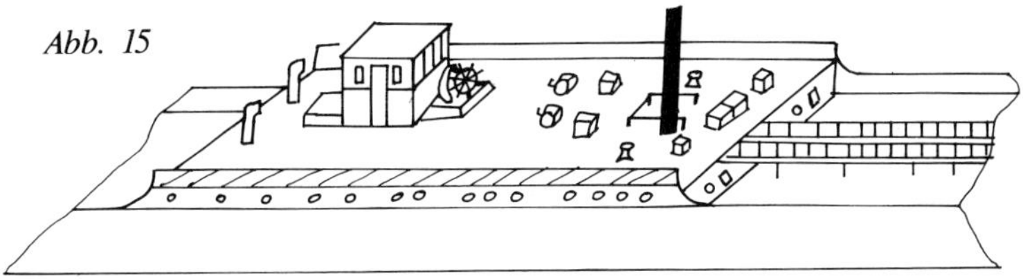

Das Brückendeck mit Kartenhaus und Ruderstand

*Abb. 17*

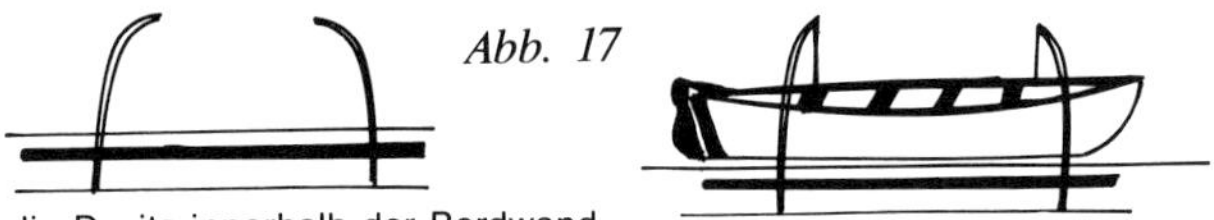

die Davits innerhalb der Bordwand — mit Boot

*Abb. 19*

das Oberlicht des
Notruders

*Abb. 18*

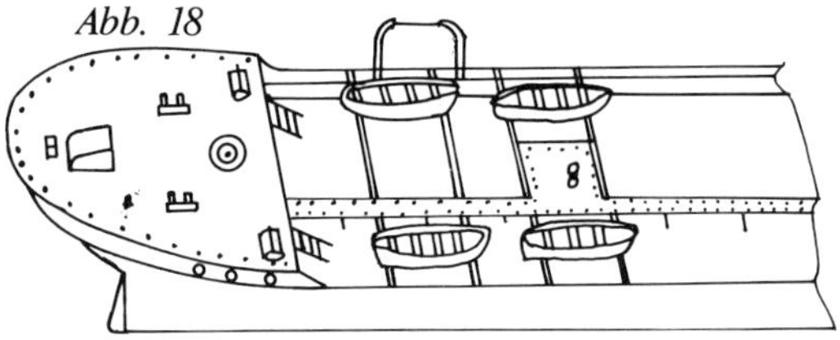

Achterschiff mit Bootslager, Laufplanke
Kompassdeck und Poop mit Details

*Abb. 20*

*Abb. 21*

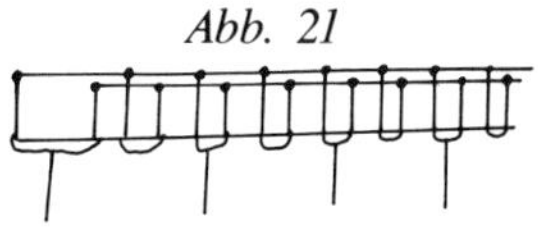

Laufplanke mit Seitensicherung
Verbindet Poop, Brücke und Back

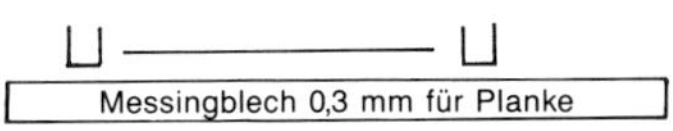


Seitensicherung aus Neusilberdraht 0,3 mm ∅
Abstützung zum Deck Silberdraht 0,4 mm ∅

12), Spills (Abb. 13), das Kesselhaus (Abb. 14) hinter dem Vormast. Auf der Brücke das Kartenhaus mit dem Ruderstand (Abb. 15), Poller, Winden, Spills und die Oberlichter über den Kammern (Abb. 16). Auf dem Oberdeck zwischen Brücke und Poop sind dann noch die Bootslager und zwei Paar Davits (Abb. 17), dazu vier Rettungsboote (Abb. 18). Auf der Poop Poller, ein Spill, das Oberlicht des Notruderstandes (Abb. 19) und ein Anker. Dazu kommen noch die Niedergänge von den Hochdecks (Abb. 20) zum Oberdeck sowie die Laufgänge zwi-

*Abb. 22*

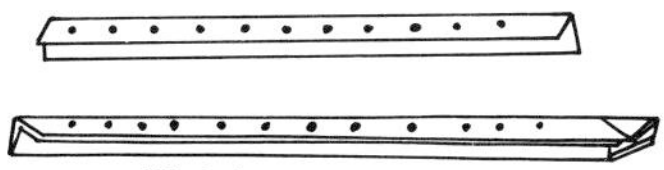

aus Winkel 1×1 mm hergestellte
Nagelbänke

*Abb. 23*

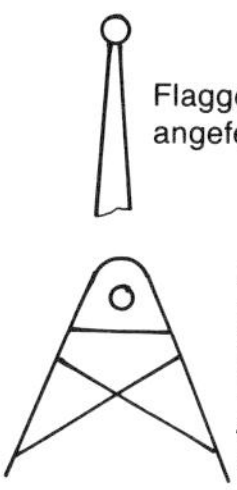


*Abb. 25*

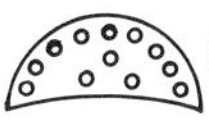


Bohrung ∅ 1,6 mm für den Untermast
∅ 0,6 mm für die Wanten
∅ 0,8 mm für den Stag
und ∅ 1,0 mm für den Durchlaß
Mastbohrung für den Durchlaß
der Unterwanten

*Abb. 24*

Material für die Rahen?
am besten Bambusrohr

*Abb. 27*

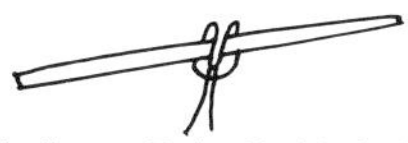

mit diesem Faden-Rad befestige
ich die Rah am Mast

Royal-Rah mit
Fußpferde, Brassen
ohne Blöcke

Groß-Rah mit Fußpferde
und Blöcke für Brassen

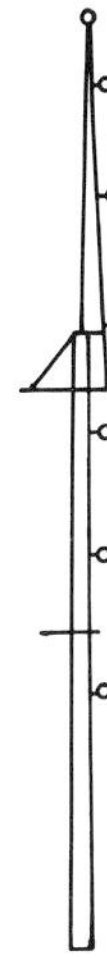


*Abb. 26*

Untermast 1,5 mm Messingrohr
Stenge 1,2 mm Messingstab
mit der Feile bis zum Flaggenknopf
auf 0,8 mm verjüngt

schen Poop und Brücke und von dort weiter zur Back (Abb. 21).
Die Gangspills werden aus 2 bis 3 mm starken Messingstäben gedreht, alle Braß- sowie die Lade- und Fallwinden werden aus Messingblech und Kupferdrähten hergestellt, ebenso die Laufstege, die die Hochdecks miteinander verbinden. Auch die Doppelpoller und die Anker werden aus dem Metall gefertigt. Bei den Bootslagern und Davits findet 0,3 mm Neusilberdraht Verwendung (Abb. 17 und 18).
Nagelbänke (Abb. 22):
Dafür gibt es im Eisenbahn-Modellbau gefräste 1 × 1 mm Winkelprofile aus Messing von der Firma Brawa. Sie werden abgelängt, mit der erforderlichen Anzahl Bohrungen von 0,5 mm Durchmesser versehen und mit Sekundenkleber an die Innenseite des Schanzkleides geklebt. Danach werden die Bohrungen für die Durchführung der Wanten und Pardunen unter Zuhilfenahme der bereits vorhandenen Bohrungen in den Nagelbänken weiter durch den Rumpf getrieben. Ab den Nagelbänken am Großmast muß darauf geachtet werden, daß vor der Bohrung der ersten Want drei Löcher für die Führung der Brassen vom jeweils davorstehenden Mast zu bohren sind.
Bei diesem Modell fertige ich auch die Masten aus Metall. Die notwendigen Werkzeuge dazu sind eine kleine Drehmaschine, eine Thermostat-Lötstation, eine Bohrmaschine mit Spannfutter ab 0,3 mm mit Drehzahlregler. Die zuvor erwähnte Firma liefert auch Messingrohr und Stäbe mit folgenden Außendurchmessern: 0,8 mm, 1,2 mm, 1,5 mm und 2 mm. Für die Untermasten nehme ich Rohr- und für die Stengen Vollmaterial, das ich bis zum Flaggenkopf hin verjünge (Abb. 23). Die Doppelung (Abb. 24) wird gelötet, und auch die Salings (Abb. 25) lassen sich auf

diese Art leicht und sauber am Mast befestigen (Abb. 26). Meine Rahen und Gaffeln werden aus Bambus gefertigt (Abb. 27).
Immer wieder fällt mir bei den Buddelschiffen auf, daß die Stage falsch gezogen werden. Durch das Anlöten von Ösen (Abb. 28) in kleine Bohrungen am Mast können die Stage richtig plaziert werden. Sie laufen dann nicht mehr durch den Mast, sondern an der Rückseite desselben hinunter zum Deck und durch dieses hindurch. Bei den großen Seglern (Abb. 29) wird das Marsstag am Mastfuß gegabelt (Abb. 30). Beide Enden laufen am Mast vorbei und dann durch das Deck. Das Bramstag (Abb. 29.2) kommt von der Bramsaling und wird am gleichen Platz durch das Deck geführt. Das Bramstengestag und das Royalstag (Abb. 29) laufen jeweils zu den unteren Rahen des vorstehenden Mastes. Am Vormast geht das untere Stag von der Marssaling zur Vorderkante Back. Ich bohre durch den ein-

*Abb. 28*

aus zwei 0,3 oder 0,2 mm Kupfer- oder Messingdraht gedrehte Ösen für Fadenführungen an den Masten. Das Auge sollte 0,6 mm ∅ haben

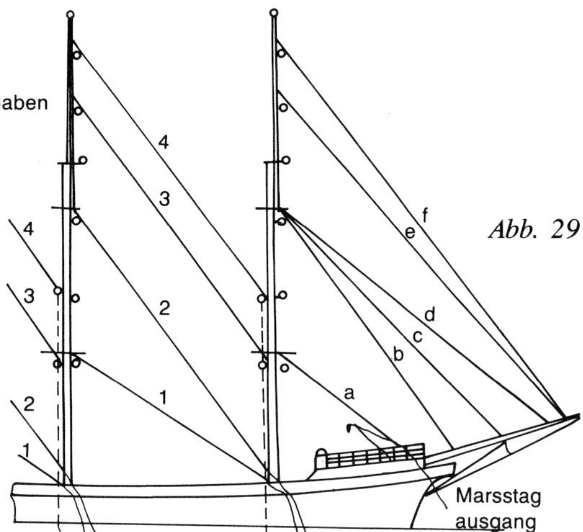


*Abb. 29*

die Positionen der Stage an den verschiedenen Masten

*Abb. 33*

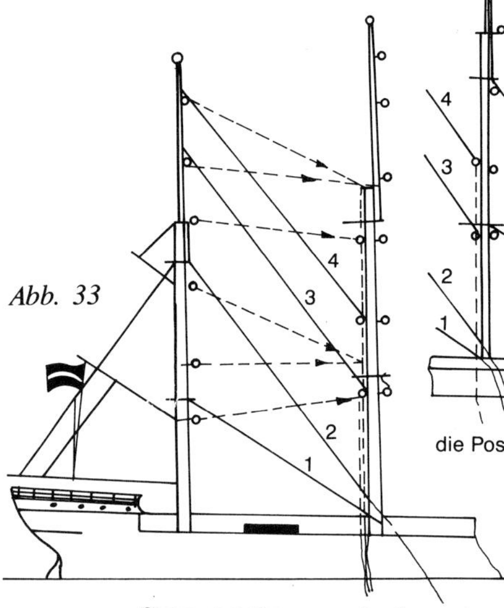


——— Stage vom Kreuz zum Laeiszmast
– – –►– Brassen von den Rahnocken der Kreuzmastrahen zum Laeiszmast und weiter durch den Rumpf

*Abb. 30*

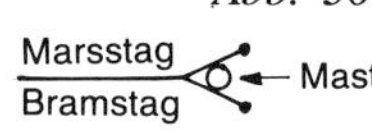


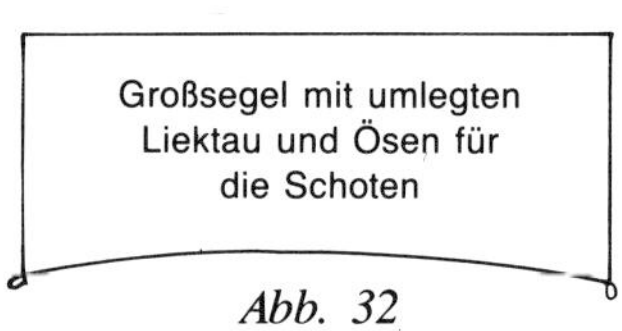


*Abb. 32*

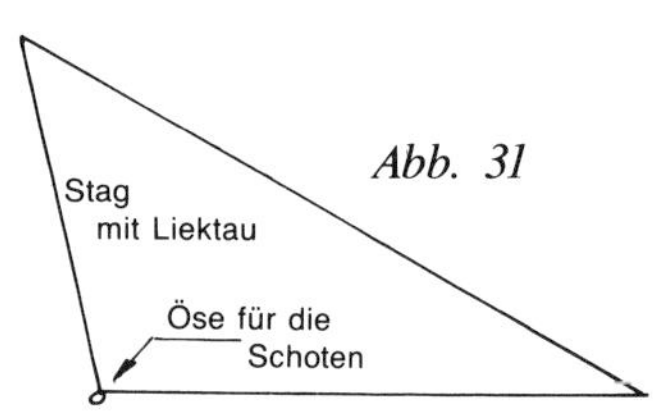


*Abb. 31*

gesteckten Bugspriet und durch den Vorsteven ein Loch von 0,5 mm und lasse das Stag hindurchlaufen (Abb. 29). So bekomme ich gleich das Stampfstag (untere Abstützung des Bugspriets); das Bramstag ist dreifach ausgelegt (Abb. 29b, c, d). Alle drei Stage laufen durch den Bugspriet. Auf ihnen werden Vorbramstengestagsegel, Binnen- und Außenklüver gesetzt (Abb. 31). Das Vorbramstengestag und das Vorroyalstag enden direkt hintereinander an der Bugsprietspitze (Abb. 29e und f). Auf dem Vorbramstengestag (Abb. 29e) wird der Jager aufgezogen.

Am Buddelschiff sind alle Stage »laufendes Gut«, denn durch sie wird das Ganze zu einem Zugschiff. Ganz anders ist es im Original. Da sind die Stage, Wanten und Pardunen stehendes Gut! Man kann zwar alles nachspannen, es bleibt aber am vorgesehenen Platz stehen. Als laufendes Gut werden Brassen, Geitaue, Gordings, Schoten, Niederholer usw. benannt, eben alles Tauwerk, das zum Aufheißen, Fieren, Brassen und Dichtholen der Segel benötigt wird.

Bei der Takelung muß bei der großen Anzahl der Segel (Abb. 32) mit großer Sorgfalt vorgegangen werden. Ich beginne mit dem Trimmen der Rahen mittels Toppnanten am Kreuzmast (Abb. 33). Der nächste Arbeitsgang ist das Anschlagen der Segel an den Kreuzrahen. Als nächstes folgen die Stagsegel zwischen Kreuz- und Laeiszmast (dem vierten von vorn), zu dem anschließend die Brassen der Rahen des Kreuzmastes gezogen werden. Diese werden durch Ringösen, die an die Rückseite des Mastes gelötet sind, zum Deck und weiter durch dieses hindurchgeführt. Da diese Brassen gegen die Fallinie laufen (Abb. 33), müssen sie lose sein, damit sie beim Einbau von außerhalb der Flasche gespannt werden können.

Als nächstes werden dann wie bei einer Bark die Brassen vom Laeisz- zum Kreuzmast gezogen und die Rahen mit den Toppnanten waagerecht getrimmt. Dann folgen die Segel und die Stagsegel zwischen Laeisz- und Großmast. Die Arbeitsgänge wiederholen sich jetzt nur noch, bis auch der Fockmast voller Segel ist. Die Schoten der Stagsegel vom Bugspriet zum Vormast gehen durch die Back und müssen wie die Zugfäden lose sein, damit man von außerhalb der Flasche die Segel in die richtige Lage bringen kann.

*Gerd Oldenburg*

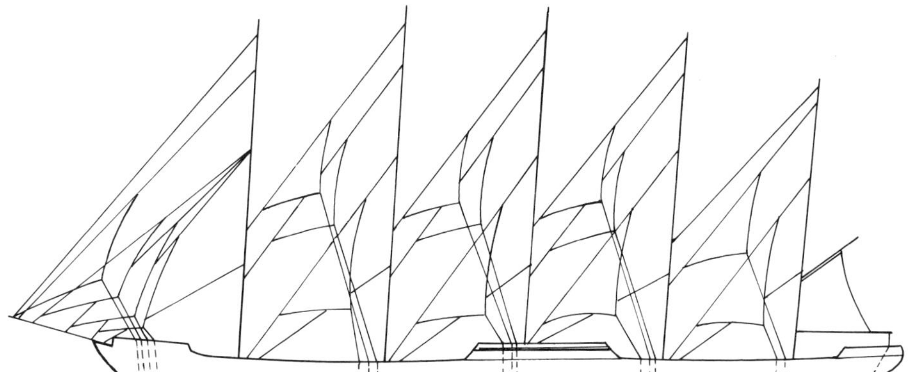

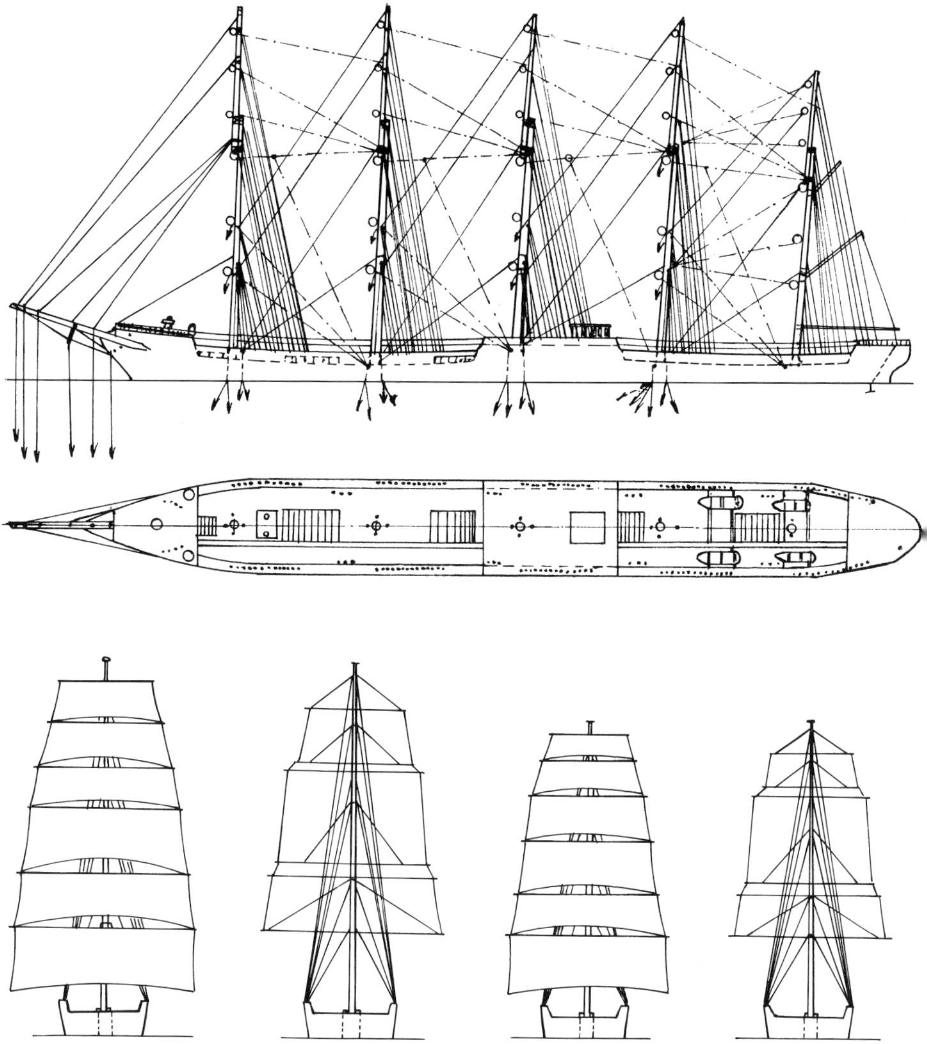

# *Weiterentwicklungen – andere Techniken*

## Schoner Waltraud: Kieler Minis

»So'n Bart«, sagen heutzutage schon viele Binnenländer bei der Frage: »Wie kommt das Schiff in die Buddel?«
Das schöne Wort ›Buddel‹ wird im nördlichsten Bundesland oft gebraucht. Wir verbinden damit nicht nur den richtigen, pütschrigen Fieselkram der Wohnzimmerwerftarbeiter. Beim Wort Buddel wird durchaus auch an die seemännisch-sprichwörtliche Buddel voll Rum gedacht. Nach der Auswahl einer besonders schönen Buddel gehört eigentlich das Austrinken als Anfang in jede Bauanweisung für Buddelschiffe.
Keine Probleme mit dem Teufel Alkohol dürfte die hier gewählte Flasche bereiten. Es handelt sich um einen mundgeblasenen Bocksbeutel (Höhe = 4 cm, Breite = 2 cm, Flaschenhalsdurchmesser = 5 mm). Da es sicher nicht jedem Buddelschiffbauer möglich sein wird, sich die gleichen Fläschchen zu besorgen, sind die Maße der Abbildung 1 dem jeweiligen Eigenbedarf anzupassen.
Wichtigstes Werkzeug ist eine starke Lupe. Gebraucht wird weiterhin ein sehr scharfes Messer (Skalpell), eine Rundzange, Sandpapier feinster Körnung, ein Bohrer mit dem Durchmesser von 0,5 mm (diese sind in einschlägigen Fachgeschäften für Elektronik erhältlich) und ein Haarpinsel, Stärke 00. Dieser ist aber so noch erheblich zu stark. Mit einer kleinen, spitzen und vor allen Dingen scharfen Schere wird dieses Größenproblem gelöst.
Kaum der Rede wert ist das benötigte Material:
Ein Stückchen Holz für den Rumpf, Kunststoffborsten von einer Abwaschbürste für Mast, Bugspriet, Baum und Gaffel, ein weißer Kunststofftrinkhalm liefert die Segel und feinstes, schwarzes Garn (Synthetik, mehrfädig) wird für die Takelage verwendet. Propellerleim, Kleinstmengen Modellbaufarbe und etwas Papier für die Flagge ergänzen den Materialbedarf.
Für das Meer findet blau eingefärbter Fensterkitt Verwendung. Vor Baubeginn wird dieser in das Fläschchen gefüllt und ist so beim Stapellauf bereits gut getrocknet.
Der Schiffsrumpf wird auf das Holz gezeichnet und die Löcher für die Takelage werden schon in diesem Baustadium gebohrt (Abb. 1). Den Schiffskörper herausschnitzen und mit dem Sandpapier glätten. Nach Wunsch oder auch nach Vorbild bemalen und die Bohrlöcher nach dem Trocknen der Farbe wieder freilegen.

Die vorgesehenen Borsten werden ›gelocht‹: An den Fadendurchführungen wird mit einer hosentaschenwarmen Rundzange eine Borste gequetscht und danach unter der Lupe die Löcher in diese verbreiterte Stelle gestochen (Abb. 1).
Eine Borste klebt man als Bugspriet in das vorgebohrte Loch im Bug (Abb. 1).
Der Mast, eine weitere Borste, wird in das Loch an Deck geleimt (Abb. 1).
Die Gaffel, aus gleichem Material wie der Mast, wird angebunden (Abb. 2).
Aufgeriggt wird mit nur einem, an der Gaffel beginnenden doppelten Synthetikfaden (Abb. 1 – Richtung A und 1). Die beiden Fadenenden werden vor Beginn der Takelarbeit durch Leim gezogen. Nach dem Trocknen werden diese durch einen Schnitt schräg zur Fadenachse abgeschnitten. Hierdurch entsteht eine feine, harte Spitze.
Das Stagsegel wird doppelt ausgeschnitten und so zusammengeklebt, daß es auf dem Stag verschiebbar ist (Abb. 3). Man kann das Stagsegel auch als letzten Arbeitsgang in die Buddel hineinpraktizieren.
Das Gaffelsegel wird an den unteren Rand

*Abb. 2*

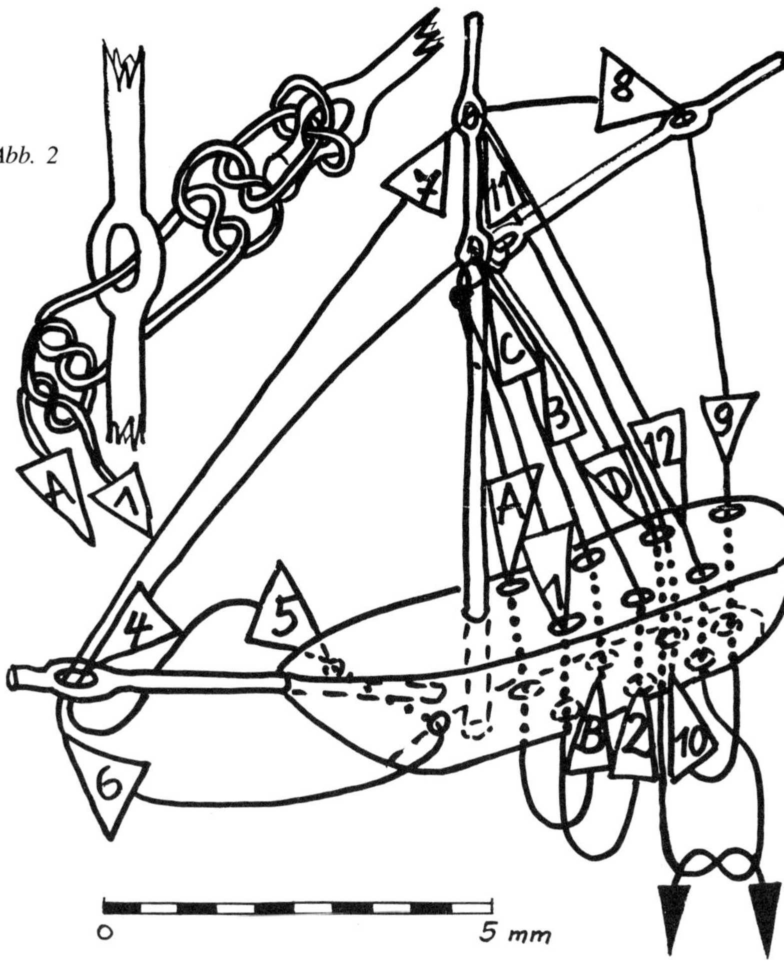


*Abb. 1*

*Abb. 3*

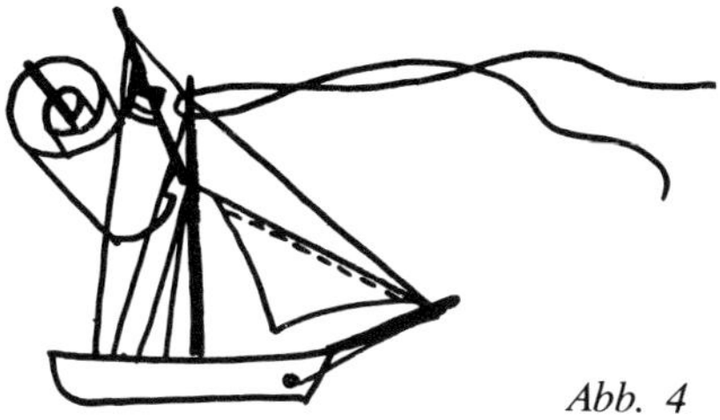

*Abb. 4*

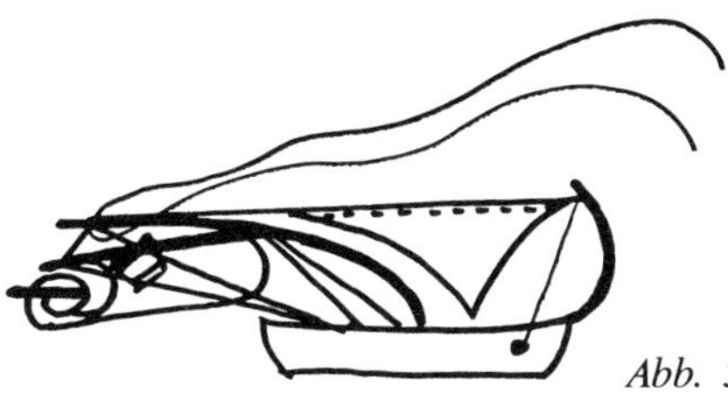

*Abb. 5*

der Gaffel geleimt, der Baum dann ohne Verbindung zum Mast an den unteren Rand des Segels (Abb. 4).
Ein Hilfsfaden wird, wie die Abbildung 4 zeigt, um den Mast gelegt. Er dient zum Plazieren des fertigen Schiffes in der Minibuddel. Nun noch die Flagge angebracht und das Schiffchen ist bereit für den Stapellauf.
Das Bugspriet wird umgebogen und gibt so die notwendige Lose für die Stage (Abb. 5).
Das Schiff langsam und vorsichtig durch den Flaschenhals bugsieren (Abb. 6).
Der Mast richtet sich auf, die Stage geben nach, und wenn der Bug durch den Flaschenhals hindurch ist, reckt sich das Bugspriet fast wieder gerade (Abb. 7 und 8).

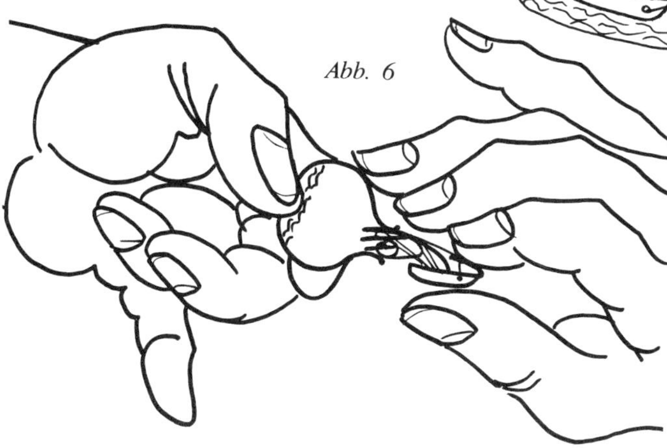

*Abb. 6*

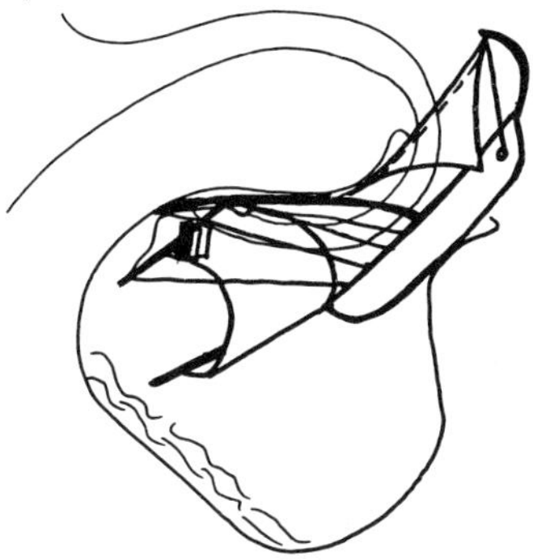

*Abb. 7*

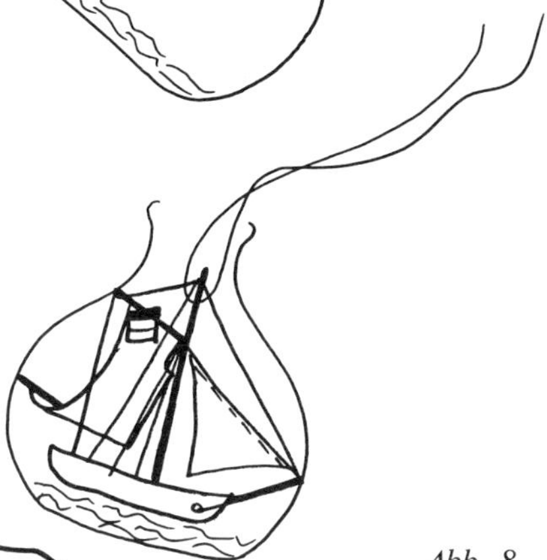

*Abb. 8*

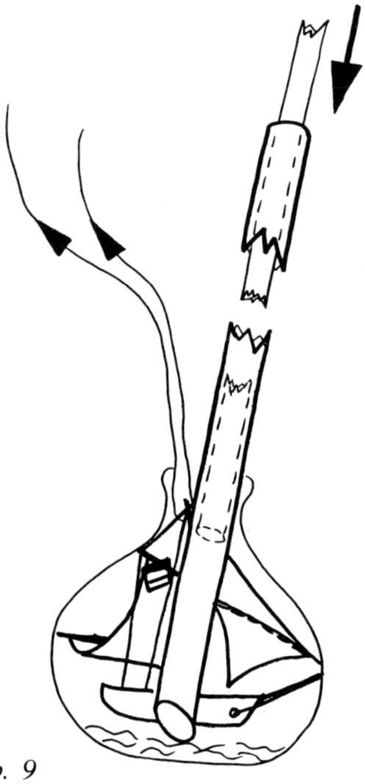

*Abb. 9*

Ein Trinkhalm, in den ein passendes Rundholz gesteckt ist, ermöglicht unter Benutzung des Hilfsfadens ein gezieltes Einbringen von Leimtröpfchen unter den Kiel. Das Schiff ist nur noch an seinen Platz im Kittmeer zu drücken (Abb. 9). Der Hilfsfaden wird entfernt. Den Leim gut austrocknen lassen und dann wird die Buddel mit einem Korken verschlossen.
Mit einem Türkenbund wird eine Goldöse an den Flaschenhals gebändselt, und nun kann das Mini-Buddelschiff mit einer goldenen Kette der Dame seines Herzens um den Hals gelegt werden.
Auch als Manschettenknopfdekoration oder auf einer Krawattennadel zeigt das Minischiff die stolze Leistung seines Erbauers.

*Hans-Joachim Lawrenz*

*Die Bark* WESER, *ein Buddelschiffmodellbau in einem Weinballon.*

*Der Flying-P-Liner* P*ASSAT*, *so eingebuddelt wie die Viermastbark heute am Priwall in Lübeck-Travemünde liegt.*

*Ein Probestapellauf wird ohne Segel durchgeführt (4 Abbildungen).*

PASSAT

*Die* P*ASSAT* *auf dem Weg von der Bauhellig durch den Flaschenhals (11 Abbildungen).*

PASSAT

PASSAT

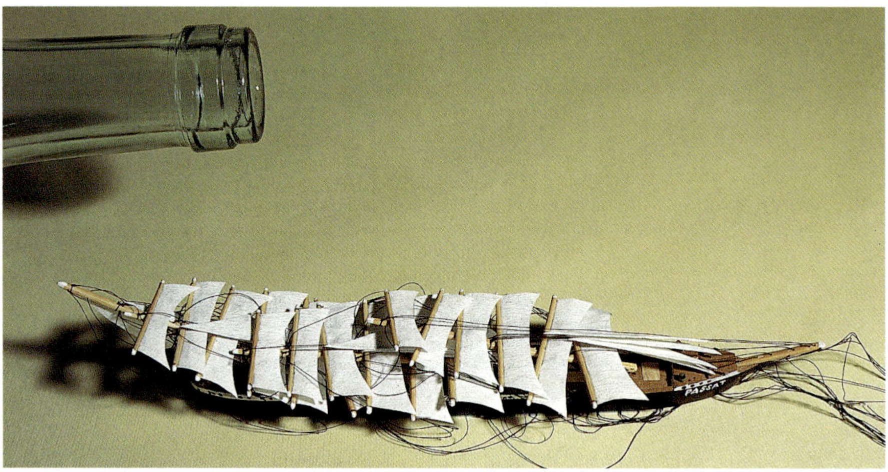

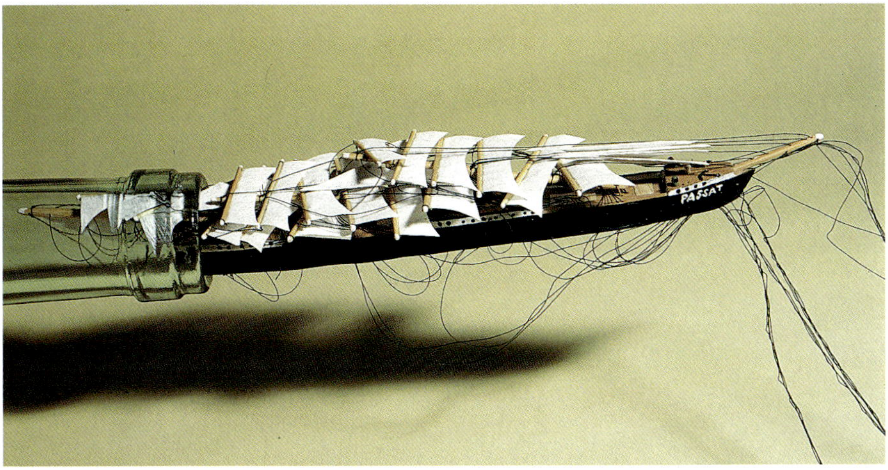
PASSAT

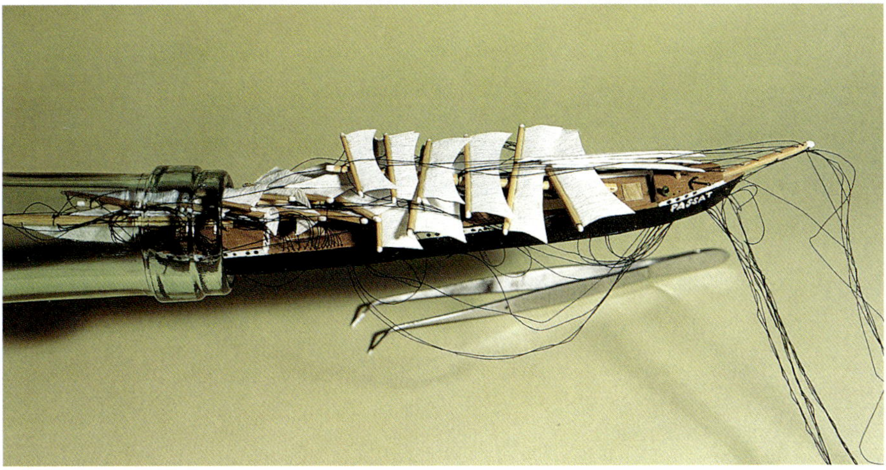
PASSAT

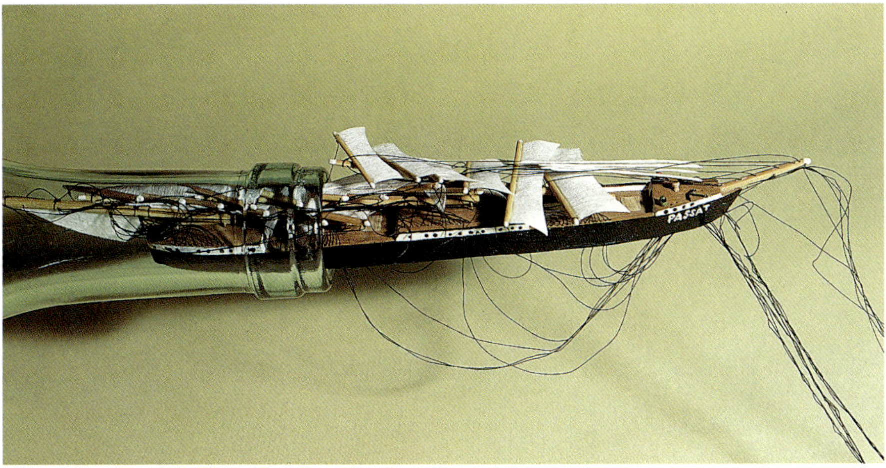
PASSAT

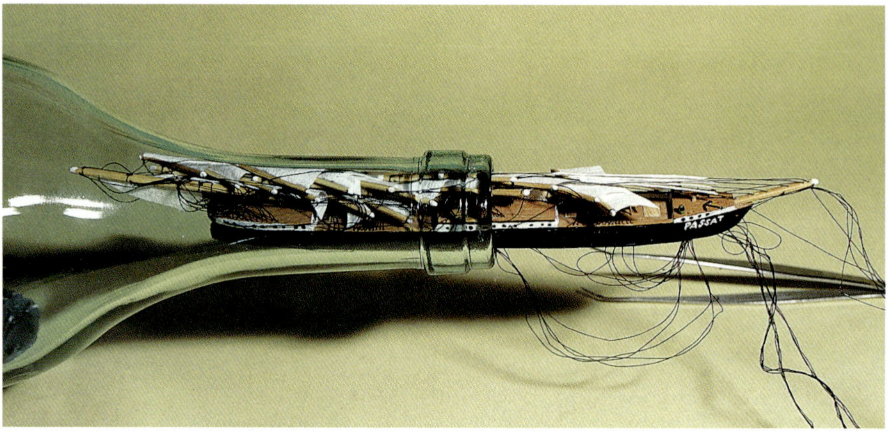
PASSAT

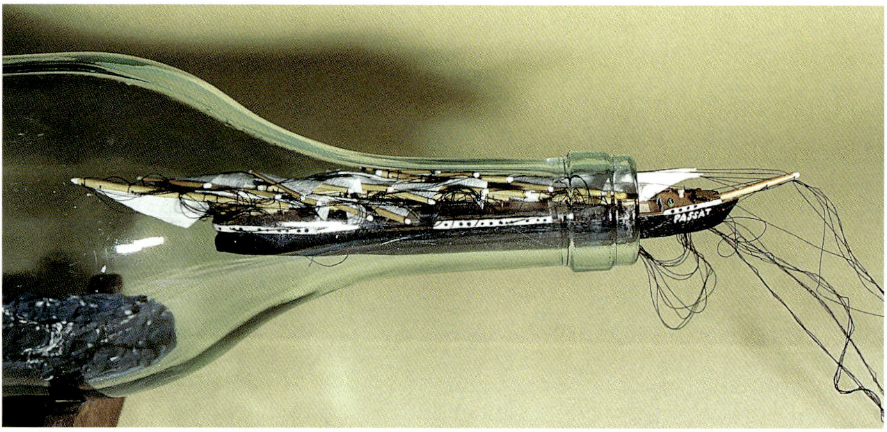
PASSAT

PASSAT

# Der Finkenwerder Fischewer

## *Geschichte des Schiffes*

Finkenwärder, so schrieb sich früher die Hälfte der Insel, die zu Hamburg gehörte, und Finkenwerder die andere Hälfte, die der preußischen Verwaltung unterstand. Diese Insel in der Unterelbe bildete den westlichen Punkt des geschlossenen hamburgischen Elbinselgebietes. Anfang des 20. Jahrhunderts wurde sie dem Staat Hamburg ganz zugeordnet.
Woher der Name »Finkenwerder« stammt, ist nicht ganz eindeutig geklärt. »Wärder« (Werder, Werth, Wörth) ist eine übliche Bezeichnung für eine Flußinsel, doch »Fink« wird entweder auf den ersten auf der Insel nachgewiesenen Familiennamen oder darauf zurückgeführt, daß sich früher sehr viele Schlüsselfinken dort aufhielten.
Auf der Elbinsel war die Finkenwärder Fischerflotte zu Hause, hier lagen die Finkenwärder Fischewer Steven an Steven, Mast an Mast. Als die ersten Fischdampfer aufkamen, begann der Untergang der Insel. Die Ewer waren nicht mehr konkurrenzfähig. 1912 beschloß der Hamburger Staat, die Insel dem Hamburger Hafen einzuverleiben. Durch Sandaufschüttungen wurde sie mit dem Festland verbunden. Jetzt wurden hier Werftanlagen und Siedlungen gebaut. 1937 wurde der noch verbliebene Rest des alten Finkenwärder zerstört. Das Finkenwärder, in dem einst Gorch Fock (Hans Kinau) seine Kindheit verbrachte, gibt es heute nicht mehr. Heute heißt es im Lexikon: »Finkenwerder, eingedeichte Marschinsel zwischen Norder- und Süderelbe; westlicher Ortsteil von Hamburg«.
Der Ewer war ein kleines Segelschiff mit Flachboden. Zum besseren Segeln und Kreuzen besaß er absenkbare Seitenschwerter bzw. seit etwa 1880 einen Balkenkiel. Er war der am weitesten verbreitete Segler auf der Niederelbe. Um 1900 gab es dort 1 100 Frachtsegler. Ewer fuhren in der Handelsschiffahrt und der Fischerei.
Die Entwicklung dieses Schiffstyps begann vermutlich im Mittelalter. Die frühen Ewer besaßen ein Rahsegel. Man erkannte jedoch bald, daß eine Neigung der Rah nach vorn die Segelführung bei seitlichem Wind verbesserte. In dieser Form ähnelte das Segel einem Lateinsegel. Zusätzlich führten »Bugleinen« die Vorderkante des Segels.
Anfang des 19. Jahrhunderts wurde das Schleppnetz eingeführt. Dafür wurde eine größere Zugkraft benötigt. Statt der Rahsegel wurden nun Gaffelsegel verwendet. Etwa um 1850 wurde der zweite Mast gesetzt. Damit war das Boot mit dem Schleppnetz besser zu steuern. Der gebogene Steven und das Spiegelheck mit dem überhängenden Ruder waren typische Merkmale für den Finkenwärder Ewer. Er wurde aus einem einmastigen Fluß- und Wattenfahrzeug mit flachem Boden entwickelt, besaß Klüver und Fock, am Großmast das Großsegel und das Gaffeltoppsegel sowie am Besanmast das Besansegel. Gefangen wurde mit der Kurre, einem am Kurrbaum angeschlagenen Netz (Grund-

schleppnetz). Um den Fang lebend auf den Markt bringen zu können, war im vorderen Bootsrumpf ein Fischbehälter, die sogenannte Bünn, untergebracht. In diesem Bereich war der Rumpf durchlöchert, so daß das Wasser hindurchfließen konnte.

Als Vorbild für das nachfolgend beschriebene Modell wurde ein ca. 1878 auf einer Finkenwärder Werft gebauter Fischewer gewählt. Seine Abmessungen betrugen:

Länge ü.a. mit Bugspriet 23,21 m
Länge zwischen den Loten 16,62 m
Größte Rumpfbreite 6,02 m

Das Flaschenmodell besitzt den Maßstab 1 : 200. Seine Abmessungen sind:

Länge ü.a. mit Bugspriet 116 mm
Länge zwischen den Loten 83 mm
Größte Rumpfbreite 30 mm
Höhe des Großmastes über Kielwasserlinie bis Gaffelnock 82 mm

Anmerkung: In der Schiffahrtsabteilung des Deutschen Museums in München ist einer der letzten Ewer, HF 31 MARIA, aufgebaut.

Da der Rumpf an der Backbordseite aufgeschnitten ist, ist ein guter Einblick in das Innere gegeben. Dieser Ewer ist weitestgehend baugleich mit dem Modell.

Länge ü.a. 19,22 m
Breite 5,96 m
Tiefe 1,84 m
Segelfläche 148 m$^2$

# Materialliste

- Lindenholz oder gleichwertiges Material zum Herstellen eines Vierkantholzes von 95 × 35 × 15 mm
- Nirodraht 2 mm Druchmesser, 50 mm lang, für Dübel, kann durch Hartholz ersetzt werden
- Kunststoff-Folie oder Transparentpapier
- Sperrholz 1 mm Dicke bzw. 0,6 mm Durchmesser, kann durch mit Klarlack versteifte Pappe ersetzt werden
- Bindedraht (verzinkt), 0,6 mm Durchmesser
- Kupferlitze o.ä. von 0,1 mm bis 0,3 mm Durchmesser
- Bambus zum Herstellen von Masten und Spieren
- Nähseide, schwarz und weiß
- Knopflochseide, dunkelbraun
- dünne Leine
- Ponal Super 3 (wasserfest)
- Plakafarbe (schwarz, grün, weiß, rot, braun, zinnoberrot)
- Holz für den Modellständer (10 × 10 × 50 mm und 3 mm Sperrholz)
- Klarlack
- Flasche mit Korken
- Siegellack
- Fensterkitt
- Schlämmkreide
- Leinöl mit Festiger
- Holz für Flaschenständer

# Bauanleitung Rumpf und Aufbauten

Für das im folgenden beschriebene Modell ist ein Flaschenhalsinnendurchmesser von mindestens 19 mm erforderlich. Es wird ein Holzklotz von 95 × 35 × 15 mm aus Lindenholz ausgesägt, winklig und parallel arbeiten (Abb. 1). Wie angegeben werden zwei Bohrungen von je 2 mm Durchmesser eingebracht (Abb. 2). Die Schiffsachse und die beiden Trennlinien werden auf der Oberseite angezeichnet (Abb. 3).

Der Holzklotz wird getrennt, so daß sich die Teile A, B und C ergeben. Die Schnittflächen werden gereinigt, eventuell plan geschliffen und aneinander angepaßt. Die Flächen sollen satt aufliegen.

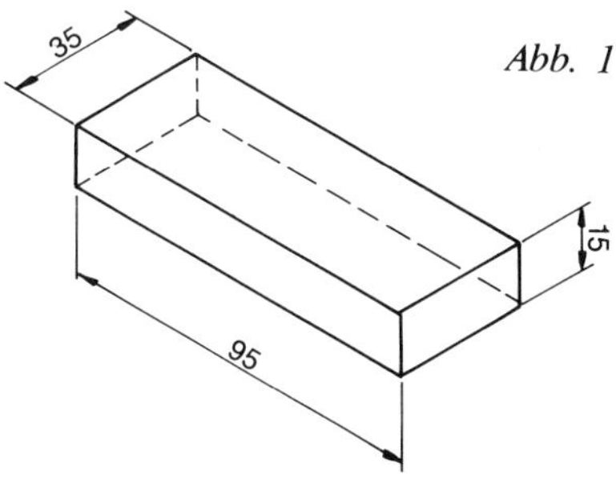

*Abb. 1*

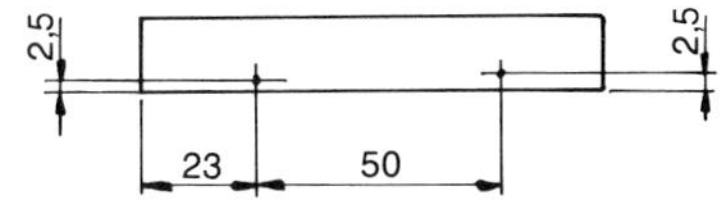

*Abb. 2*

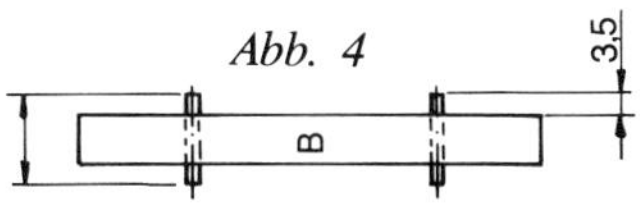

*Abb. 4*

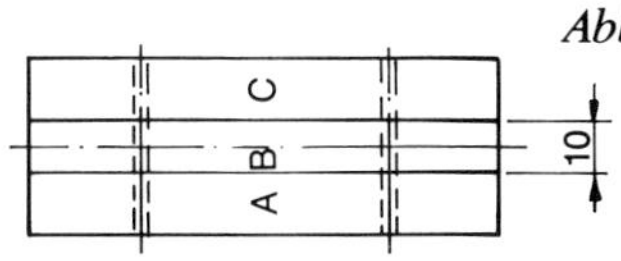

*Abb. 3*

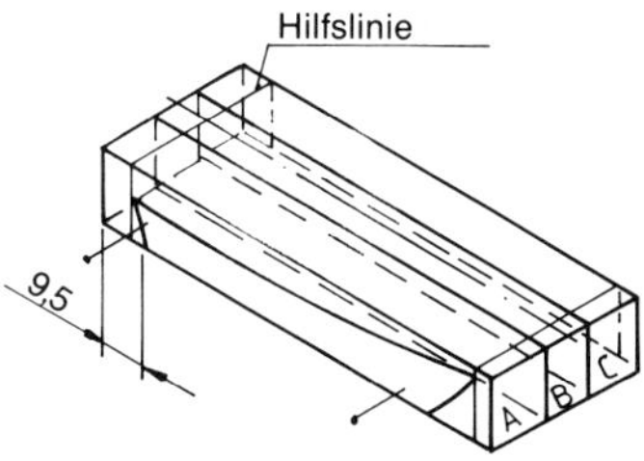

*Abb. 5*

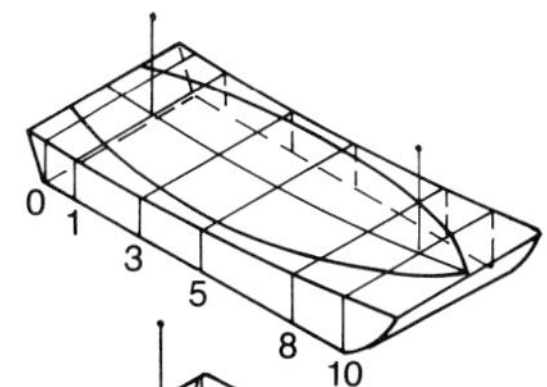

*Abb. 6*

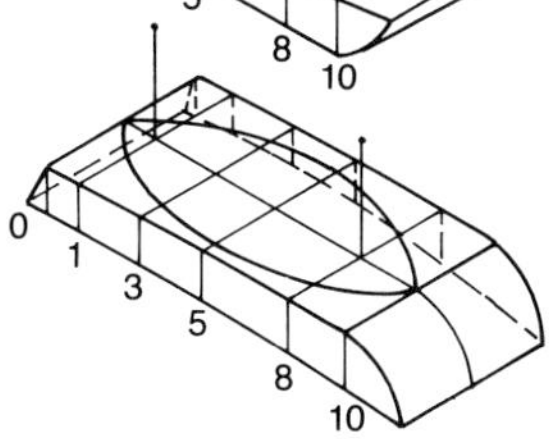

*Abb. 7*

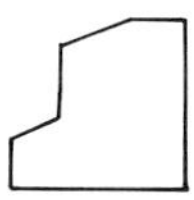
*Abb. 8*

Zwei aus Niro-Schweißdraht hergestellte Dübel von je 2 mm Durchmesser, 17 mm lang, werden durch die Bohrungen des Mittelstückes B gesteckt, so daß sie seitlich 3,5 mm überstehen (Abb. 4). Nun werden die Teile A, B und C zusammengesteckt, die Bohrungen in den Teilen A und C durch Lindenholzdübel verschlossen. Vor dem Einsetzen ist etwas Leim in die Bohrungen zu geben. Vorsicht, daß die Niro-Dübel nicht verschoben werden. Man stellt von dem Seitenriß des Bootskörpers eine Schablone aus einer Kunststoff-Folie her und legt sie auf die Außenseite des Teiles A – hierbei schneidet die Kielwasserlinie mit der Unterkante ab –, heftet sie mit Stecknadeln fest und zeichnet den Umriß nach (Abb. 5). Der Schiffskörper wird ausgearbeitet, die Schiffsachse auf Ober- und Unterseite aufgezeichnet. Man schneidet eine Schablone von der Draufsicht und der Kielwasserlinie aus, markiert die Schiffsachse auf beiden Schablonen, legt sie auf die Decks- bzw. Unterseite, befestigt sie und zeichnet den Umriß nach (Abb. 6 und 7).

Als nächstes werden Negativ-Schablonen der Spanten hergestellt (Abb. 8). Die Lage der Schablonen wird auf dem Bootskörper-Rohling markiert (Abb. 6). Auf der Schiffsachse kann dies durch Nadeleinstiche dauerhaft erreicht werden. Der

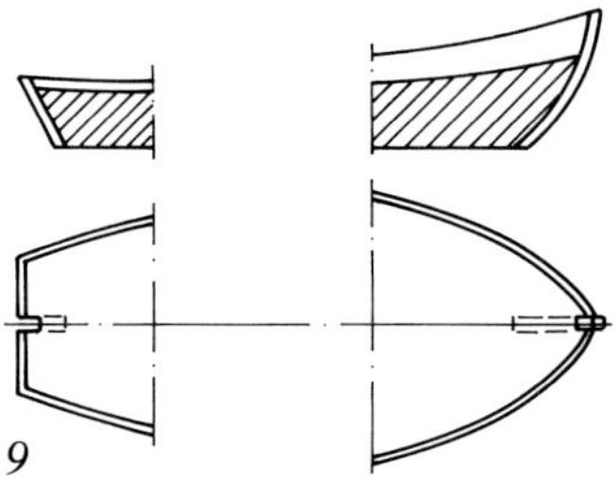

Abb. 9

Abb. 10

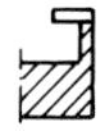

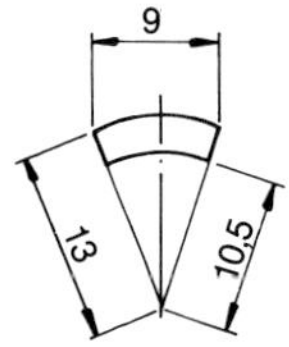


Abb. 11

Bootskörper wird nun seitlich ausgearbeitet, dann wird mit Hilfe der Spantschablonen die Bootsform geschnitzt. Man zeichnet das Schanzkleid an und arbeitet das Deck aus. Das Schanzkleid ist so dünn wie möglich herzustellen. Bug und Heck werden zum Einsetzen von Bug- und Achtersteven ausgenommen (Abb. 9).
Bug- und Achtersteven werden aus 1 mm Sperrholz hergestellt und eingeleimt. Es ist zweckmäßig, beide Teile etwas größer zu arbeiten, um sie nach dem Abbinden des Leims nacharbeiten zu können. Anschließend wird der Handlauf aus 0,6 mm Sperrholz ausgeschnitten und auf das Schanzkleid geleimt. Nach dem Abbinden des Leims muß nachgearbeitet werden. Der Handlauf ist außen mit dem Schanzkleid bündig (Abb. 10).
Aus 0,3 mm dickem, gut verleimtem Papier sind Streifen von 1 mm Breite und 95 mm Länge abzuschneiden und als Scheuerleiste aufzukleben. Handlauf und Scheuerleiste sind an den Teilfugen zu trennen. Nun wird der Rudergang auf das Achterdeck aufgezeichnet und ausgenommen (Abb. 11). Die Decksplanken werden mit mittelhartem Bleistift aufgezeichnet, das Deck wird lackiert.
Für das Geländer wird ein Loch von 0,6 mm Durchmesser und 3,5 mm Tiefe in ein Holzbrett gebohrt, Draht von 0,6 mm Durchmesser eingesteckt und mit Flachschneider oder Vornschneider abgekniffen. Man erhält so die Geländerpfosten (Abb. 12). Entsprechend der Anordnung der Pfosten werden Löcher von 0,6 mm Durchmesser und 1,5 mm Tiefe in das Hartholz gebohrt (Abb. 13), die Pfosten werden eingesetzt, der Handlauf entsprechend der Reling geformt und an den Enden umgebogen. Sie werden auf 3,5 mm Länge abgeschnitten. Die umgebogenen Enden bilden die Eckpfosten. Gut geformt liegt der Handlauf auf den Pfosten. Anschließend wird er mit den Pfosten verlötet (Abb. 14). Es werden Löcher von 0,6 mm in den Handlauf gebohrt, und das Geländer wird eingesetzt und verleimt. Nach dem Aushärten des Leims wird der Handlauf bei den Trennfugen getrennt.
Nun werden die Ösen hergestellt, eingesetzt und verleimt. Für die Ösen wird Litzendraht von 0,1 mm Durchmesser verwendet. Der Draht wird um eine Stecknadel (0,5 mm) gelegt, die Enden werden zusammengedreht und auf Länge geschnitten. Die erforderliche Bohrung zum Einsetzen beträgt 0,3 bis 0,5 mm Durchmesser (Abb. 15).
Das Ruder wird aus 0,6 mm Sperrholz, die Ruderpinne aus 0,6 mm Draht hergestellt und mit dem Achtersteven verleimt. Die Pallstütze wird aus Bambus hergestellt und in einer Bohrung von 1 mm Durchmesser im Deck verleimt. Der Klü-

verbaum wird ebenfalls aus Bambus hergestellt und an der Nock gebohrt (0,5 mm). Befestigt wird er am Bugsteven und an der Pallstütze (Abb. 16).
Es wird eine 1-mm-Bohrung zur Aufnahme der Masten in das Deck eingebracht, und es werden 0,6-mm-Löcher für die Rüsteisen an beide Seiten des Rumpfes gebohrt. Für die Rüsteisen wird Kupferdraht von 0,6 mm Durchmesser verwendet, der an einem Ende mit einer Flachzange geplättet wird. In dieses Teil wird ein Loch von 0,5 mm gebohrt und der überstehende Teil abgefeilt. Das andere Ende wird senkrecht zu der Öse umgebogen (Abb. 17). Mit diesem Teil werden die Rüsteisen in die Bohrungen seitlich des Rumpfes gesteckt und verleimt. Die Längen der Rüsteisen ergeben sich aus dem Bauplan. Der Bootskörper wird nach Angaben des Bauplanes mit Plakafarben oder Lacken gestrichen.
Für den Groß- und Besanmast werden aus Bambus quadratische Stäbe mit 2 mm Kantenlänge geschnitten und 0,5-mm-Löcher nach Plan gebohrt. Nun werden die Hölzer gerundet, wobei sie nach oben konisch zulaufen sollen, geschliffen und auf Länge gebracht. Am Mastfuß wird ein Zapfen (Abb. 18) ausgearbeitet, mit dem

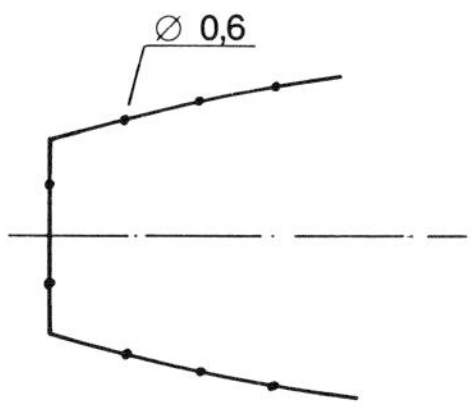

*Abb. 12*

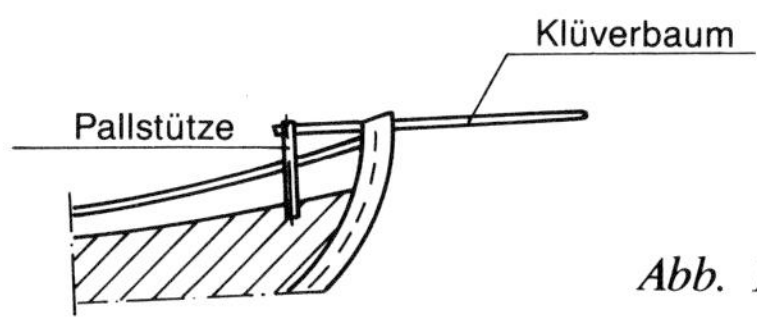

*Abb. 16*

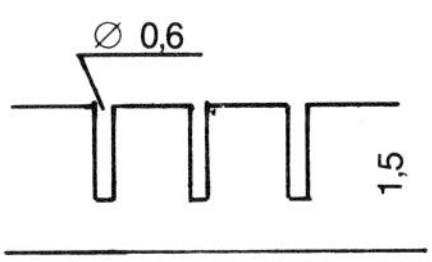

*Abb. 13*

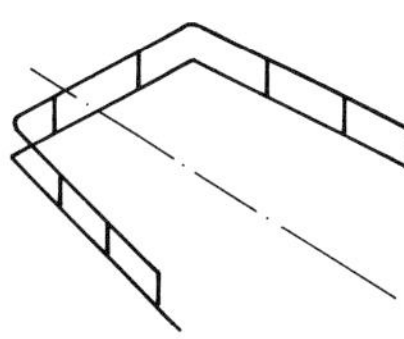
*Abb. 14*

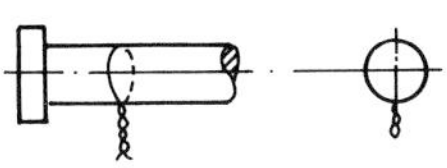
*Abb. 15*

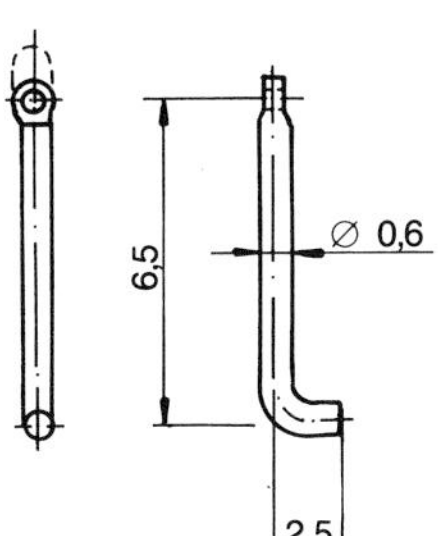

*Abb. 17*

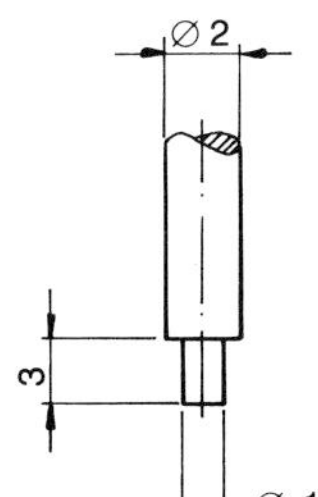

*Abb. 18*

*Abb. 19*

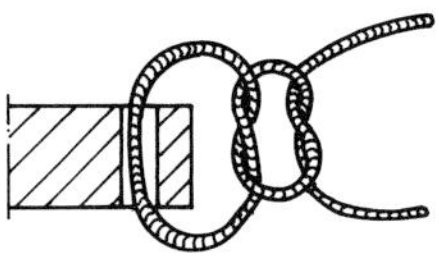

*Abb. 20*

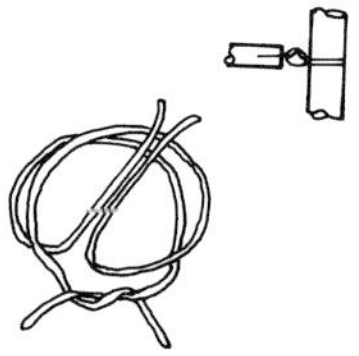

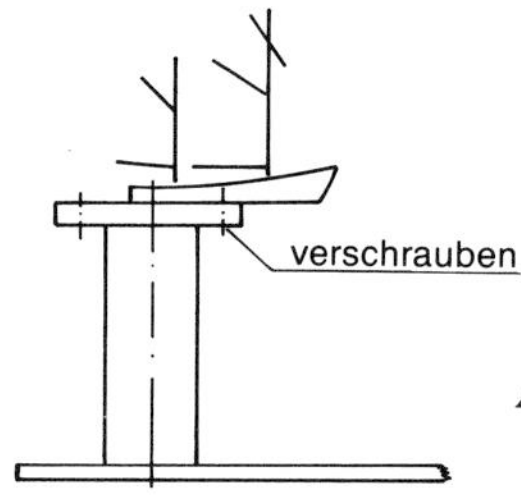


*Abb. 21*

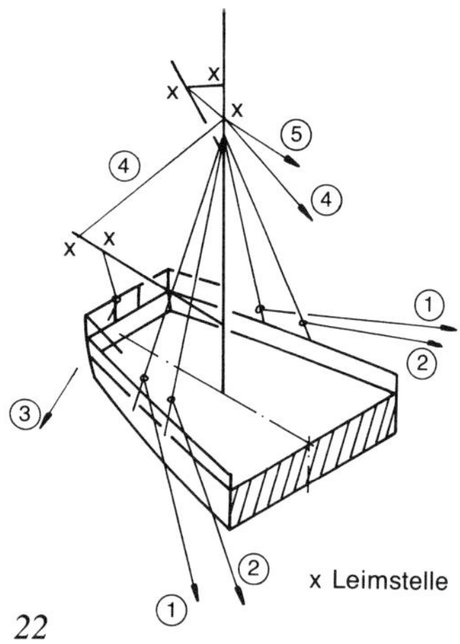


*Abb. 22*

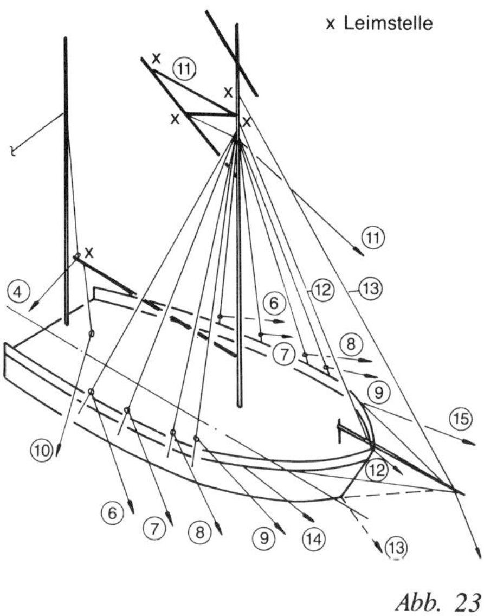


*Abb. 23*

der Mast in die Mastbohrung (1 mm) des Decks eingesetzt wird. In gleicher Weise werden Bäume und Gaffeln hergestellt. Dabei werden die Gaffeln am Fuß abgeschrägt.

Zur Verbindung der Bäume und Gaffeln mit den Masten wird schwarze Nähseide verwendet. Der Faden wird eingezogen und verknotet (Abb. 19), dann vor Kopf verleimt. Nach dem Aushärten des Leims werden beide Fadenenden durch die entsprechenden Bohrungen des Mastes gezogen, einmal um diesen herumgeschlungen, einfach verknotet (Abb. 20), verleimt, gegeneinander gedrückt und ausgerichtet. Die Fadenenden werden nach dem Aushärten des Leims abgeschnitten. Auf diese Weise wird die Baumklaue mit Rack bzw. das Gaffelband imitiert.

Der Bootskörper wird zum Aufriggen auf den Werkstand geschraubt (Abb. 21). Zuerst werden die an den Bäumen und Gaffeln befestigten Taue wie Besanbaumtalje ③, Dirk ④, Piekfall ⑤, Großbaumtalje ⑩, Piekfall ⑪, Fockleiter ⑫ und Klüverleiter ⑬ angeleimt. Piekfall ⑤ und ⑪ werden zusätzlich an dem Mast verleimt und abgeschnitten. Die Leimstellen sind mit einem (x) gekennzeichnet (Abb. 22 und 23). Die Arbeiten werden an den liegenden Masten ausgeführt. Die Lagen der Spieren werden dabei mit dem Bauplan verglichen. Nun

wird der Besanmast aufgestellt, ein Faden durch die Wantenbohrung des Mastes gezogen und damit die Lage der Rüsteisen festgelegt. Wo sich die Rüsteisen und die Scheuerleisten kreuzen, werden letztere ausgenommen. Die Rüsteisen werden verleimt, die Wanten ① und ② durch Mast- und Rüsteisenbohrungen gefiert und die Besanbaumtalje um den Handlauf der Reling geschlungen (Abb. 22). Der Besanmast wird mit Baum und Gaffel in Position gebracht, alle Taue ①, ②, ③ und ④ werden gespannt am Werkstand befestigt.
Der Großmast wird aufgestellt. Klüver- ⑬ und Fockleiter ⑫ werden durch die Bohrung des Klüverbaumes bzw. durch die Öse ›b‹ am Vorsteven gefiert. Die Lage der Rüsteisen ist wie vorher beschrieben festzulegen. Die Wanten ⑥ bis ⑨ werden durch die Mast- und Rüsteisenbohrungen gefiert. Die Großbaumtalje ⑩ wird durch die Decksöse ›a‹ gefiert (s. Bauplan, Draufsicht). Der Großmast wird mittels Klüverleiter ⑬, Wanten und Taljen ⑩ in Position gebracht, dann werden alle Taue ⑥ bis ⑨, ⑩, ⑫ und ⑬ gespannt am Werkstand befestigt.
Die Segel werden aus einem dünnen rotbraunen Stoff hergestellt (Leinen, Batist, Musselin). Ist kein gefärbter Stoff vorhanden, kann zum Färben z.B. Plakafarbe verwendet werden. Dazu wird eine wäßrige Lösung aus Braun mit Zinnoberrot abgetönt, eventuell wird ein ganz weinig Schwarz zugegeben. Eine vorherige Färbeprobe ist zweckmäßig. Nach dem Färben wird der Stoff mit verdünntem Leim (Ponal) gestärkt, getrocknet und gebügelt.
Da die Masten mit ihren Gaffeln und Bäumen nach der Fertigstellung mehr oder weniger – es sollte natürlich nur weniger sein – vom Bauplan abweichen können, ist eine Überprüfung auf Maßgenauigkeit erforderlich. Liegen alle Maße in einem vertretbaren Rahmen, können die Segel nach dem Segelriß gefertigt werden. Anderenfalls müssen sie angepaßt werden, d.h. die tatsächlichen Maße müssen vom Mast abgenommen werden. Dies geschieht wie im folgenden beschrieben, wobei die Winkelabweichungen zwischen Mast und Baum bzw. Gaffel berücksichtigt sind: Mit einem Stechzirkel wird die Strecke AB abgegriffen und aufgezeichnet. Dann wird die Strecke BC abgegriffen und damit um B ein Kreisbogen geschlagen. Man greift die Strecke AC ab, schlägt damit einen Kreisbogen um A und erhält den Punkt C. Nun wird mit den Strecken AD und BD ein Kreisbogen um A bzw. B geschlagen. Man erhält Punkt D. Die Verbindung der Punkte A-B-C-D-A ergibt die wirkliche Segelfläche des Modells (Abb. 24).

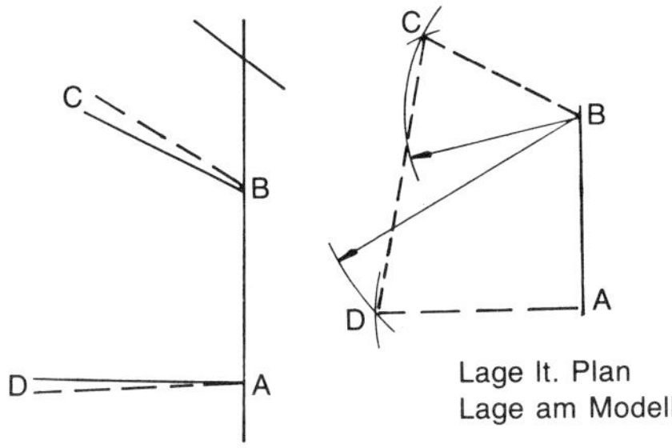


*Abb. 24*

Sind die Umrisse der Segel aufgezeichnet, werden Saum oder Umschlag sowie die Nähte der Bahnen und die Reffbänder mit den Reffzeisigen mit einem Bleistift der Stärke H aufgezeichnet (Abb. 25). Die Segel werden ausgeschnitten, und um den Rand des Segels wird das Liektau oder Liek geklebt. Hierzu wird dunkelbraune Nähseide, die vorher mit Leim leicht verfestigt worden ist, verwendet. An den entsprechenden Enden werden Tampen zum Anschlagen vorgesehen (Abb. 26).

Sind die Segel fertig, wird das Rigg abgebaut. Dabei ist wie folgt zu verfahren: Ist ein Tau frei, wird an sein(e) Ende(n) ein entsprechend den Angaben dieser Bauanleitung (Abb. 22 und 23) numeriertes Schild geklebt (Abb. 27).
Bei gleichen Zahlen an beiden Enden bzw. Seiten wie z.B. 1, 2 usw. werden alle auf der Backbordseite liegenden Zahlen gekennzeichnet. Dies kann z.B. wie in Abb. 27 gezeigt erfolgen. So erleichtert man sich die Arbeit beim Aufbau in der Flasche erheblich.

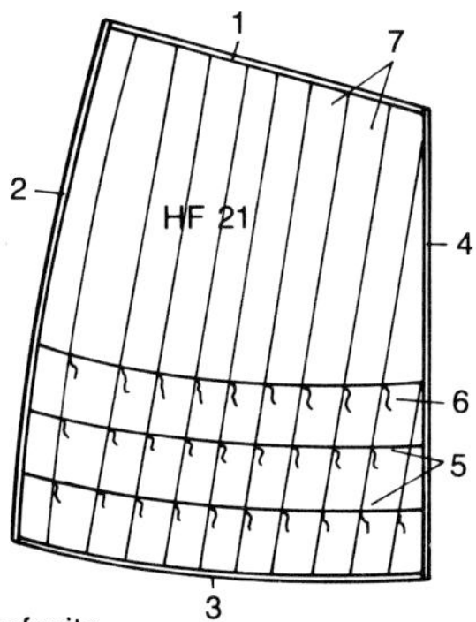


1 Kopfseite
2 Hinterkante
3 Unterkante
4 Mastkante
5 Reffbänder
6 Reffzeisige
7 Bahnen

*Abb. 25*

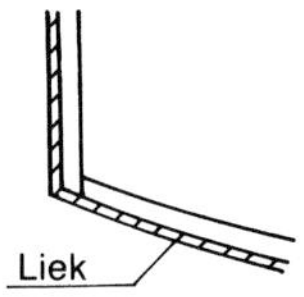


*Abb. 26*

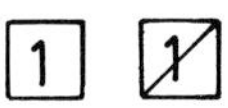


*Abb. 27*

## *Beiboot und weitere Aufbauten*

Das Beiboot wird aus einem Stück Lindenholz von 10 × 25 × 35 mm hergestellt. Es kann bei dieser Größe gut festgehalten werden, während das Boot aus einem Ende des Holzes geschnitzt wird (Abb. 28). Man bedient sich beim Aufzeichnen wieder der Schablonen vom Seitenriß und der Draufsicht. Nachdem der Bootskörper innen ausgenommen ist, werden die Duchten aus 0,6-mm-Sperrholz eingebracht. Das Boot wird gestrichen und lackiert.
Die Decksaufbauten und Ausrüstungsteile werden entsprechend dem Bauplan angefertigt (s. unten). Sie bestehen aus 0,6-mm-Sperrholz, Lindenholz, gut verleimter dünner Pappe und 1-mm-Kupferdraht. Handwinde I, Ankerwinde II, Netzwinde III, Nachthaus, Hauptluke und Niedergang werden nach Fertigstellung auf dem Oberdeck verleimt.

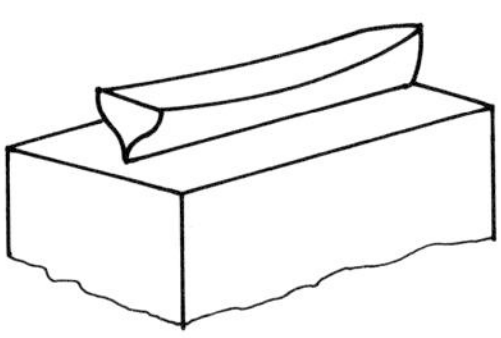

*Abb. 28*

## *Auswahl und Vorbereitung der Flasche*

Die Flasche muß wie gesagt eine Öffnung von mindestens 19 mm Durchmesser besitzen. Der Flaschenkörper soll so bemessen sein, daß er vom Modell möglichst nach allen Seiten (wenigstens jedoch durch Länge und Höhe) ausgefüllt wird. Die Flasche kann z.B. die in Abb. 29 gezeigte Form haben.
Zum dauerhaften Kennzeichnen des Modells wird ein festes Papier von der Größe 55 × 25 mm zugeschnitten und entspre-

*Abb. 29*

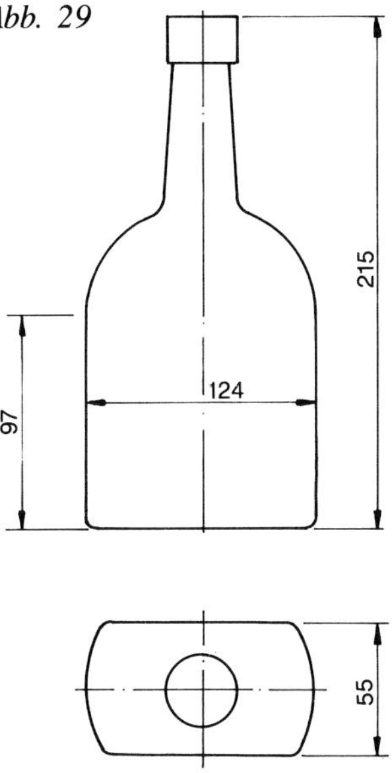


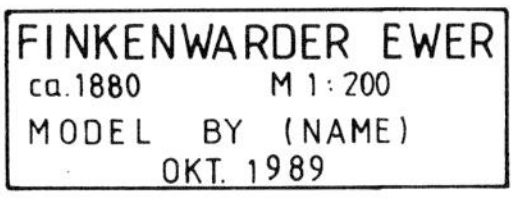


*Abb. 30*

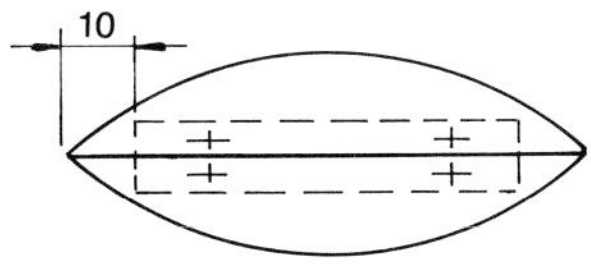


*Abb. 31*

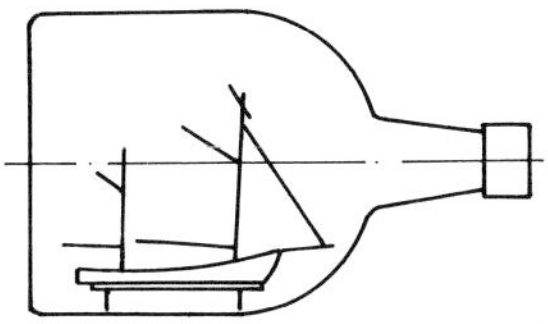

*Abb. 32*

chend mit Bleistift beschriftet und lackiert (Abb. 30). Für den Standort in der Flasche wird ein Holzstück (Grundholz) von 10 × 10 × 55 mm zugeschnitten. Eine Seite davon wird der Flaschenrundung angepaßt. Nun wird die Kielwasserlinien-Fläche aus 3 mm Sperrholz ausgeschnitten, der Kielwasserlinien-Fläche des Modells angepaßt und in der Mitte getrennt. Die Lage auf dem Grundholz wird festgelegt, und alle drei Teile werden durch Dübel justiert (Abb. 31).

Der Standort des Modells in der Flasche wird jetzt mit Hilfe einer Skizze festgelegt (Abb. 32) und mit einem wasserfesten Filzstift außen auf der Flasche markiert. Anschließend werden der beschriftete Zettel und darauf das Grundholz in der Flasche an der markierten Stelle verleimt.

## *Herstellen der See*

Für die See benötigt man Fensterkitt, Leinöl mit Festiger, Schlämmkreide und Künstlerölfarben in Tuben (chromoxydgrün-feurig, zink-titanweiß und elfenbeinschwarz). Der Fensterkitt wird mit ein wenig Leinöl und Schlämmkreide auf einer glatten Unterlage (z.B. kunststoffbeschichtete Holzplatte) gut vermengt. Es wird grüne sowie ein wenig weiße und schwarze Ölfarbe beigemischt. Die Konsistenz der Masse sollte so sein, daß sie sich gut rollen läßt und nur wenig klebt. Teile der Masse werden gerollt und mit einem Kittlöffel (Abb. 33 a) in die Flasche eingebracht, im Innern mit einem festen gebogenem Draht von 4 mm Durchmesser (Abb. 33 b) verteilt und um das Grundholz verdichtet. Ist die Höhe des

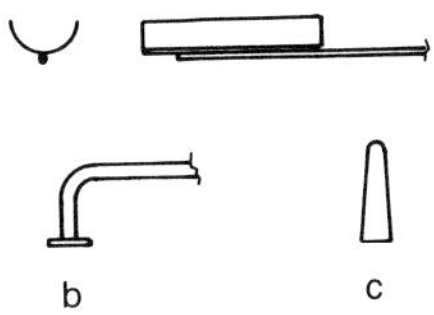


*Abb. 33*

Grundholzes erreicht, wird die Kielwasserlinien-Fläche aufgeleimt. Nach dem Aushärten des Leims wird die See aufgefüllt, bis sie mit der Kielwasserlinien-Fläche bündig abschließt. Mit einem am Ende keilförmig ausgearbeiteten Draht (Abb. 33 c) wird die Wasseroberfläche geformt (leicht bewegte See und das Heckwasser).

## *Einbringen des Schiffs in die Flasche*

Nach dem Trocknen der Seeoberfläche kann das Modell aufgebaut werden. Zuerst wird das Mittelstück B des Bootskörpers in die Flasche gebracht. Vorab wird ein Hilfsfaden, der so lang ist, daß er mit beiden Enden aus dem Flaschenhals heraushängt, um die Reling geschlungen. Hieran wird beim Aufstellen des Besanmastes die Besanbaumtalje ③ an einem Ende angeschlagen und eingezogen. Es folgt das Seitenteil A, das mit Teil B zusammengefügt wird. Dann wird Seitenteil C eingeführt und mit Teil B zusammengesteckt (s. Abb. 3 und 5). Der Bootsrumpf kann jetzt mit der Kielwasserlinien-Fläche verleimt werden. Ist der Leim ausgehärtet, werden die Trennstellen der Reling ausgerichtet und verleimt.

Bevor im Innern der Flasche weitergearbeitet wird, kommt sie auf ein Brett, wo sie seitlich mit zwei Hölzern und durch zwei Drähte gehalten wird (Abb. 34).

Von achtern nach vorn wird jetzt der Aufbau des Riggs, der Aufbauten und das Setzen der Segel ausgeführt. Mit dem

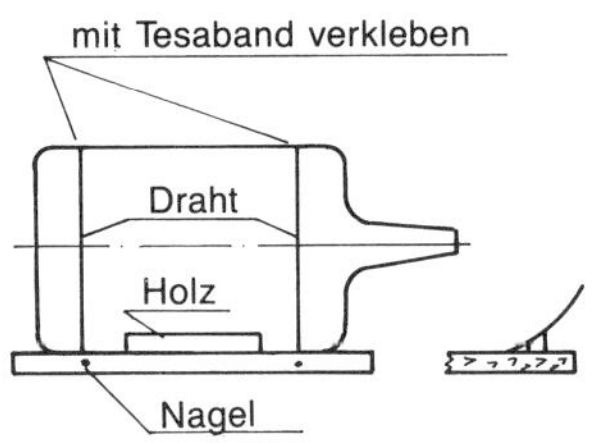


*Abb. 34*

Aufstellen des Besanbaumes beginnen die Arbeiten. Die Taue am Mast werden geordnet, die Wanten nach beiden Seiten auf die richtige Länge gebracht und in der Mastbohrung verleimt. Die Flagge wird gesetzt.

Der Mast wird mit dem Fuß zur Flaschenöffnung gelegt, die Wanten der Steuerbordseite werden links, die der Backbordseite rechts neben der Flaschenöffnung (mit Blick auf dieselbe) mit einem Tesaband verklebt. Die Baumtalje ③ wird mit einem Hilfsfaden verknotet, der Dirk ④ wird nach vorn gelegt. Dann wird der Mast mit Fuß eingeführt, wobei mit dem Hilfsfaden die Talje eingezogen wird. Der Mast wird aufgestellt. Die Bezeichnungen der Wanten werden entsprechend der Reihenfolge des Einziehens abgeschnitten, die Wanten werden nacheinander durch die Rüsteisen gezogen (Reihenfolge: 1 steuerbord – 1 backbord, 2 steuerbord – 2 backbord usw.). Die gespannten Wanten werden mit Tesaband außen an der Flasche befestigt, mit den Rüsteisen verleimt und abgeschnitten.

Nun sind Besansegel zu setzen (an Gaffel und Mast anzuleimen), nach Backbordseite zu drehen (achterlicher Wind von steuerbord) und mit Tampen am Baum zu verleimen. Ebenso werden die Talje an der Reling sowie Gaffel und Baum mit dem Mast verleimt.

Beim Einbringen des Großmastes verfahren wir ähnlich wie oben beschrieben. Die Taue am Mast werden geordnet, die Wanten beidseitig auf gleiche Länge gezogen und in der Mastbohrung verleimt. Der Mast wird mit dem Fuß zur Flaschenöffnung gelegt, die Wanten werden an der Flasche befestigt, der Dirk ④ wird durch die Großbaumöse, die Talje ⑩ durch die Decksöse ›a‹ gefiert. Der Mast wird eingeführt, wobei ④ und ⑩ nachzuziehen sind. Anschließend wird der Mast aufgestellt, die Wanten werden

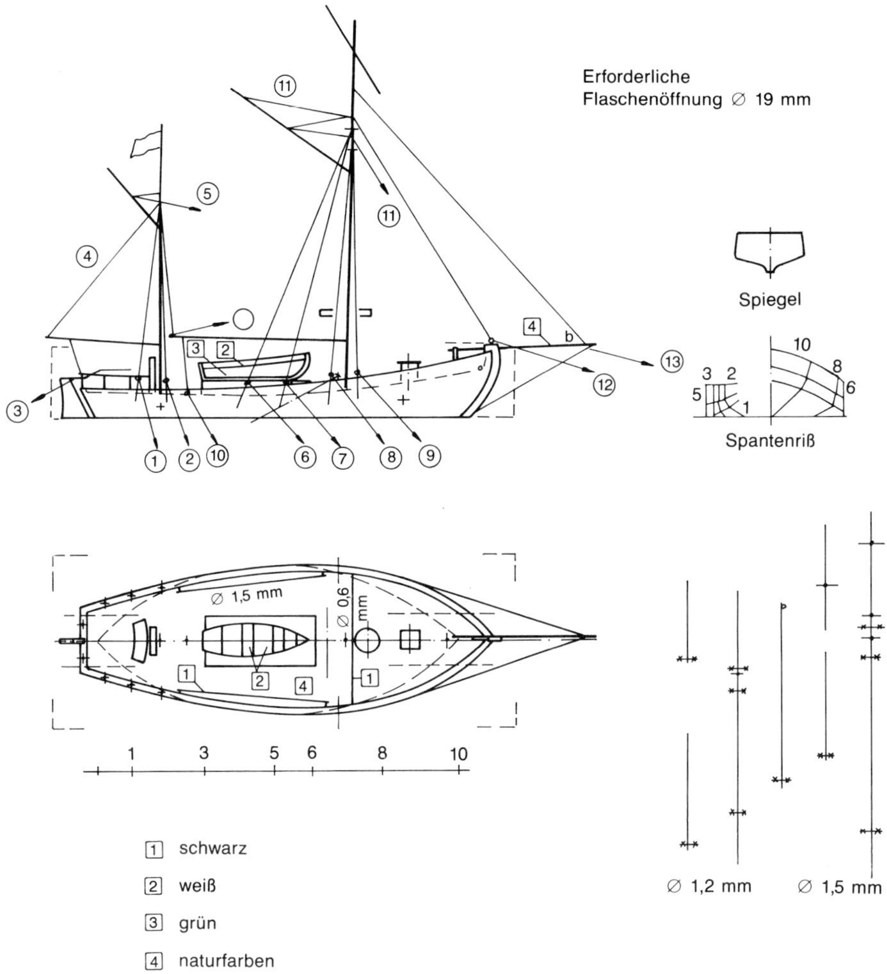


wie oben beschrieben durch die Rüsteisen gezogen, gespannt und außen befestigt.
Die Fock- ⑫ und Klüverleiter ⑬ werden durch die Öse ›b‹ bzw. die Bohrung am Klüverbaum gezogen. Die Großmaststellung ist zu prüfen und gegebenenfalls durch Wanten- und Leiterspannung zu regulieren. Wanten und Rüsteisen werden verleimt und abgeschnitten. Das Großsegel wird gesetzt und nach backbord gedreht. Der Baum wird mit ④ und ⑩ in Stellung gebracht, ④ und ⑩ werden verleimt und abgeschnitten. Dann sind Gaffel und Baum mit dem Mast zu verleimen. Das Großtoppsegel wird an die Gaffeltopprah geleimt, die Rah wird ausgerichtet, das Toppsegel mit Tampen an die Gaffelnock geleimt.
Beiboot und Handwinde I werden aufgestellt und verleimt. Dann werden die Fock- ⑫ und Klüverbaumleiter ⑬ mit der Öse ›b‹ bzw. dem Klüverbaum verleimt und abgeschnitten. Klüver und Fock werden an die Leiter geleimt, die Halstalje wird an Deck verleimt.
Eventuell kann nun die Schaumbildung

auf der See mit weißer Farbe angedeutet werden. Dann wird der Ständer hergestellt (z.B. Abb. 35), und die Flasche wird darauf verleimt. Die Leimstelle am Glas ist mit einer Schleifscheibe aufzurauhen. Wenn die See vollkommen ausgehärtet ist, wird die Flasche mit einem Korken verschlossen und versiegelt.

*Abb. 35*

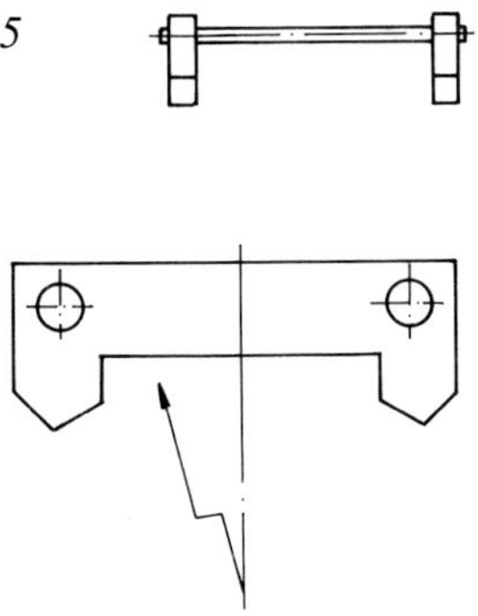

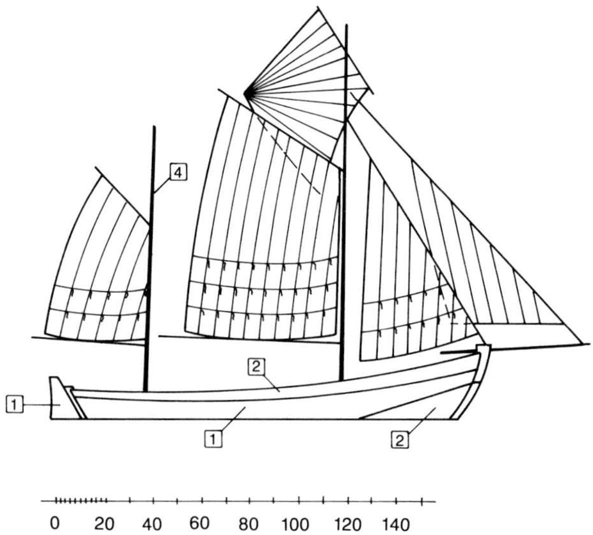


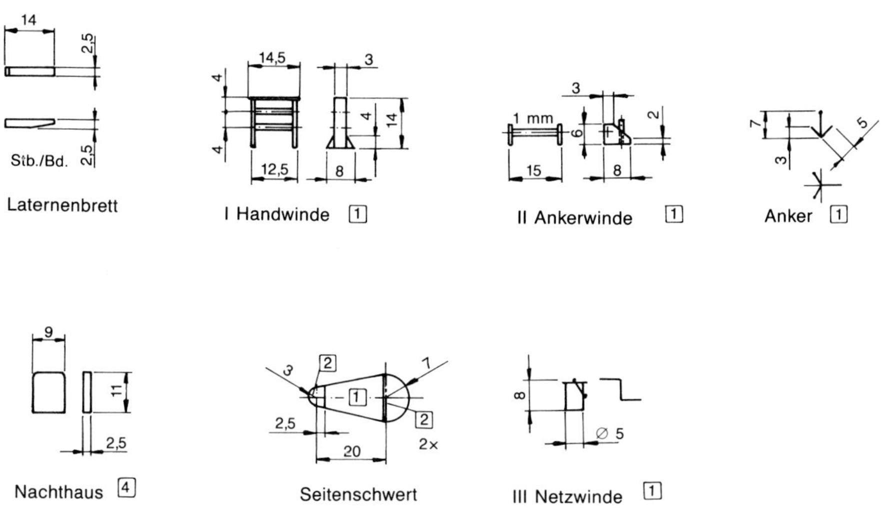

Ein Schiff, eine Landschaft, kurz die ganze Welt wird durch Menschen und Tiere belebt. So ist es auch mit den Modellen. Sollen sie leben, gehören wenigstens Menschen dazu. Menschen sind es schließlich, die die Dinge geschaffen haben, und Menschen sind es, die mit den Dingen leben, durch die die Dinge leben. Beim Schiffsmodellbau in der Flasche sind die Figuren z.T. natürlich sehr klein.

Hat z.B. eine Person eine natürliche Größe von 1,75 m, so ergeben sich für die Darstellung in verschiedenen Maßstäben folgende Größen:

| | |
|---|---|
| 1 : 150 | 11,7 mm |
| 1 : 200 | 8,8 mm |
| 1 : 250 | 7,0 mm |
| 1 : 300 | 6,0 mm |
| 1 : 350 | 5,0 mm |
| 1 : 400 | 4,4 mm |

Während man die Figuren im Maßstab 1 : 150 noch aus Holz herstellen kann, ist dies im Maßstab 1 : 200 nur noch bedingt möglich. Man fertigt sie dann aus Holz (Leib) und Fäden (Kopf und Extremitäten). Die Herstellung noch kleinerer Figuren erfolgt dann nur noch aus Fäden.

*Helmut Debus*

# Ostsee-Bark EMMA RÖMER: Mit dem Bug voran

## *Geschichte des Schiffes*

Die Bark wurde 1875 von E. Buchard in Rostock fertiggestellt. Das Schiff hatte eine Größe von 186 Lasten, 425 RT. Reeder waren H. Bauer und Kapitän Paul Albrand; Unterscheidungssignal: MDFH. Die Bark ist 1889 im Hafen von Makassar (Ujung Pandang) verbrannt.

### *Material- und Werkzeugliste*

- Holz für den Schiffsrumpf, Deckshäuser, Langboot, Luken: Pappel
- Holz für Stengen, Rahen, Spill, Feuerlöscheimer, Bugspriet, Dübel: Bambus
- Bootsauflage, Reling: Bronzedraht 0,3 mm
- Lenzpumpe, Steuerrad, Davits: Kupferdraht 0,5 mm
- Beigefarbenes und schwarzes Nähgarn, mit Bienenwachs abgezogen
- Bleistift H 3, Zeichenkarton (Marse und Salinge)
- Zigarettenpapier (Segel und Flaggen)
- Kleber
- Fensterkitt
- Ölfarbe
- Plakafarbe
- Nitro-Klarlack
- Ausziehtusche
- Holz für Ständer
- Flasche
- Korken
- Schmirgelpapier
- Schleifklotz
- Schnitzmesser (Eigenbau aus Maschinensägeblatt)
- Drillbohrer
- Decksmesser (Eigenbau)
- Stickschere
- Nadeleinfädler
- Hebegreifer (Eigenbau)
- Kittstab (Wellengestaltung)
- Stabmesser (Rasierklinge angelötet)

## *Bauanleitung*

Grundlage für den Bauplan der Bark bildet ein Kapitänsbild von H. Pentz, das im Schiffahrtsmuseum in Rostock aufbewahrt wird. Die für den Buddelschiffbau notwendigen Proportionen und Details können ohne Schwierigkeiten aus dem Buch »Kapitänsbilder« von W. Timm (1971) entnommen werden. In meinem Fall wurde der Entwurf für eine Whiskyflasche mit ca. 100 mm Innenhöhe und einem Flaschenhalsdurchmesser von 25 mm erstellt.
Der Holzschiffbau des 19. Jahrhunderts hielt die Länge der Rümpfe in bestimmten Grenzen. Das Längen-Höhen-Verhältnis lag etwa bei neun zu acht. Als Höhe zählt der Großmasttopp. Für den Bauplan bedeutet das eine Rumpflänge in der Schwimmwasserlinie von etwa 125 mm, ohne Überhänge.
Zur Herstellung des Bauplanes zeichne

ich zunächst eine Freihandskizze nach Länge und Höhe. Anschließend werden überall dort Korrekturen angebracht, wo es notwendig ist. Mein Bauplan muß die Längen- und Breitenmaße des Rumpfes, die Höhe und die Position der Masten, der Decksaufbauten, die Länge der einzelnen Rahen und Stengen und den gewünschten Stand des stehenden und laufenden Gutes enthalten. Wichtig ist der Zustand, in dem das Schiff dargestellt werden soll. Die EMMA RÖMER sollte wie auf dem Kapitänsbild mit zum Teil gefierten Rahen und gerefften Segeln entstehen.

Begonnen wird mit dem Bau des Schiffrumpfes. Er besteht aus zwei Teilen. Das Unterwasserschiff und das Überwasserschiff werden mit Stahlstiften (abgekniffenen Nägeln) miteinander verbunden (Abb. 1). Die Schiffsform wird mit Hilfe des Schnitzmessers so genau wie möglich erarbeitet. Mit Schmirgelpapier werden alle Flächen geglättet. Das Schanzkleid und die Decks werden anschließend mit dem Decksmesser ausgearbeitet. Da ich weiches Holz wie Pappel oder Linde verarbeite, bereitet diese Arbeit keine große Schwierigkeit, wenn man konzentriert vorgeht (Abb. 2). Wenn das Deck herausgearbeitet ist, wird es ebenfalls mit Schmirgelpapier geglättet. Als nächstes werden alle Rundhölzer angefertigt. Dazu nehme ich Bambus. Das Material wird in der erforderlichen Stärke vorgespalten und anschließend mit Schnitzmesser und Schmirgel fertiggestellt. Die Masten werden bei mir in einem Stück gefertigt, wobei die Stengen durch Schnitzen angedeutet werden (Abb. 3).

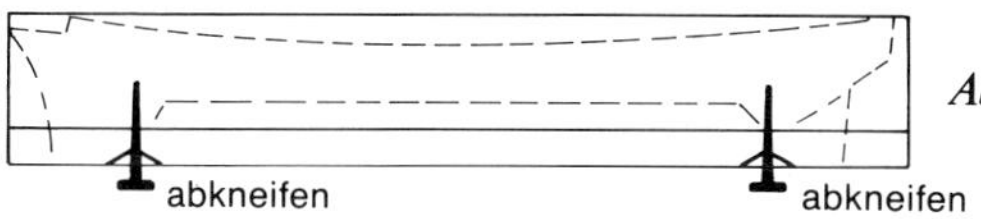


*Abb. 1*

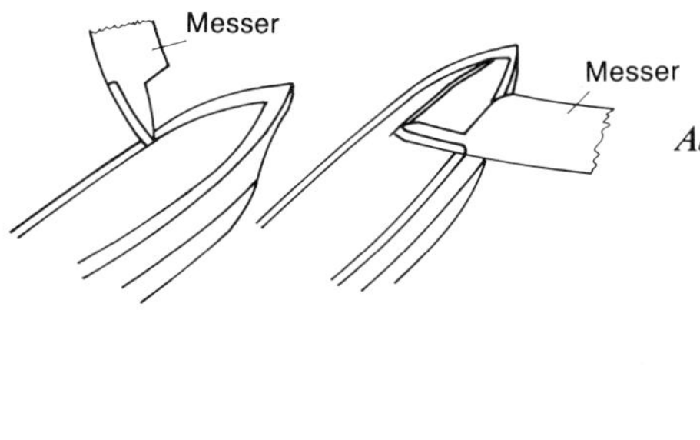


*Abb. 2*

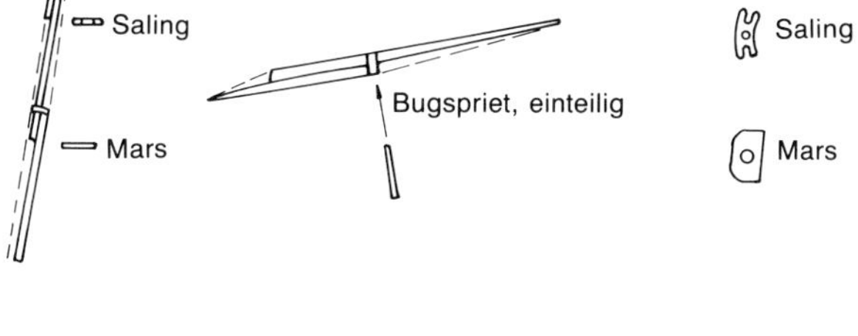


*Abb. 3*

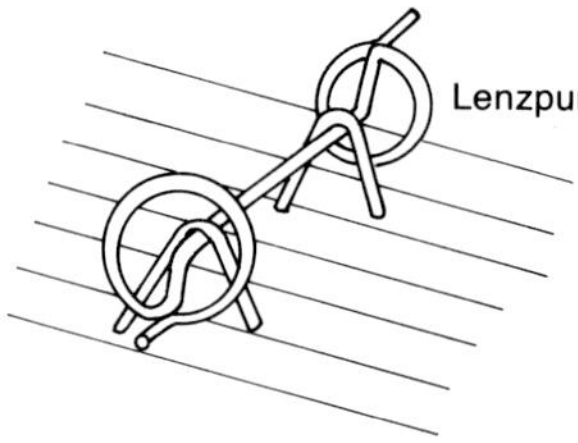


*Abb. 4*

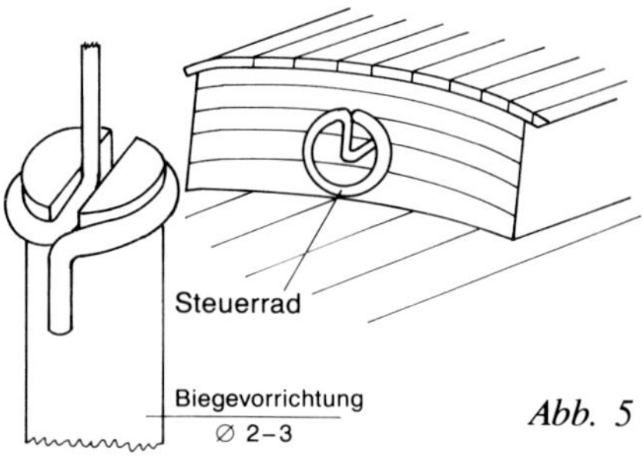


*Abb. 5*

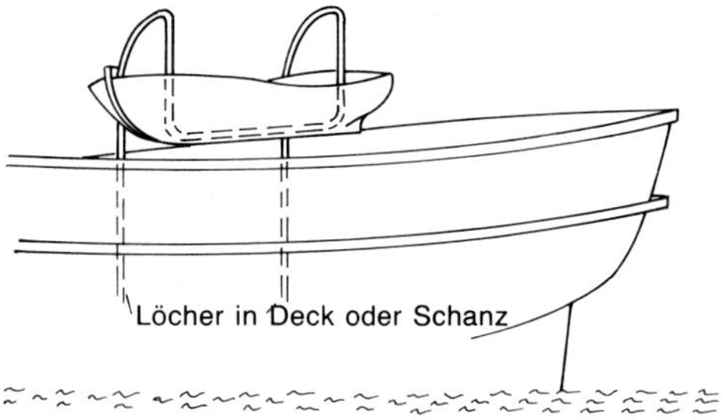


*Abb. 6*

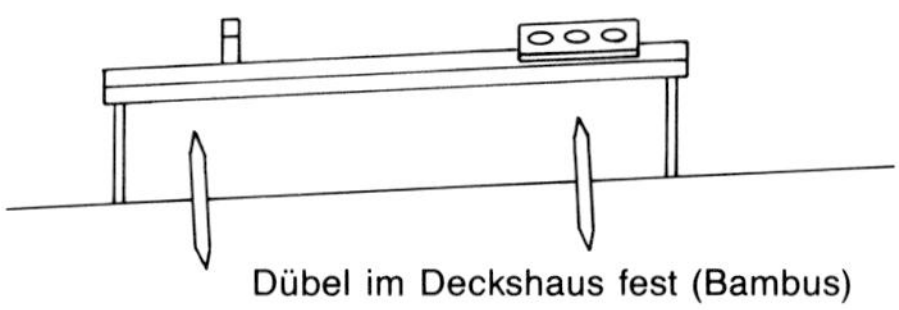


*Abb. 7*

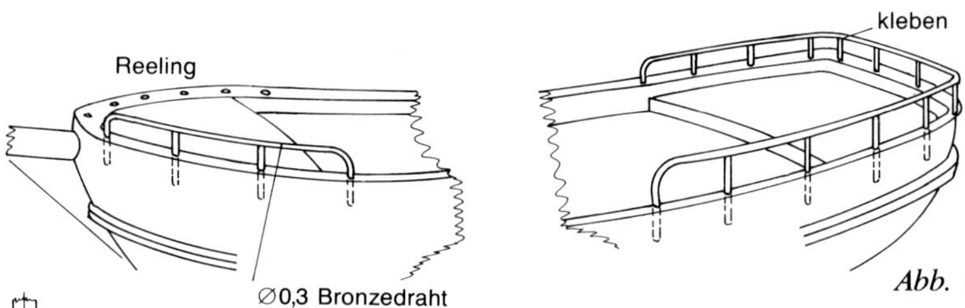


*Abb. 8*

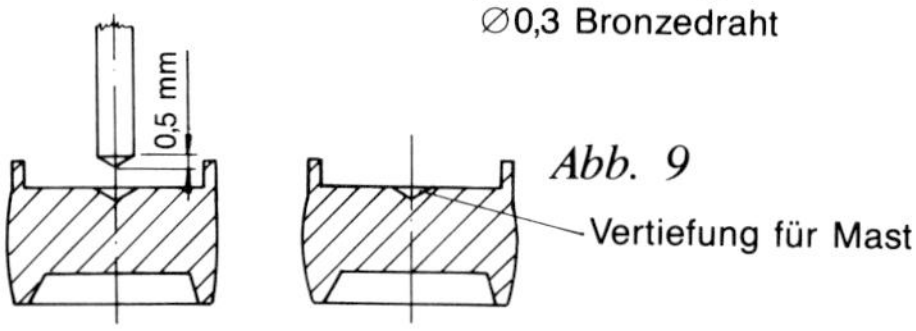


*Abb. 9*

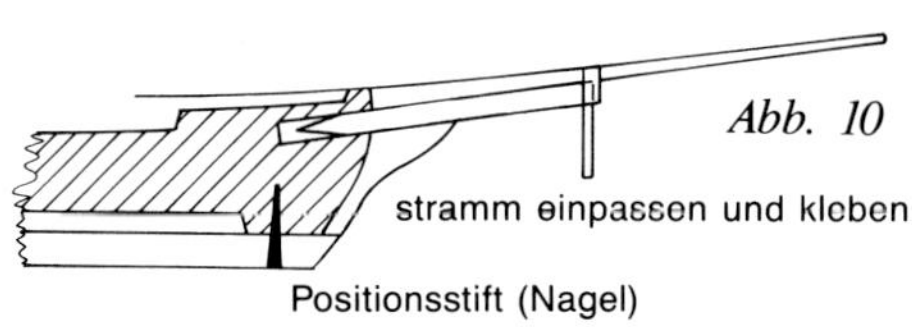


*Abb. 10*

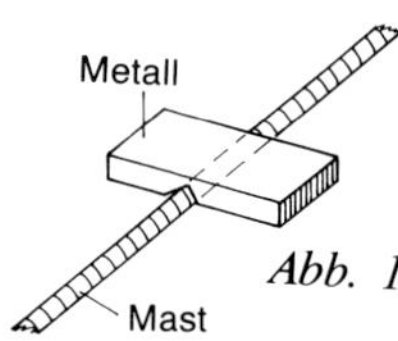


*Abb. 11*

Über die Herstellung der Deckshäuser gibt es keine besonderen Hinweise, auch nicht für die Beiboote. Die Lenzpumpe besteht aus drei Teilen (Abb. 4); Biegevorrichtung (Abb. 5). Die Befestigung der Beiboote geschieht mit Hilfe eines 0,5-mm-Drahtes, der in einem Zug durchgearbeitet wird (Abb. 6). Das Deckshaus ist mit Dübeln aus Bambus versehen (Abb. 7). Die Reling wird angebracht (Abb. 8).

Wenn alle Teile für den Schiffsrumpf fertiggestellt sind, werden die Decksaufbauten und das Bugspriet positioniert. Für die Masten werden mit einem 2-mm-Spiralbohrer an den festgelegten Stellen kleine Vertiefungen in das Deck bzw. Deckshaus gebohrt (Abb. 9). Das Bugspriet wird stramm eingepaßt (Abb. 10). Anschließend werden nach Bauplan alle Löcher (0,5 mm) im Schiffsrumpf und Bugspriet gebohrt. Danach können wir mit der Farbgebung beginnen. Hierzu zähle ich auch das Aufzeichnen der Decksbeplankung mit einem spitzen Bleistift der Stärke H 3. Die Abstände der Planken betragen ca. 1 mm. Das Unterwasserschiff und die Deckshäuser müssen sich leicht trennen lassen. Schiffsrumpf und Aufbauten erhalten einen farblosen Decksanstrich.

Als nächstes werden alle Masten und Rundhölzer gebohrt, 0,3 bis 0,5 mm. Diese Arbeit muß sehr sorgfältig durchgeführt werden. Um stets die Mitte zu treffen, kann man sich eine kleine Hilfsvorrichtung anfertigen (Abb. 11). Sind alle Rundhölzer und Masten gebohrt, werden sie nochmals übergeschliffen, um den Bohrgrat zu entfernen. Marse und Salinge aus Zeichenkarton werden angeklebt. Wenn wir wollen, können wir nun das vorbereitete Schiff auf eine Platte stellen oder auch frei in der Hand weiterarbeiten.

## Die Klapptechnik

Im Unterschied zur Zugtechnik besitzt bei der Klapptechnik kein Mast ein Scharnier. Ein weiteres entscheidendes Merkmal ist, daß unser Schiff in die Flasche hineinsegelt. Unsere Technik läßt in Bezug auf Perfektion der Gestaltung des Schiffes kaum Wünsche offen. Der Schiffsrumpf ist in ein Unterwasser- und ein Überwasserschiff geteilt. Das hat den Vorteil, daß das Unterteil bereits in den noch feuchten Kitt gedrückt werden kann. Das flache Oberteil läßt sich sehr gut durch den Flaschenhals bringen.

Die erste Arbeit besteht darin, daß die Rahen und Gaffeln an den Masten angebracht werden. Vom Bugspriet beginnend wird ein Hilfsfaden über die Masttoppen zum Heck des Schiffes gespannt. Vom Besantopp gabelt sich der Faden und wird in den Löchern, die für die Gaffelgeeren bestimmt sind, steif gesetzt (Abb. 12). Die Masten müssen jetzt genau ausgerichtet werden.

Die Stage: Das Fockstag muß durchgängig bis zur Großmarsstenge und im Fockmast frei sein. Großmast- und Besanstag werden an den Mastfüßen von Fock- und Großmast befestigt (Abb. 13). Dann werden die Stengestagen gesetzt.

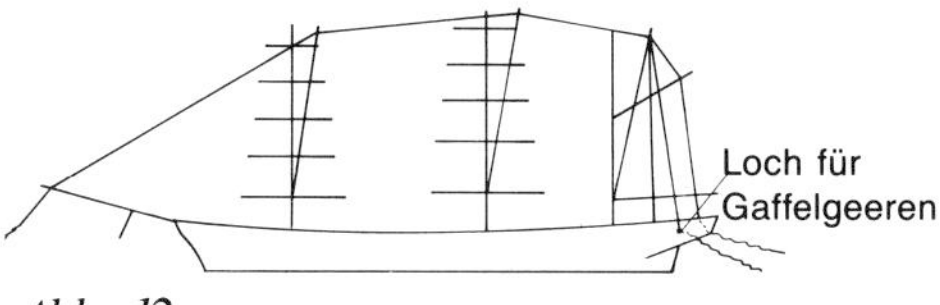


*Abb. 12*

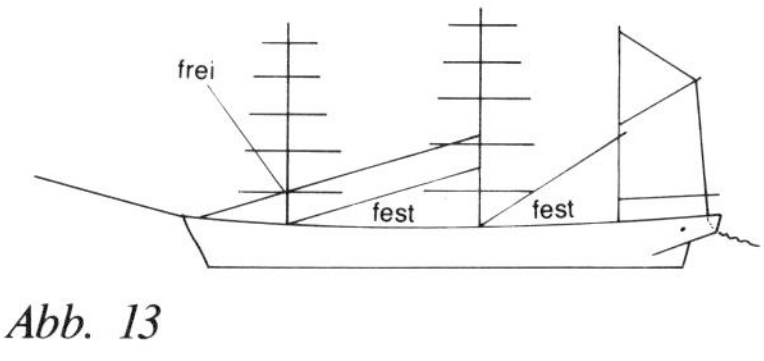


*Abb. 13*

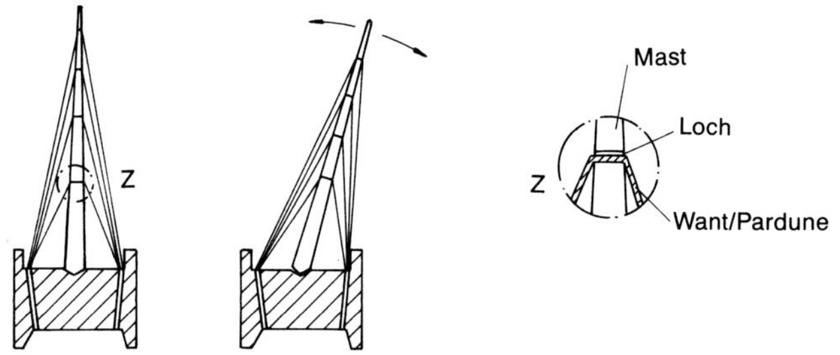


*Abb. 14*

Bei den Wanten und Pardunen beginnen wir beim Fockmast, und zwar unten, und arbeiten uns zum Masttopp empor. Ganz wichtig ist, daß anschließend die Masten seitlich beweglich sind (Abb. 14). Der Faden läuft also immer abwechselnd von back- nach steuerbord durch die Löcher im Mast.
Ist diese Arbeit erledigt, sind die Brassen und Toppnanten an der Reihe. Ich beginne mit einem Webleinenstek (Abb. 15), dann wird der Faden durch den Mast geführt, es folgt wieder ein Webleinenstek an der anderen Rahnock, es geht weiter zum Großmast und zurück zur ersten Rahnock. Steif gesetzt wird wiederum mit einem Webleinenstek. Toppnanten und Brassen müssen in den Masten durchgängig sein, um die Beweglichkeit der Rah zu gewährleisten. Die Knoten werden mit einem Tropfen Leim fixiert (Abb. 16). Ich befestige die Rahen und Gaffelbäume mit einem langen Faden. Rah für Rah wird an den Mast genäht, Gaffel und Besanbaum ebenfalls (Abb. 17).
Am Gaffelbaum kann ein Faden durch das Heck geführt werden, der nach dem Einbau in die Flasche steif gesetzt, verklebt und abgetrennt wird. Neu bei dieser Bauart sind die Gaffelgeeren! Sie greifen an der Gaffel an und laufen durch Löcher an den Heckbordwänden (Abb. 18). Zum Abschluß wird noch das Bugspriet getakelt. Sind alle Takelarbeiten ausgeführt, wird der Hilfsfaden entfernt. Nun folgt

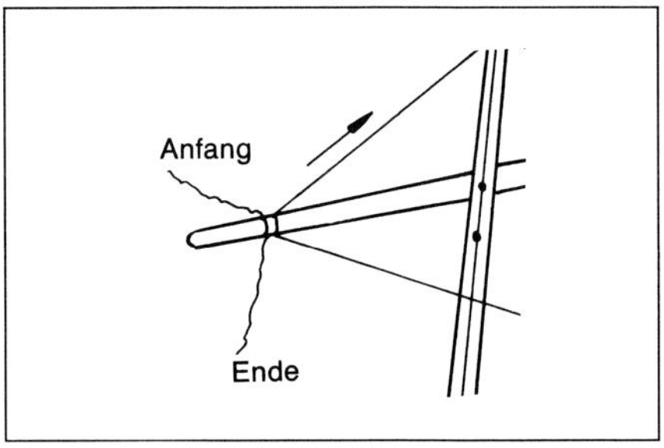


*Abb. 16*

ein Probezusammenklappen, und zwar in folgender Reihenfolge:
– Lockern der Gaffelgeeren
– Die Masten werden durch seitlichen Druck nach back- oder steuerbord gedrückt. Dadurch tritt eine leichte Entspannung der Wanten und Pardunen ein.
– Vom Besanmast beginnend werden die Mastfüße gleichmäßig in Richtung Heck geführt. Dazu drücken wir die Masten aus den Zentrierungen.
– Die Rahen werden parallel an die Masten gelegt (Abb. 19).
Sollte irgendeine Fadenverbindung ungünstig angebracht sein, so daß sich die Masten mit den Rahen nicht eng an den Schiffsrumpf legen lassen, sollte man keine Gewalt anwenden, sondern alles wieder aufrichten und entsprechende Änderungen vornehmen.
Wenn das erneute Zusammenklappen erfolgreich verläuft, wird das Schiff probeweise in den Flaschenhals laviert. Es muß

*Abb. 15*

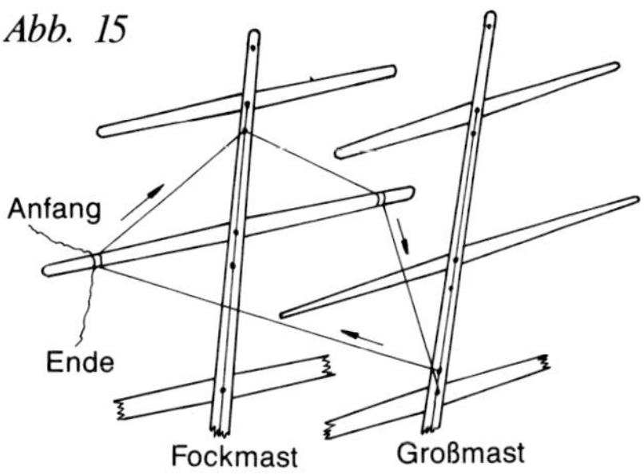


*Abb. 17*

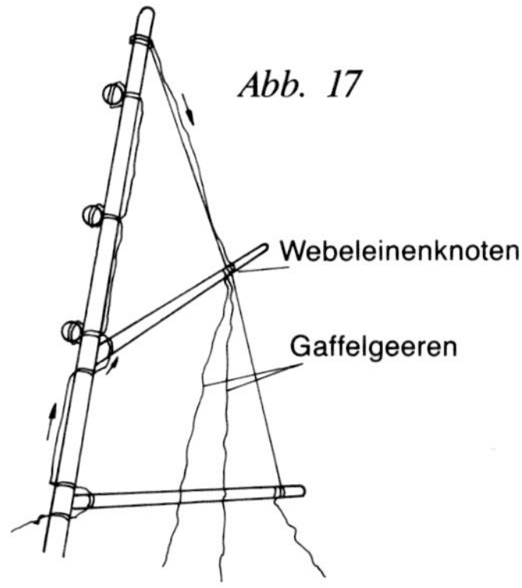


*Abb. 18*

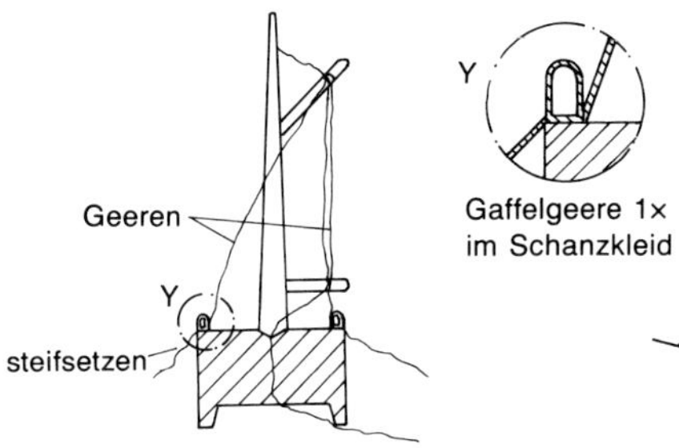


*Abb. 19*

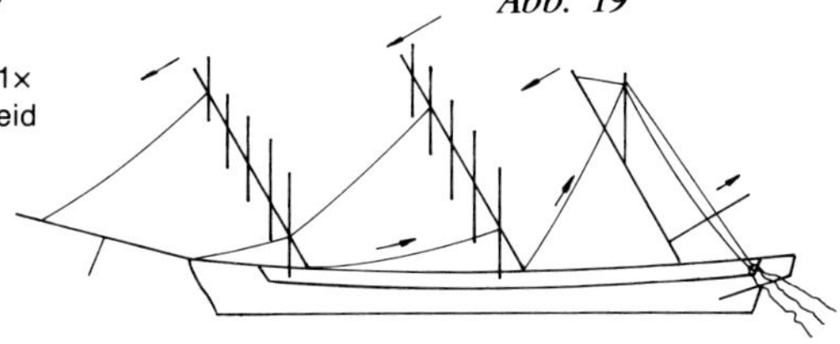

leicht, ohne zu pressen, einzuführen sein, denn es müssen ja noch die Segel angebracht werden.

Die letzte Arbeit vor dem Einbringen in die Flasche besteht darin, daß Segel und Flaggen hergestellt und angebracht werden. Die Segel fertige ich aus Zigarettenpapier. Dieses Papier hat den Vorteil, daß es nicht vergilbt, sehr dünn ist und sich gut verformen läßt. Die Segel werden mit dem Bleistift aufgezeichnet und mit den Bahnen und Reffbändseln versehen. Dann werden sie an ihren Platz geleimt. Die Flaggen lassen sich sehr gut mit Wasserfarben bemalen.

## *Vorbereitung der Flasche und Einbringen des Schiffes*

Als Meer verwende ich den herkömmlichen Fensterkitt. Um der Masse das überschüssige Fett zu entziehen, lege ich die entsprechende Menge durchgeknetet zwischen saugfähiges Papier. Der Kitt wird bei mir so trocken verarbeitet, daß er kurz vor dem Durchbrechen ist. Er muß gerade noch etwas Geschmeidigkeit haben. In kleinen Kugeln wird er mit Hilfe des Kittstabes in die Flasche gebracht und angedrückt. Ist die vorgesehene Menge eingefüllt, werden die Wellen modelliert. Dann beginne ich mit der Bemalung des Himmels, und zwar mit Ölfarbe. Die Farbe bringe ich mit einem angestanzten Filzröllchen, das an einem entsprechend geformten Draht befestigt ist, an die Flaschenwand (Abb. 20). Ein einfacher Pinsel, Marke Eigenbau, dient zur Feinverteilung der Farbe (Abb. 21). Wenn ich dazu noch eine entfernte Küste darstellen will, klebe ich einige Korkstückchen nebeneinander, beraspele alles und male es mit Wasserfarbe an.

Jetzt geht es an die Bemalung des Meeres (Abb. 22). Die Arbeitsgänge sind dieselben wie bei der Himmelsbemalung. Wenn

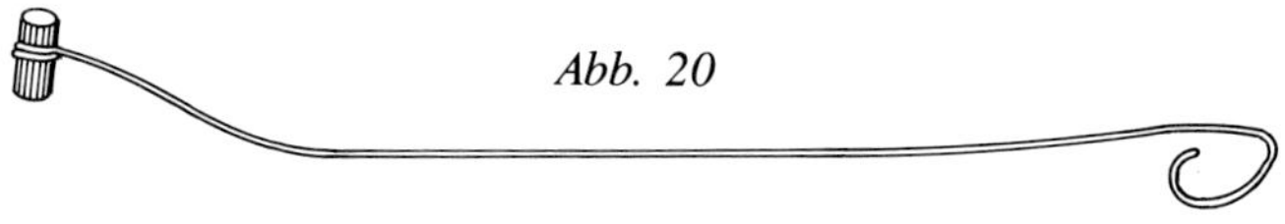

*Abb. 20*

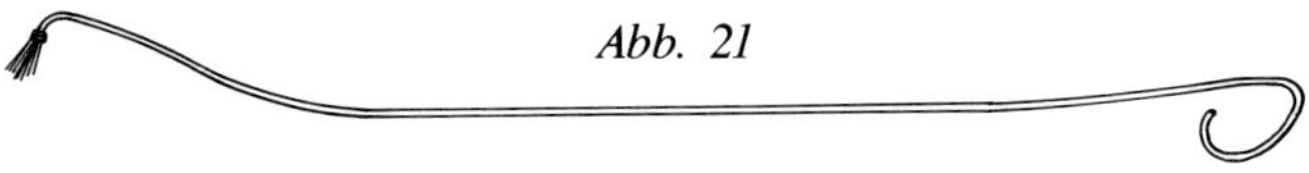

*Abb. 21*

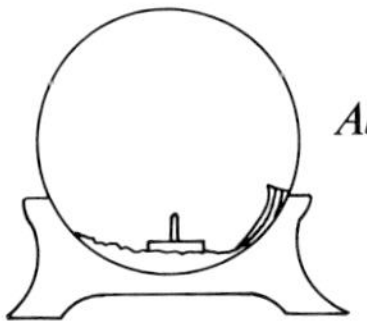

*Abb. 22*

*Abb. 23*

allerdings die Ölfarbe auf den Kitt gelangt, wird dieser sehr geschmeidig. Nach erfolgter Farbgebung der See und des Himmels können die Korkküste und das Unterwasserschiff eingebracht werden. Die Flasche wird jetzt in eine feste Lage gebracht und bleibt so zwei bis drei Tage liegen. In dieser Zeit verfestigen sich der Kitt und die Farbe, so daß beim Einbringen des Schiffes keine nasse Ölfarbe an das Schiff geraten kann.
Jetzt gilt's. Wir schauen uns das fertiggestellte Schiff noch einmal gründlich an. Alles in Ordnung?! Nun kann in bereits beschriebener Weise die Takelage gelockert werden, und vorsichtig wird alles zusammengeklappt. Die Deckshäuser wurden bereits entfernt, um mehr Raum für die Takelage zu schaffen. Mit dem Bug voran schieben wir unser Schiff durch den Flaschenhals und bugsieren es auf das Unterwasserschiff. Wenn es in den Löchern der Stifte einrastet, bringen wir etwas Leim zwischen Unter- und Überwasserschiff. Nun wird das Schiff fest auf das Fundament gedrückt.
Nach dem Trocknen des Leimes drehen wir die Flasche. Das Schiff hängt über Kopf, und es kommt Bewegung in die Takelage. Am besten läßt sich alles aufrichten, wenn die Takelung auf der Seite liegt. Mit dem Fockmast wird begonnen. Es ist unbedingt darauf zu achten, daß sich die Takelage nirgendwo verhakt. Für diesen Arbeitsgang sollten wir uns Zeit nehmen und Geduld mitbringen. So einfach wie bei der Zugtechnik ist es nicht.
Wenn die Masten in den Spurlöchern eingebracht sind (seitliche Schräglage), beginnen wir mit dem Aufrichten. Dabei spannt sich alles wieder. Die Ausrichtung der Rahen wird so vorgenommen, daß die Sky-Segel im Verhältnis zum Großsegel weniger angebraßt werden. Die Gaffelgeeren und die Besanbaum-Talje werden steif gesetzt, verleimt und nach dem Trocknen des Leimes abgetrennt (Abb. 23). Die Deckshäuser und andere Aufbauten, die entfernt worden sind, werden an ihre Positionen gebracht und dort verleimt. Bei der EMMA RÖMER steht der Fockmast auf dem Mannschaftslogis. Das bedeutet, daß das Deckshaus vor dem Aufrichten der Masten eingebracht werden muß.

*Gerhard Steinert*

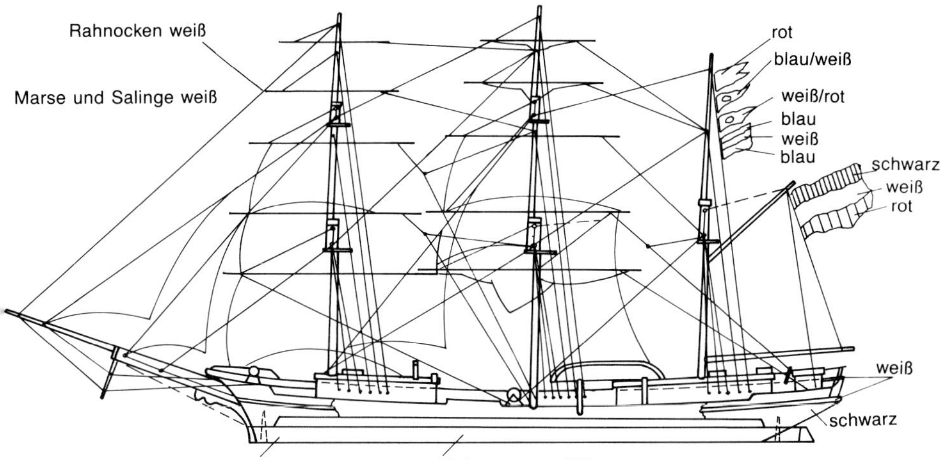

## Barkschiff EMMA RÖMER
## Rostock 1875–1880

1875 von Burchard in Rostock gebaut
Reeder: H. Bauer
Kapitän: Paul Albrandt
1889 im Hafen von Macassar
Kapitänsbild im Rostocker Schiffahrtsmuseum

| | |
|---|---|
| Deckshäuser: | ocker |
| Dächer: | schwarz |
| Oberlichter: | weiß |
| Decks: | natur |
| Masten und Stengen: | natur |
| Rumpf: | schwarz |

# Eine Ostsee-Brigg

Diesen Bericht widme ich Poul Hass, dem exzellenten Buddelschiffbauer aus dem Königreich Dänemark. Sicher hätte er gern an diesem Buch mitgearbeitet, aber leider verstarb er viel zu früh. Nach seiner Baumethode fertigte ich einige Schiffe und will nun am Beispiel einer Brigantine zeigen, wie Pouls Schiffe entstanden. Auf Seite 71 finden Sie nicht das Bild des gebauten Schiffes, sondern ein Werk des Meisters – eine Walfangszene in einer 1-l-Flasche. Möge diese Anleitung dazu beitragen, folgenden Buddelbauergenerationen die Bauweise von Poul Hass zu erhalten!

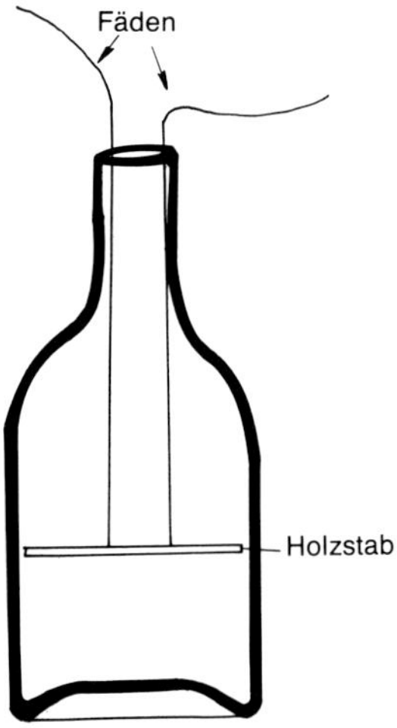


*Abb. 1*

## *Bauanleitung Rumpf*

Die geeignete Buddel – der Bauplan bezieht sich auf eine 0,7-l-Flasche – wird ausgewählt, gründlich von innen und außen gesäubert, mit Brennspiritus gespült und zum Trocknen gestellt. Anschließend werden der Flaschenhalsdurchmesser und der Durchmesser des Flascheninnenraumes ermittelt (Abb. 1). Die von mir verwendete Whiskyflasche hat einen inneren Flaschendurchmesser von 12,0 cm und einen Flaschenhalsdurchmesser von 3,0 cm.
Es wird ein Schaustand bzw. ein Flaschenständer hergestellt, der das Gesamtbild harmonisch abrundet (Abb. 2).

*Abb. 2*

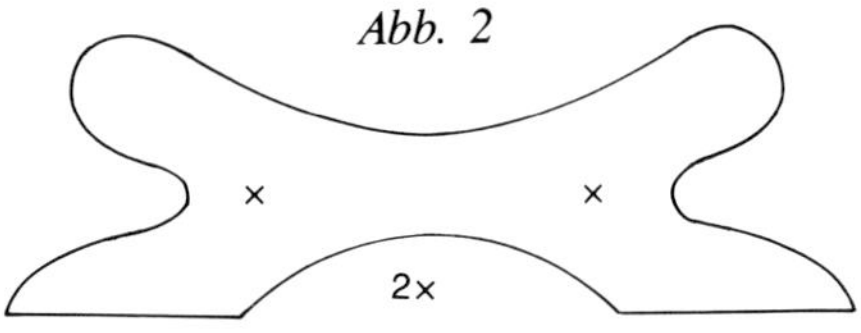


Der Bauplan des Schiffes wird erstellt oder, falls vorhanden, mittels Kopiergerät vergrößert bzw. verkleinert (Abb. 3).
Der Rumpf besteht bei mir aus Lindenholz (P. Hass verwendete Balsa). Die Schablone für den Umriß und den Seitenriß wird aus der Bauzeichnung entnommen und beschriftet (Abb. 4). Der Umriß wird auf das Holz gezeichnet und ausgesägt (Abb. 5). Der Seitenriß wird aufgezeichnet – Deckssprung nicht vergessen!

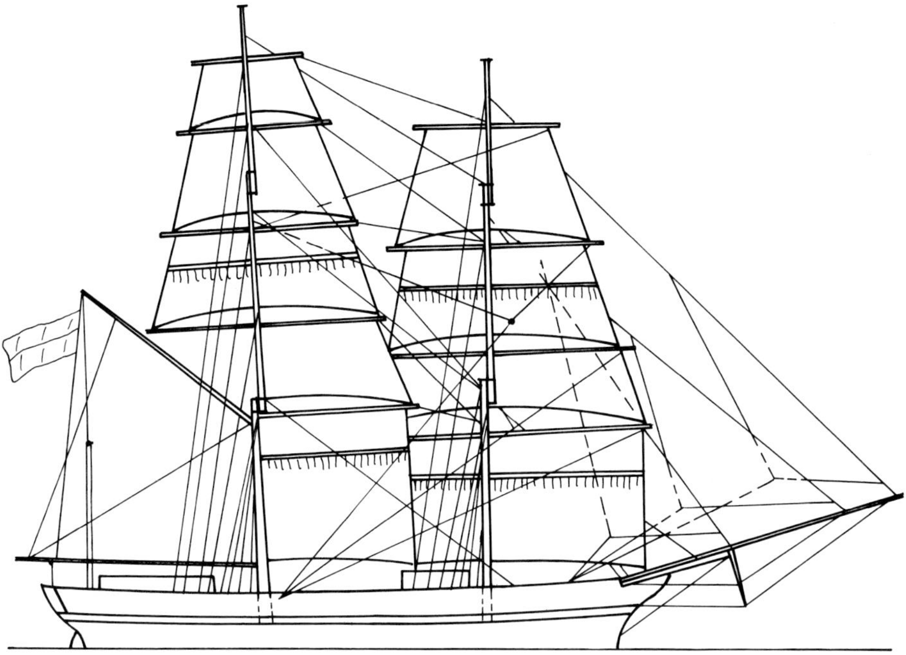

*Abb. 3*

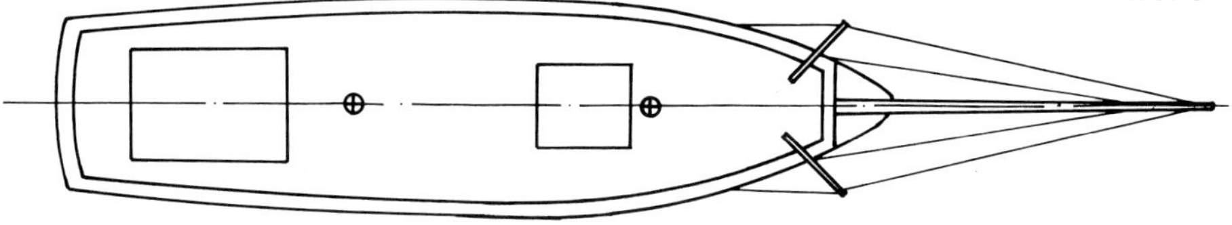

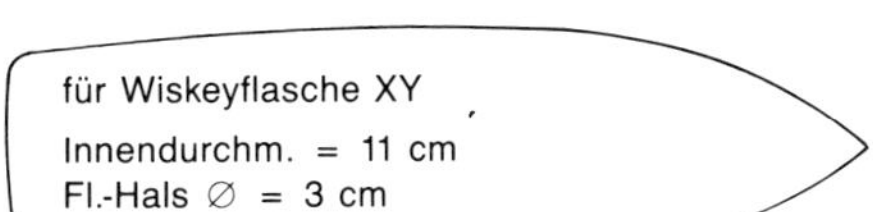


*Abb. 4*

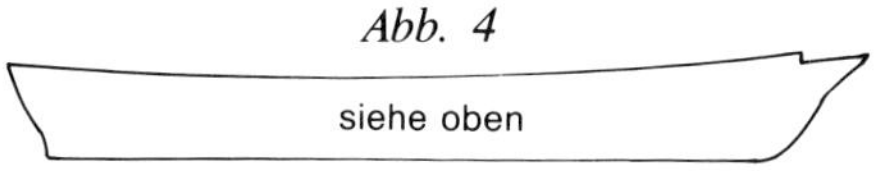


*Abb. 6*

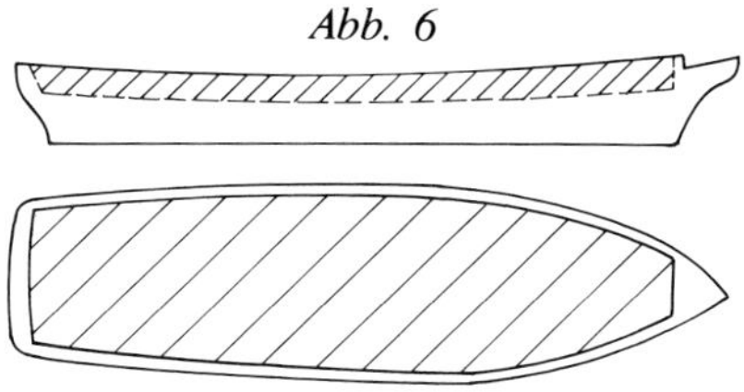

*Abb. 5*

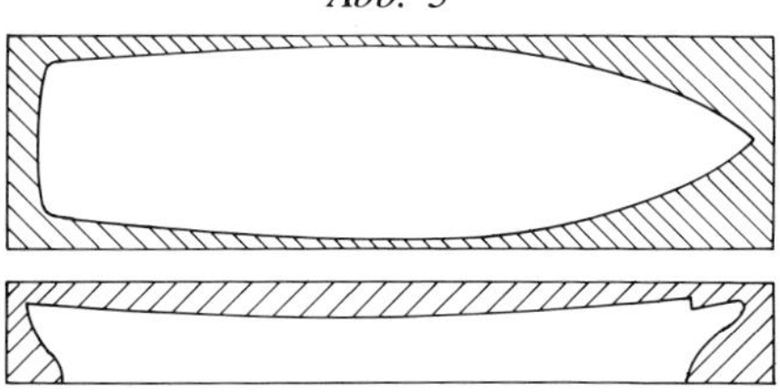

– und ausgesägt. Die Feinbearbeitung erfolgt mit dem Schnitzmesser und Sandpapier. Die Kuhl wird mit dem Stechbeitel gemäß Zeichnung ausgehoben. Schanzkleid und Reling sind so dünn wie möglich auszuarbeiten (Abb. 6).

Auf dünnes Furnier oder braunes Packpapier werden schmale Decksplanken gezeichnet, dem Deck angepaßt und aufgeklebt. Für den Kiel und das Ruder wird eine Kerbe ausgesägt, beides wird aus Pappe oder Furnier gefertigt und eingeleimt. Nun werden Bugspriet und Kranbalken hergestellt und ebenfalls mit dem Rumpf verleimt.
Anschließend wird der Rumpf von innen und außen mit Mattlacken bemalt. Während der Trockenzeit können wir alle Decksaufbauten herstellen (Deckshäuser, Winden, Luken, Reling, Gangspill, Lüfter, Anker, Pumpen, Beiboote mit Davits, Schiffsname, Seitenlichter usw.). Alles wird gebaut, bemalt, getrocknet und an seinen Platz geklebt.

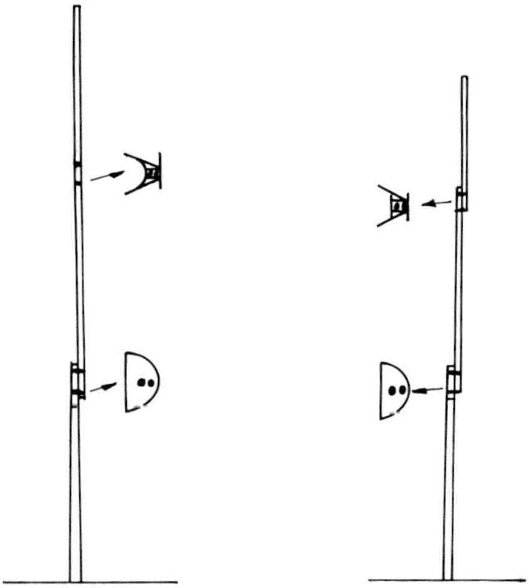

*Abb. 8*

## *Masten, Bugspriet, Gaffeln*

Als Material verwenden wir Bambus. Für den Bugspriet werden zwei Stücke in der in der Bauzeichnung angegebenen Länge abgetrennt, rund geschnitzt, geschliffen und zusammengeklebt (Abb. 7). Danach sind die Doppelungen anzubringen. Man nimmt dazu einen schmalen schwarzen Papierstreifen, oder es wird mit schwarzem Zwirn gewickelt und dann mit Klarlack bestrichen. Auch die Masten werden wie beim Original aus drei Teilen gefertigt. Die Arbeitsweise ist dieselbe wie beim Bugspriet.

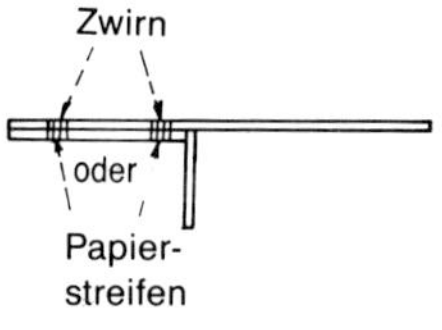


*Abb. 7*

Die Marssalinge werden aus dünnem Karton ausgeschnitten und am Mast verleimt (Abb. 8). Auch die Mastbacken werden aus demselben Karton gefertigt und angeleimt. Bei der Bramstenge wiederholt sich der Vorgang. Nach dem Anleimen klebt man noch dünnste Stäbchen auf – die Pardunenausleger (Abb. 8). Der Mast wird entweder natur belassen und nur mit Seidenmattlack gestrichen, oder er wird gemäß Farbplan gestaltet.
Die Wanten aus schwarzen Nylonborsten werden nach Bauplan an den Mast geleimt. Ich rate jedem, etwas zu üben, bevor es ernst wird. Die Webeleinen werden als dünnste Borsten oder Haare aufgeleimt und dann mit einem Fingernagelschneider vorsichtig abgekniffen (Abb. 9). Die Jungfern werden mit einem kleinen Tropfen eingefärbten Leims imitiert (Abb. 10).

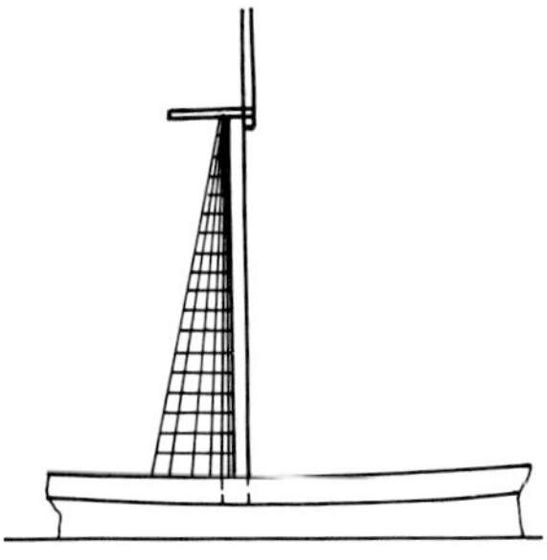

*Abb. 9*

*Abb. 10*

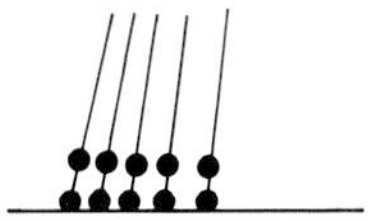

Die Segelgarnitur: Verwendet wird Zigarettenpapier oder auch dünnes Luftpostpapier. Die Maße werden aus dem Bauplan entnommen und mit etwas Überlänge auf das Papier gezeichnet. Dieses Mehr wird benötigt, um den Segelbauch darstellen zu können. Reffbändsel, Geitaue und Segelkleider werden mit einem Bleistift aufgezeichnet – aber bitte keine dicken Balken aufs Papier bringen (Abb. 11)! Mit einem glatten runden Werkzeug werden auf einem nachgiebigen Untergrund die Segelbäuche gerollt, und erst danach werden die Segel auseinandergeschnitten. Ist diese Arbeit verrichtet, dann werden unsere Segel im richtigen Anstellwinkel (fächerförmig) an die Masten geleimt (Abb. 12). Die Rahen sind durch stärkere Borsten dargestellt, die ich an den Oberkanten der einzelnen Segel festklebe.

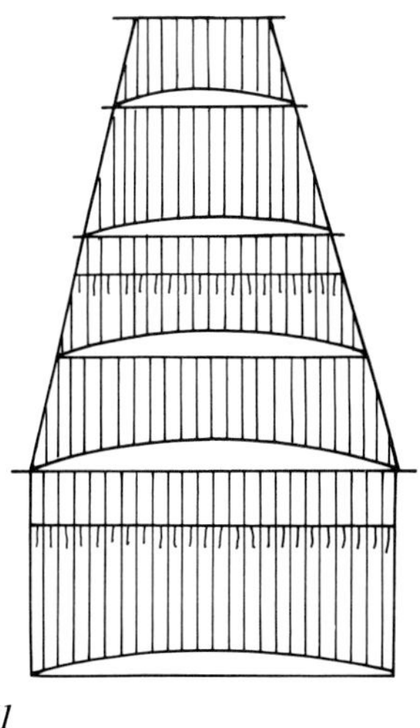

*Abb. 11*

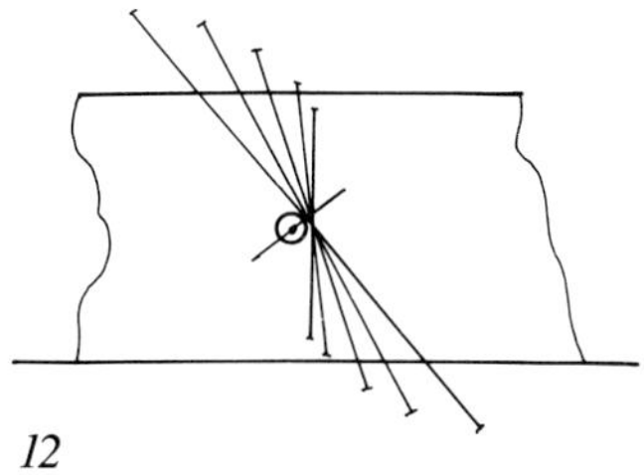

*Abb. 12*

Der so vorbereitete fertige Mast wird nun auf das Deck geleimt, aber nur mit sehr wenig Leim, damit er sich später wieder leicht entfernen läßt. Die Wanten werden auf die Schanz geklebt (Abb. 13), oder sie werden auf die Nagelbank gebracht bzw. geleimt. Diese besteht aus einem Stückchen Pappe, das in seiner ganzen Länge von innen an die Bordwand geklebt ist (Abb. 14). Darauf legt man ein gleich großes Stück braunes Papier und klebt es mit zwei winzigen Tropfen Leim auf die Nagelbank. Darauf werden nun die Wanten und Pardunen geleimt, oder die Wanten werden auf eine Rüste, also nach außenbords, geleimt. Mit einem Tropfen Leim an jedem Ende wird die Rüste aus dünner Pappe an die Außenseite des Rumpfes geleimt.

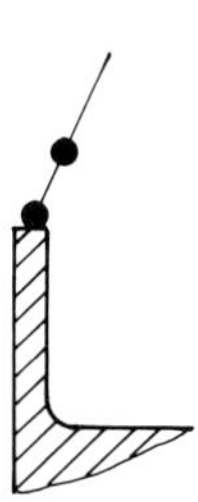

*Abb. 13*

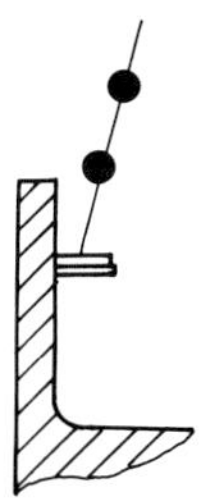

*Abb. 14*

Nun werden Gordings, Fußpferde, Toppnanten angefertigt und angebracht. Als nächstes folgt der Großmast. Alle Segel und Wanten werden angebracht. Dann wird der Mast auf das Schiff geleimt. Das Großstag und das Fockstag werden ange-

leimt. Sie führen vom Mars des Groß- bzw. des Fockmastes zum Fuß des Fockmastes, bzw. zum Punkt, wo der Bugspriet im Rumpf verleimt ist.
Als nächstes sind die Stagsegel anzubringen, und zwar in folgender Reihenfolge: Vorstenge-Stagsegel, Binnenklüver und Außenklüver, dann Groß-Bramstagsegel und Groß-Royalstagsegel. Die Stagsegel werden wie folgt hergestellt: Aus der Bauzeichnung werden alle Maße entnommen. Wie auch die Rahsegel erhalten die Stagsegel einen Segelbauch, und die Bahnen werden mit Bleistift gezeichnet. Am besten werden gleich alle Segel gefertigt. Man arbeitet sich vom Mast beginnend zur Bugsprietspitze vor (Abb. 15). Das Stag zieht man durch einen Tropfen Leim, drückt es gegen das Segel und läßt das Ganze trocknen. Als Unterlage eignet sich für diese Arbeit am besten eine Glasplatte (Abb. 16). Sind alle Stagsegel hergestellt, dann klebe man sie an ihren Platz – siehe Bauplan (Abb. 15).

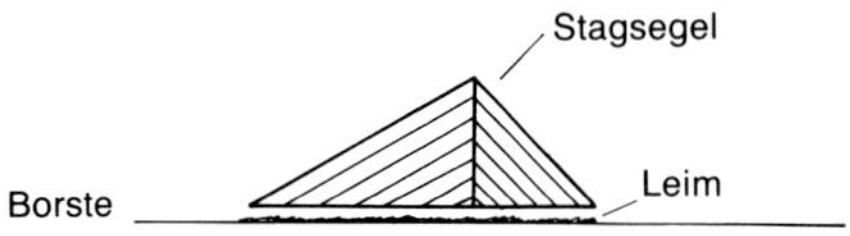

*Abb. 16*

Und nun noch das laufende Gut. Poul Hass verwendet hierfür Ziegenhaare. Ich habe aber keinem Vieh das Fell ausgerissen, sondern aufgedrehtes Garn (drei Litzen) mit Leimwasser durchtränkt, unter Zug trocknen lassen und dann verarbeitet. Die Blöcke in der Takelage werden mit einem feinen eingefärbten Tropfen Leim dargestellt.
Zum Schluß werden noch die Fahnen und eventuell auch Wimpel, Flaggensignal und Erkennungszeichen hergestellt und angebracht. Das Schiff ist nun fertig.

*Abb. 15*

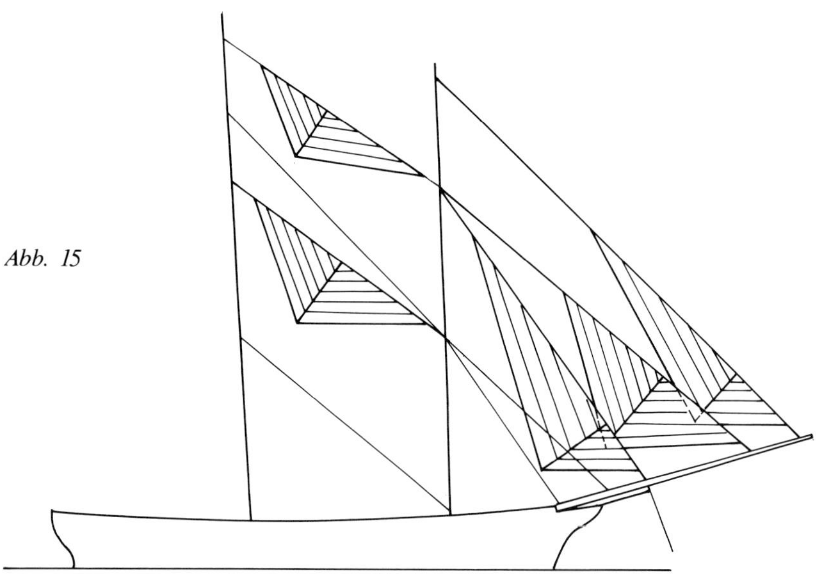

# *Vorbereitung der Flasche und Einbringen des Schiffes*

Als nächste Arbeit steht das Vorbereiten der Flasche auf dem Programm. Es wird ein langer schmaler Streifen Papier mit Angaben zum Modell beschriftet: Wo wurde es gebaut? Wann? Werft? Eigner? Tonnage? Erkennungszeichen? Kapitän? Gesunken? Verschollen? Abgewrackt? Modell gebaut von ... am ... usw. Man schreibt mit einem Bleistift, damit die Schrift nicht verwischt, wenn sie mit Leim in Berührung kommt. Der Flaschenboden wird mit etwas Leim bestrichen und der Zettel dort aufgebracht.

Als Wasser verwendete P. Hass blaue Knetmasse (Plastilin). Ich habe viele Meerwassermaterialien ausprobiert, bin aber wieder auf den guten, altbewährten Fensterkitt zurückgekommen. Das Wasser ist nun eingefüllt, die Wellen sind geformt und bemalt. Aber wie kommt das Schiff denn nun in die Flasche? Zitat Poul Hass: »Nun, Du schneidest es in Stücke!«, und so wird es gemacht.

Abb. 17 a und 17 b zeigen die Punkte, an denen geschnitten werden muß. Es wird

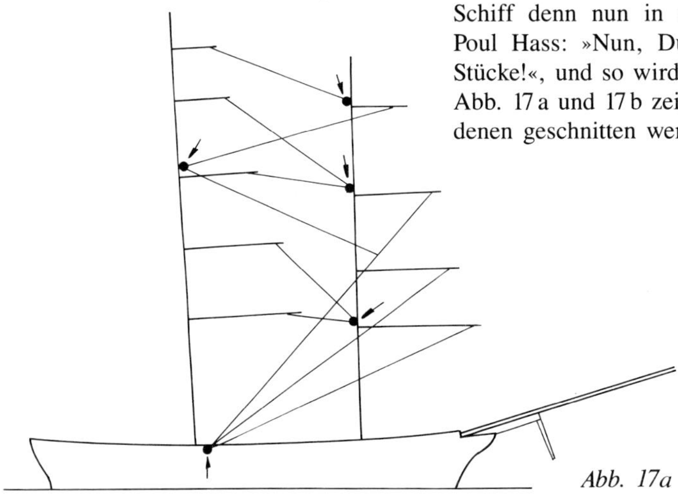

*Abb. 17a*

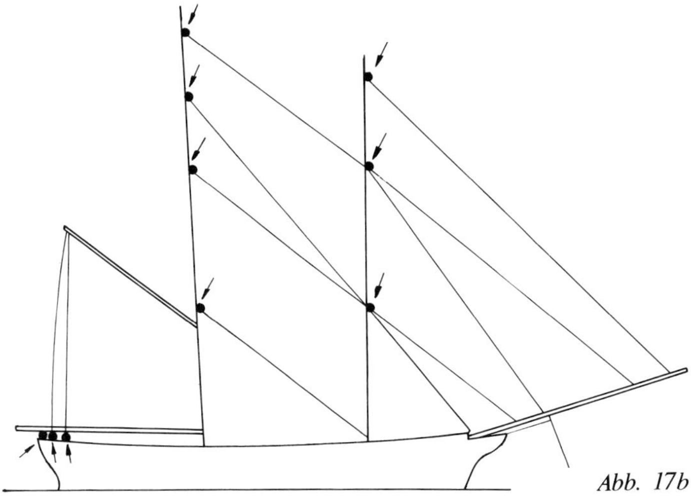

*Abb. 17b*

nur eine Seite gezeigt, damit keine Unklarheiten entstehen. Selbstverständlich muß die andere Seite ebenso bearbeitet werden. Dies geht am besten mit einer kleinen, spitzen und scharfen Schere. Beim Besan ist zu überprüfen, ob das Besansegel frei und auch die Schot vom Besangaffel getrennt ist. Noch einmal Originalton Poul Hass: »Und jetzt kommt der spaßige Teil!« Nun werden die Schnitte gesetzt, steuerbord und auch backbord (Abb. 18). Hierfür verwende ich ein Skalpell, dessen Klingen auswechselbar sind. Schauen Sie sich im Fachhandel danach um.

Jetzt sollte der Großmast mit allem Drum und Dran frei sein. Mit einer kleinen Zange, die am Mastfuß angesetzt wird, wird vorsichtig der ganze Mast vom Deck gedreht. Der Punkt, auf dem der Mast festgeleimt war, wird haargenau gekennzeichnet, die Leimreste werden entfernt. Die Masten müssen später genau an der alten Stelle stehen, oder aber beim Einbuddeln klappt überhaupt nichts. Bei der Variante mit dem Wanten innenbords bzw. außenbords wird das Skalpell vorsichtig zwischen Papier und Pappe geschoben, und vorsichtig wird der Tropfen Leim getrennt. Der Rest erfolgt wie gehabt. Ist dies alles ohne Schäden geschehen, ist der nächste Mast an der Reihe, und dann steht dem Stapellauf nichts mehr im Weg. Der Rumpf wird mit allen verbliebenen Stagen und ihren Segeln in die Buddel gebracht, ob nun mit dem Bugspriet oder mit dem Heck voran, bleibt Ihnen überlassen. In unserem Fall also mit dem Bugspriet voran! Wollen Sie das Schiff andersherum einbringen, dann müssen Sie bedenken, daß in anderer Reihenfolge geklebt werden muß.

Man gibt etwas Leim auf die vorbereitete Stelle im Kittmeer, drückt den Rumpf fest an und läßt alles gut trocknen.

Der Fockmast wird am Mastfuß gepackt. Dies geschieht am besten mit einer gebo-

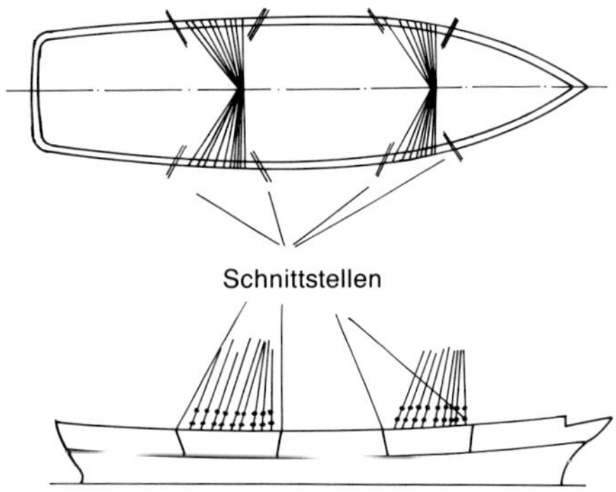


*Abb. 18*

genen Pinzette, wie sie die Zahnärzte verwenden. Und nun wird alles vorsichtig durch den Flaschenhals bugsiert. In der Buddel beginnt nun ein Buddelschiffzusammensetzspiel. Gute Hilfe leisten hier die verschiedensten feinen Drahthaken.

Die Takelage wird mit diesen Werkzeugen so weit aufgerichtet, wie es möglich ist, und die einzelnen abgeschnittenen Fäden bzw. Borsten werden so dicht wie möglich an die jeweilige Schnittstelle gebracht. Man streicht etwas Leim mit dem Drahthaken in die Schnittstelle und drückt nun das Steuerbordstück an seinen Platz.

Wenn alles gut getrocknet ist, verfährt man auf gleiche Weise mit der Steuerbordseite.

Dann sind die Stage an der Reihe. Vom Bugspriet beginnend arbeiten wir uns in Richtung Flaschenhals vor. Alles wird gut, aber nicht dick verklebt, und muß anschließend ganz und gar austrocknen. Sind auch die Brassen und die Besansegel verklebt, sollte unser Schiff fertig sein. Wenn alle Arbeiten sorgfältig ausgeführt sind, erübrigt sich ein erneutes Verkleben des Mastfußes, ein kleiner Tropfen Leim ist aber doch empfehlenswert. Haben Sie die Variante mit der Rüste gewählt, dann müssen Sie haargenau dort verleimen, wo Sie das Skalpell angesetzt hatten.

Soweit also die Baumethode von P. Hass.

*Gerhard G. Herrling*

# Ein Schiff aus dem alten Japan – Sengoku-Bune

## *Der Rumpf*

**Rumpffertigung**
Material:
- 2 Stücke Balsaholz von 115 × 15 × 25 mm Größe
- Sperrholz, 1 mm stark
- 1 dünne Platte Ahornholz, 0,6 mm stark
- dünne Platten Zypressenholz, 0,6 mm und 1 mm stark
- viereckige Stäbe aus Zypressenholz: 1 mm, 1,5 mm, 2mm und 3 mm stark
- Hanfseil (für das Strohdach)

Aus Balsaholz werden zwei identische Teile gefertigt, in der Mitte wird eine Montagelinie angezeichnet (Abb. 1). *Die Zeichnungen 2 bis 11 werden kopiert und daraus Schablonen gefertigt*. Die Bezeichnung von Schablonen und Abbildungen sind ab hier identisch [2 bis 11]). Schablone 2 wird zweimal auf 1 mm dickes Sperrholz übertragen und ausgeschnitten. Dann wird links und rechts die Montagelinie angezeichnet (Abb. 2). Auf beiden Seiten des vorbereiteten Balsaholzes werden die zwei vorgefertigten Furnierhölzer mittig mit doppelseitiger Kle-

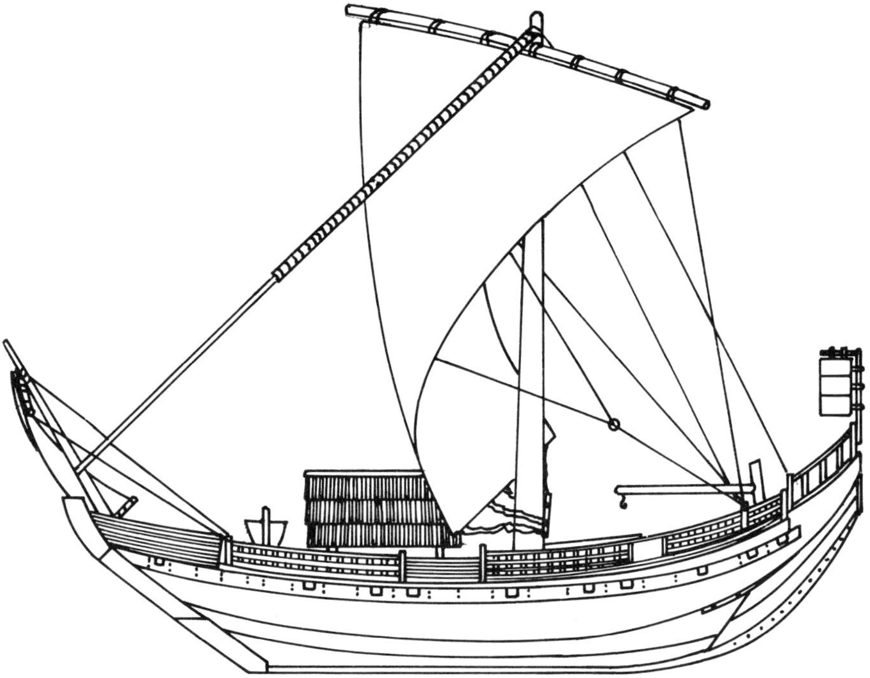

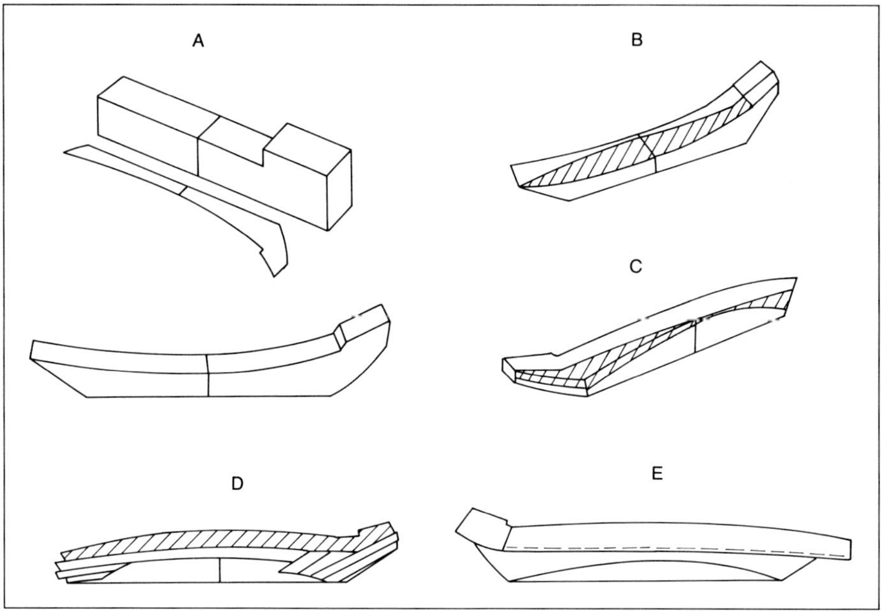


*Abb. 1*

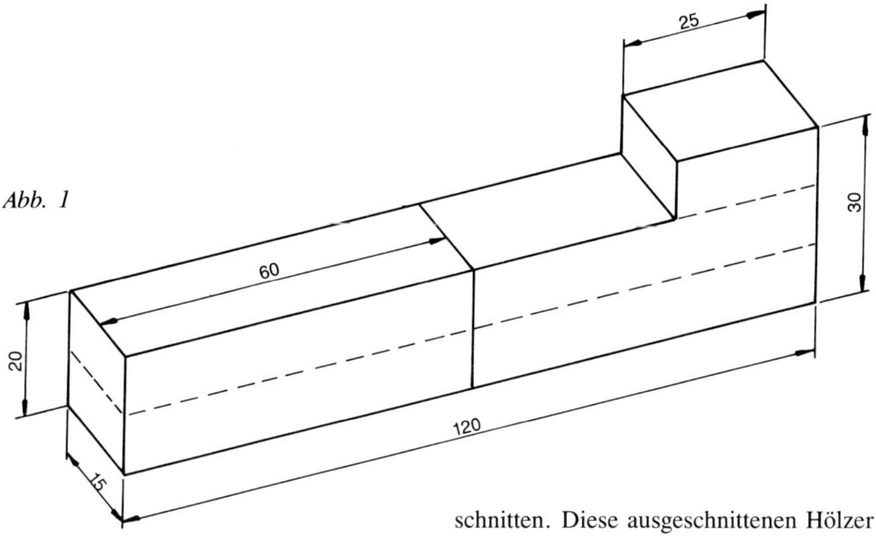


befolie befestigt. Sie sind formgenau auszuschneiden und mit Sandpapier glatt zu schmirgeln. Es sind beide Stücke Balsaholz so zu behandeln (Skizze A). Schablone 3 wird ebenfalls zweimal auf 1 mm dickes Sperrholz übertragen und ausgeschnitten. Diese ausgeschnittenen Hölzer werden dem Decksverlauf entsprechend gebogen und auf die Oberseite geklebt. Es ist unbedingt auf die Montagelinie zu achten (Abb. 3 und Skizze B). Schablone 4 wird auf den Boden des Rumpfes (Montagelinie) gezeichnet (Abb. 4). Nun wird von der Oberkante zum Boden hin der

*Abb. 2*

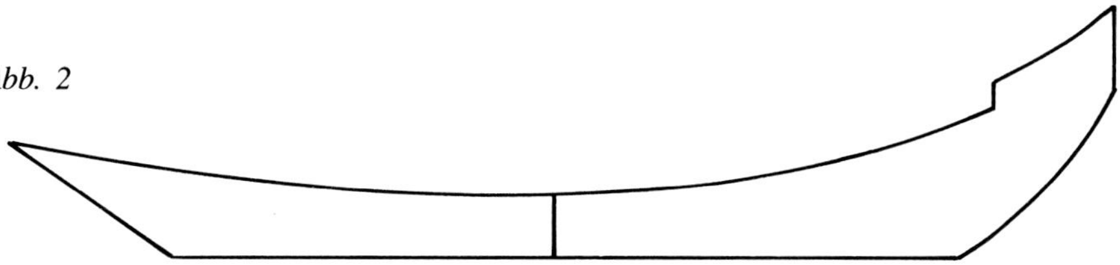

*Abb. 3*

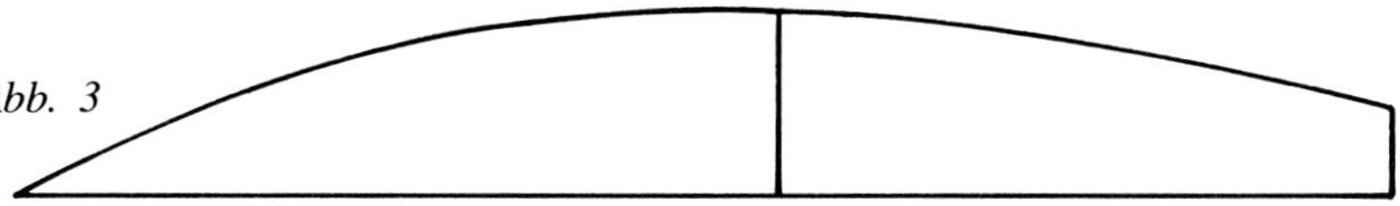

*Abb. 4*

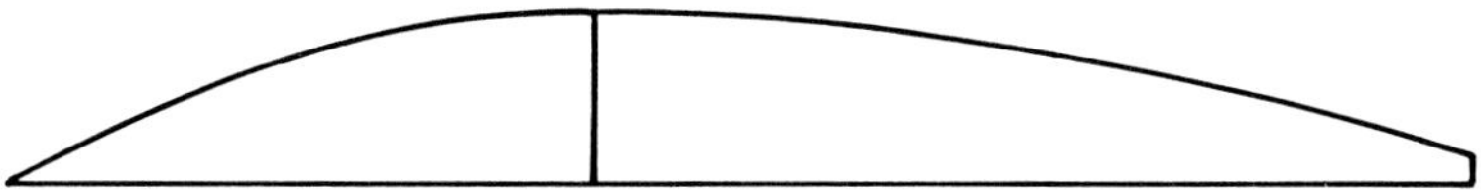

*Abb. 5*

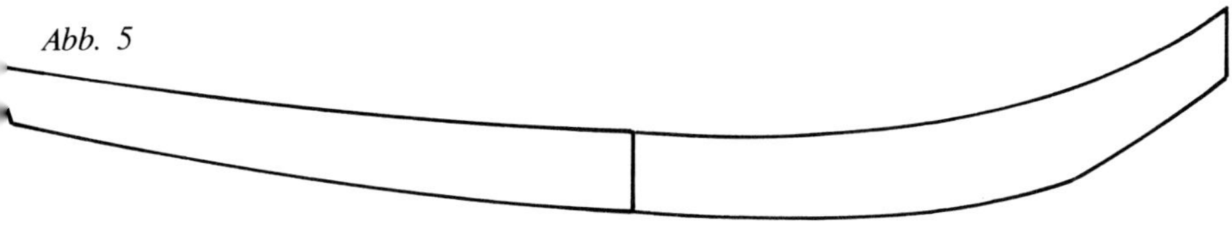

*Abb. 6*

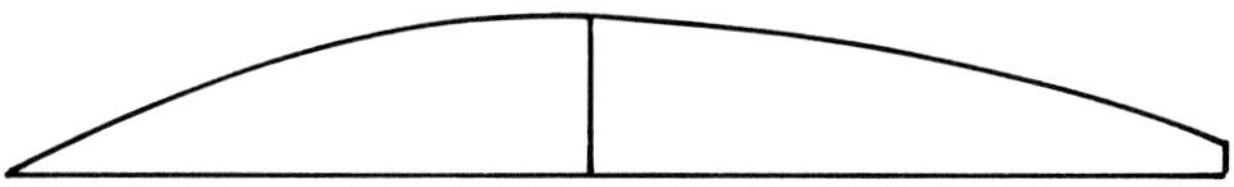

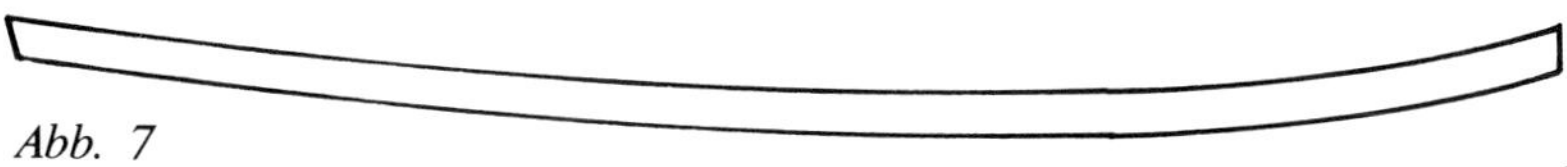

*Abb. 7*

*Abb. 8*

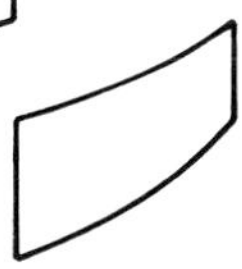

*Abb. 9*

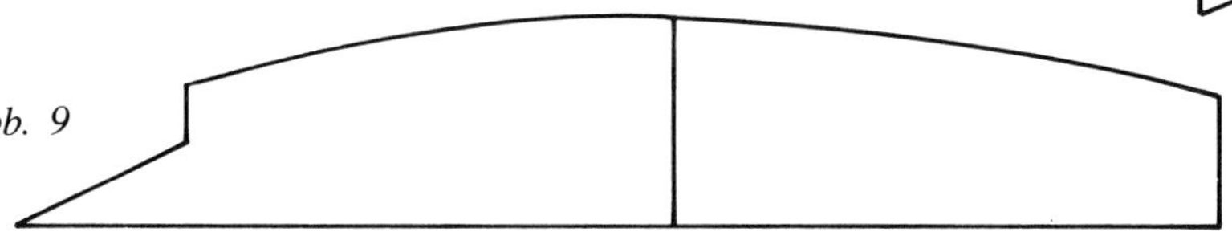

*Abb. 10*

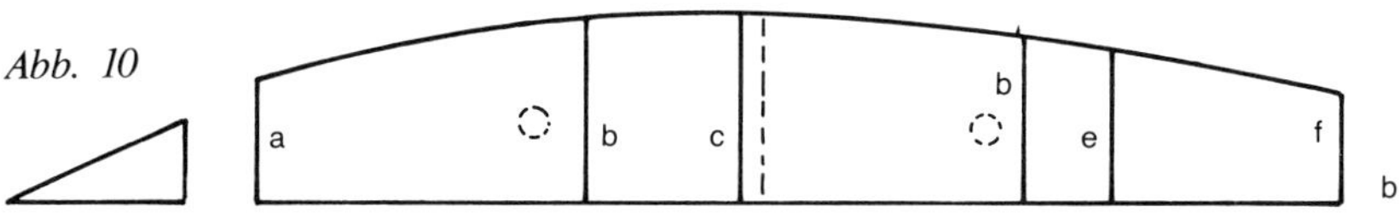


*Abb. 11*

Schiffsrumpf ausgeschnitten und anschließend geschmirgelt. Schablone 5 wird auf die Außenseiten des Rumpfes gezeichnet (Abb. 5 und Skizze C). Schablone 6 wird auf 1 mm dickes Sperrholz zweimal übertragen, ausgeschnitten und dann an jeder Rumpfhälfte auf den Schiffsboden geklebt (Abb. 6). Der gezeichneten Linie und dem Bodenfurnier folgend wird die Schiffsform ausgeschnitten und geschmirgelt.

**Breitseite**

Aus einer 0,6-mm-Ahornplatte werden 2,5 mm breite Streifen geschnitten, an die unteren Seiten des Rumpfes geklebt und glatt geschmirgelt (Skizze D).

Auf 0,6 mm dickes Zypressenholz – auch anderes Material ist möglich – wird Schablone 5 übertragen, aus- und direkt am Heckteil abgeschnitten. An den unteren Rand dieser Platte wird eine schwarze punktierte Linie gemalt (Abb. 5 und Skizze E). Schablone 7 wird auf das 0,6 mm starke Zypressenholz übertragen und ausgeschnitten. Es werden drei schwarze Punkte senkrecht und weiter im Abstand von 5 mm auf das Holz gemalt. Das Holz wird an die Oberkante der Breitseite des eben gefertigten Teils (E) geklebt (Abb. 7). Schablone 8 wird auf 1 mm starkes Zypressenholz übertragen und ausgeschnitten. Beide Stücke werden auf den Rumpf geklebt, je einmal auf die rechte und die linke Rumpfhälfte.

**Wellenschutz, heckwärts**

Schablone 9 wird auf 1 mm dickes Sperrholz übertragen, ausgeschnitten, etwas gebogen und dann auf das Deck geklebt (Abb. 9).

Von Schablone 10 a werden zwei, von 10 b vier Stücke auf 1 mm dickes Furnierholz übertragen und ausgeschnitten. Auf zwei Stücke von 10 b, jeweils eins rechts und links, werden entsprechend der Zeichnung die angegebenen Linien und die Markierungen a, b, c, d, e, f aufgezeichnet (Abb. 10 a und 10 b).

Die Teile 10 a werden auf die Bugspitze (Spitze von Teil 9) geklebt. Die Teile 10 b werden entsprechend dem Decksverlauf gebogen. Dann werden jeweils zwei davon zusammengeklebt. Mit doppelseitigem Klebeband wird je ein Teil auf der rechten und linken Rumpfhälfte festgesetzt. Durch die punktierten Kreise wird jeweils ein 10 mm tiefes Loch von 2 mm Durchmesser gebohrt. Die Teile 10 b werden wieder vom Rumpf abgehoben, die Klebebänder werden entfernt. In die Löcher in den Rumpfhälften wird jeweils ein 2 mm starkes und 10 mm langes Bambusstück gesteckt und verleimt.

Über Teil 9 wird nun ein Schutzband geklebt, um ein Ankleben der jetzt zu erstellenden Reling zu verhindern. Die Teile 10 b werden auf die Rumpfhälften gesteckt, an den Seiten entlang wird die Reling aufgebaut. Zunächst wird die 0,6 mm dicke und 5 mm breite Ahornholzplatte auf eine Stärke von 0,4 mm abgeschmirgelt und dann in 0,6 mm breite Stifte geschnitten – so entstehen die senkrechten Bestandteile der Reling. Die Stifte werden entlang der Seiten der Teile 10 b aufgeklebt. Dabei ist darauf zu achten, daß die Stifte gut auf dem Sperrholz entlang der markierten Linien a-b und c-f in gleichmäßigem Abstand festgeklebt werden. Über diese senkrechten Teile wird direkt über dem Deck eine 3 mm breite Ahornleiste geklebt. Dann werden die waagerechten Streben geschnitten und in gleichmäßigem Abstand auf die senkrechten Stifte geklebt (Abb. 12).

Die senkrechten und waagerechten Streben werden gleichmäßig abgeschnitten, und auf das Geländer wird eine 0,8 mm dicke und 1,5 mm breite Leiste aus Zypressenholz geklebt, die den Handlauf darstellen soll. Anschließend werden an beide Enden 1,5 mm starke rechtwinklige Zypressenholz-Stifte geklebt (Abb. 12).

*Abb. 12*

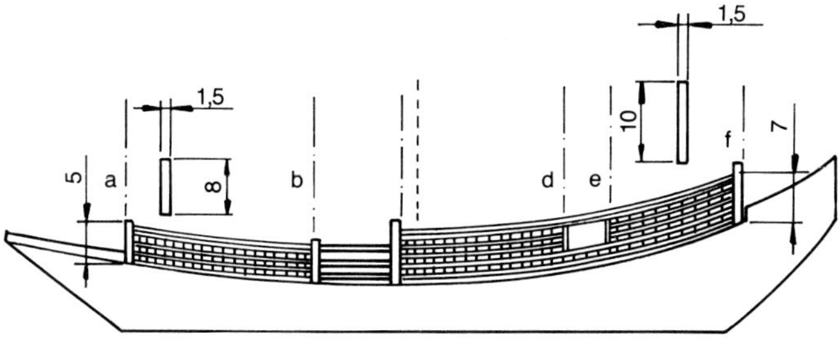


*Abb. 13*

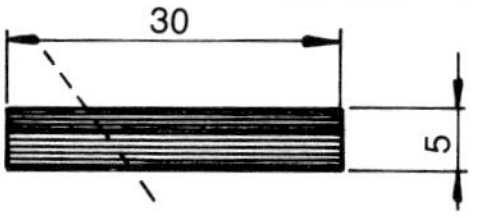


*Abb. 14*

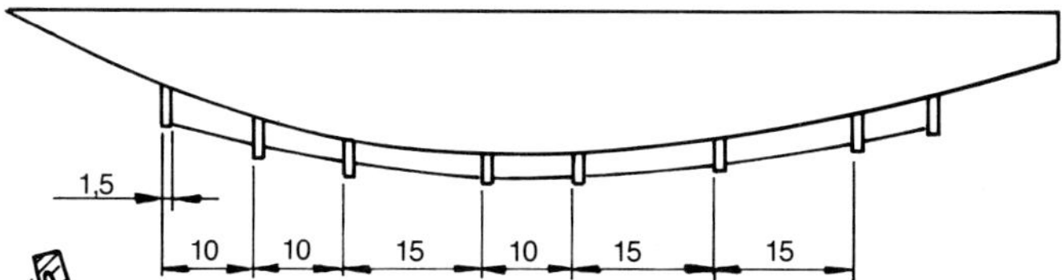


*Abb. 15*

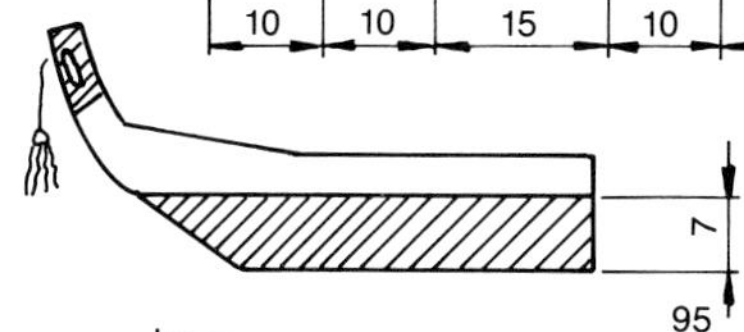


*Abb. 16*

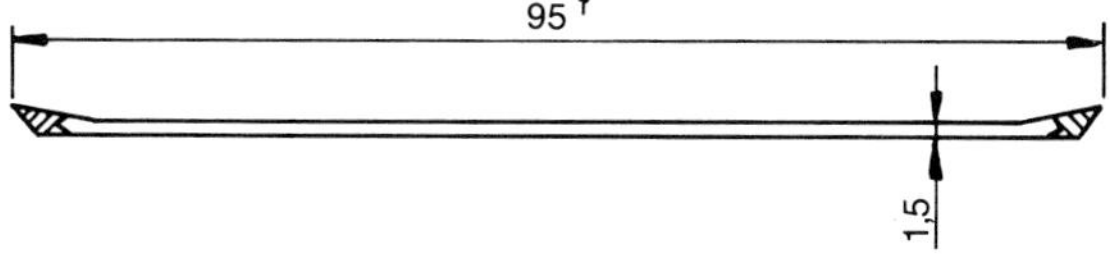


Zwischen Linie d und e wird in die Reling eine Öffnung geschnitten. Ein 5 mm hoher Sperrholzstreifen wird in die Position zwischen b und c eingeklebt. Von außen werden etwa drei Stifte waagerecht in gleichmäßigem Abstand an diese Platte geklebt (Abb. 12).

Aus Zypressenholz schneidet man für das Takeln des Vorsegels zwei Stücke nach den Maßen von Abb. 12, bohrt in das obere Ende ein 0,3-mm-Loch und klebt es von außen an die Bordwand.

Für die Takelung des Hauptsegels verfährt man genauso (Maße siehe Abb. 12; Heckbereich). Zusätzlich wird ein weiteres Stück Zypressenholz von 1,5 × 1,5 × 5 mm Größe mit einer 0,8-mm-Bohrung zwischen dieses Takelholz und die Endstrebe der Reling von innen an die Reling geklebt, jeweils rechts und links. Dieses Holz dient der Aufnahme der Taue, die den Mast stützen.

Aus 1-mm-Sperrholz werden zwei 5 × 30 mm große Stücke geschnitten. Auf die rechte und linke Außenseite werden je fünf Stifte von 0,4 mm Breite und Höhe in gleichem Abstand geklebt, und anschließend wird eine 0,8 mm dicke und 1,5 mm breite Zypressenholzleiste – der Handlauf – darauf geleimt. Das Ganze wird an den dreieckigen Bereich am Bug direkt an das Furnierholz geklebt (Abb. 13).

Die an der Breitseite am Bug angespitzten Außenplatten und alle bereits vorgefertigten Platten werden auf ausgebreitetem Schmirgelpapier so glatt geschliffen, daß nachher die linke und rechte Rumpfhälfte präzise an der Mitte passend zusammengeklebt werden können.

**Zusammenfügen des Rumpfes**
Schablone 11 a und b werden auf 1 mm starkes Furnierholz je zweimal übertragen, ausgeschnitten, übereinandergeklebt und glatt geschliffen (Abb. 11a + b). Die schraffierten Flächen (Kiel) werden schwarz bemalt (Abb. 15). Die Teile 11 a und b werden an die linke Innenseite des Rumpfes geklebt. A stellt den Kiel dar und soll ca. 5 mm aus den Rumpfhälften hervorstehen; b wird ca. 2 bis 3 cm hinter der Montagelinie angeklebt.
Von Abb. 17 wird eine Schablone erstellt. Aus einer 1 mm starken Sperrholzplatte und einer 2 mm Zypressenholzplatte wird je ein Stück ausgesägt, die beiden Stücke werden übereinandergeklebt. In den dargestellten Positionen werden Löcher von 2 mm Durchmesser gebohrt (Abb. 17).
Von einem Bambusstäbchen von 2 mm Stärke werden vier 10 mm lange Stücke abgeschnitten und an einer Seite angespitzt. Ein 20 mm breites, 80 mm langes und 20 mm hohes Stück Holz wird bereitgelegt. Beide Rumpfhälften werden genau an der Mitte zusammengefügt, umgedreht, festgehalten und mit der Decksseite auf das Holzstück gelegt. Dann wird die Befestigungsplatte auf den Schiffsboden gelegt, und die Löcher werden in so vorgegebener Weise 5 mm tief in den Rumpf gebohrt. Noch einmal ist jedes Loch zu kontrollieren. Anschließend werden die vorgefertigten Bambusstäbchen hineingeschoben.
Der Rumpf wird von der Befestigungsplatte gelöst, die Bambusstäbchen werden in den Löchern der Befestigungsplatte verleimt. Nun sind die Decksteile mit Zaum vom Rumpf abzunehmen, das Schutzband ist zu entfernen.

## *Feinarbeiten am Rumpf*

Der Rumpf wird umgedreht, dann werden 1,5 mm breite und 1 mm dicke Zypressenholzstifte an das Furnierholz geleimt. Sie sollten 1,5 mm überstehen. Die Abstände zueinander sind der Zeichnung zu entnehmen. Die Schnittflächen werden schwarz bemalt (Abb. 14). Aus der Form von Schablone 16 werden zwei Stücke angefertigt und auf die Stäbe und direkt an das Deck geleimt. Die Spitzen werden schwarz bemalt (Abb. 16).

## *Diverse Teile auf dem Heck*

**Das linke und rechte Deck am Heck**
Von Schablone 18 werden zwei Stücke aus 1 mm Sperrholz ausgeschnitten, und darauf werden 0,6 mm dicke und 2,5 mm breite Ahornstreifen geklebt (Abb. 18). Zwei Stäbe (a: 1,5 × 1,5 × 28 mm; b: 1 × 1,5 × 3 mm werden auf die oben beschriebenen Teile geklebt (Abb. 19).
Teil c mit einer Abmessung von 1 × 2 × 4 mm wird an die Stirnseite geklebt (Abb. 18). Die fertigen Decksplatten wer-

*Abb. 17*

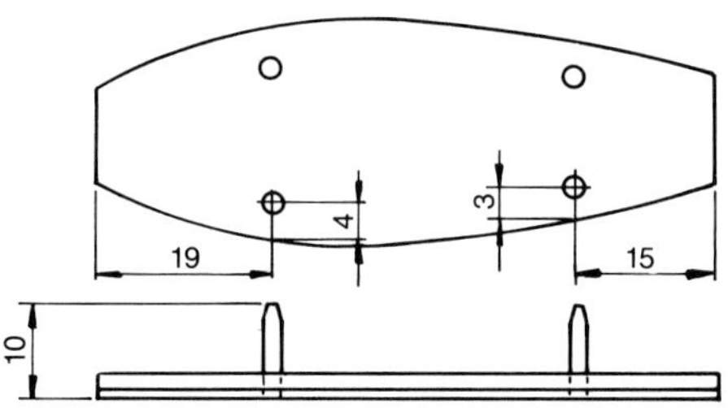


*Abb. 18*

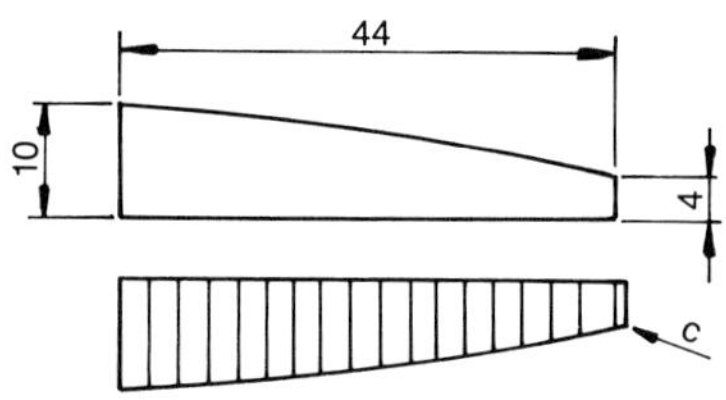

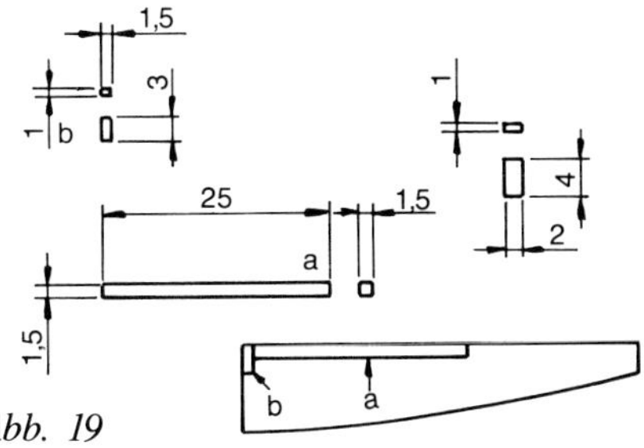


*Abb. 19*

den auf das untere Deck geklebt. Sie schließen mit der Reling am Heckende ab.

**Mastkasten**

Die mit ihren Maßen dargestellten Teile werden zum Mastkasten zusammengeklebt. Die Darstellung ist nicht maßstabsgerecht, sondern perspektivisch (Abb. 20).

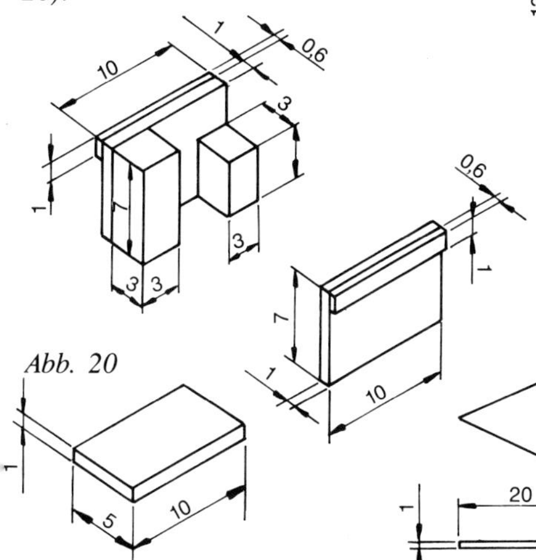

*Abb. 20*

**Das mittlere Deck am Heck**

Schablone 21 a wird auf 1 mm Sperrholz übertragen, ausgeschnitten (Abb. 21 a), mit Ahornstreifen (0,6 mm stark und 2,5 mm breit) beklebt (Abb. 21 b). Auf beide Seiten wird jeweils ein 0,6 mm starkes und 45 mm langes Stück Ahorn geleimt, und zwar so, daß sie an den Kanten jeweils 1 mm überstehen (Abb. 21 c). Der vordere und hintere Einschnitt werden mit 1-mm-Stiften umrahmt, die festgeklebt werden (Abb. 21 c).

In den vorderen, breiten Einschnitt wird der Mastkasten eingeschoben. Das fertige Teil wird auf den Rumf gelegt, Paßgenauigkeit und Stabilität des Mastkastens werden überprüft. Nun wird nur der Mastkasten, leicht nach hinten geneigt, verleimt.

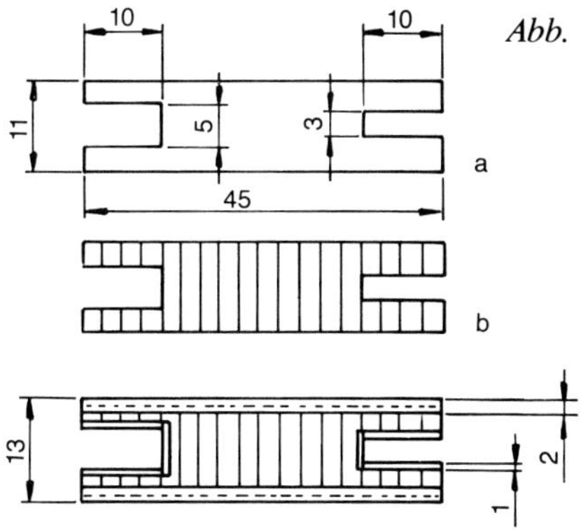


*Abb. 21*

**Das Deck am Bug**

Schablone 22 a wird auf 1 mm starkes Sperrholz übertragen, ausgeschnitten und dem Dreieck (Bug) genau angepaßt (Abb. 22 a). Am hinteren Ende werden zwei

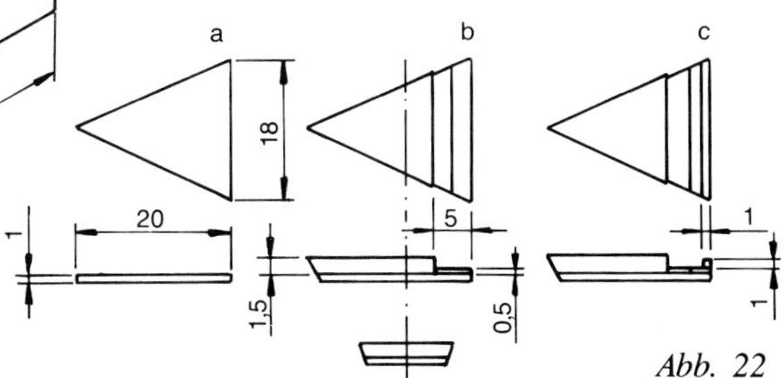


*Abb. 22*

0,6 mm starke und 2,5 mm breite Ahornleisten aufgeklebt. Auf den verbleibenden Rest wird eine 1,5 mm starke Zypressenholzplatte geleimt (Abb. 22 b). Auf die hintere Kante wird noch ein 1 × 1 mm starker Stift geleimt. Dann ist alles provisorisch einzupassen, eventuelle Ungenauigkeiten zu beseitigen (Abb. 22 c).

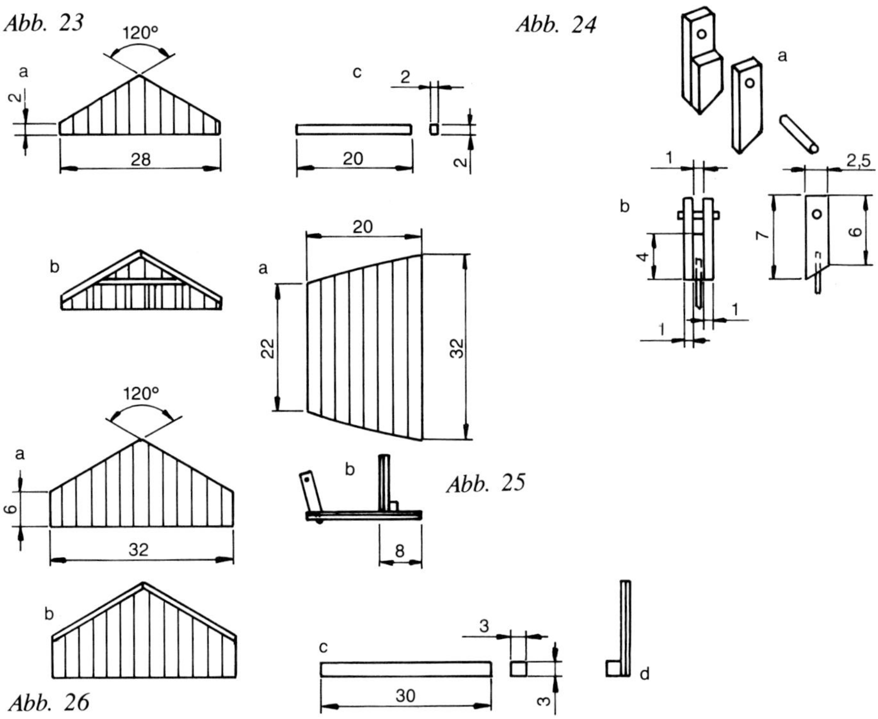


*Abb. 23*

*Abb. 24*

*Abb. 25*

*Abb. 26*

**Das vordere Deck und weitere Bauteile**
Abb. 23 zeigt die vordere Wand des Deckshäuschens. Maß und Form werden auf 1 mm starkes Sperrholz übertragen, ausgeschnitten und mit 0,6 mm starkem und 2,5 mm breitem Ahornfurnier verkleidet (Abb. 23 a). Aus 0,6 mm × 1 mm Ahornstreifen werden die Pfeiler hergestellt und entsprechend der Zeichnung aufgeleimt (Abb. 23 b). Teil c dient als Stütze und wird an den Boden der Rückseite geklebt (Abb. 23 c).
Zeichnung 24 a zeigt, stark vergrößert, die Herstellung einer Maststütze. Die Maßangaben sind der Zeichnung zu entnehmen. Nach Fertigstellung wird in den Boden des mittleren Teils ein Stückchen Klaviersaite gesteckt (Abb. 24 b).

Teil 25 a ist ein weiteres Decksteil. Es wird aus 1 mm starkem Furnier ausgeschnitten und genau eingepaßt. Danach wird auf die Oberseite eine Ahornplatte geleimt (Abb. 25 a). Die Maststütze und die vordere Wand werden auf dieses Deck geklebt (Abb. 25 b).
Aus 1 mm Sperrholz wird ein Stück herausgeschnitten und mit einer gleich großen Ahornplatte beklebt (Abb. 26 a). An die oberen, schrägen Kanten werden 0,6 mm starke und 1 mm breite Ahornstreifen geklebt (Abb. 26 b). Teil c wird wieder als Stütze auf den Rückseiten am Boden verleimt (Abb. 26 c).

# Heckmontage und Holzturm am Heck

## Heckmontage

Aus dem Heck werden nun die Balsaholzteile entfernt. Die schraffierte Fläche in Abb. 27 a zcigt, wieviel entfernt werden muß (Abb. 27 a). Aus 1 mm dickem Sperrholz werden nach der Form von Abb. 27 b, aber in den entsprechenden Maßen am Schiff zwei Stücke ausgeschnitten und gegen das Heck geklebt (Abb. 27 b).

*Abb. 27*

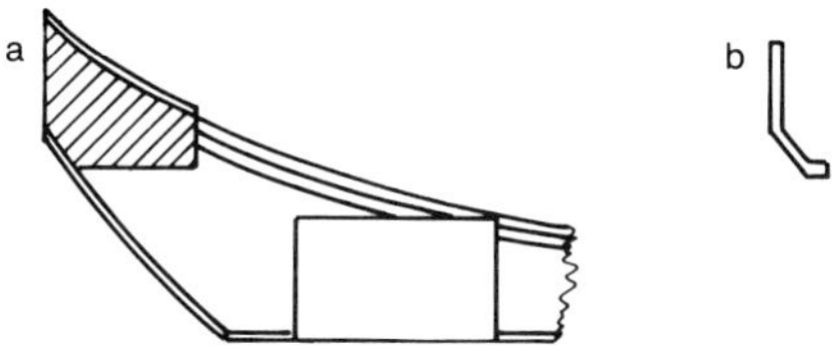


## Der Holzturm

Abb. 28 wird auf 1 mm starkes Sperrholz übertragen, ausgeschnitten und auf der Oberseite mit Ahornfurnier beklebt (Abb. 28). Aus Zypressenholz werden die Stücke 29 a zweifach und 29 b einmal angefertigt (Abb. 29 a und b). Die Teile 29 c und d sind 2 mm starke, eckige Stifte (Abb. 29 c und d).

Die Unterseite wird beklebt (Abb. 29 e). Mit 0,5 mm starken und 1,5 mm breiten Ahornleisten werden die Seiten und die Heckseite umklebt. Das angefertigte Teil wird in das Heckteil des Rumpfes gesteckt. Es wird überprüft, ob noch eine Korrektur nötig ist.

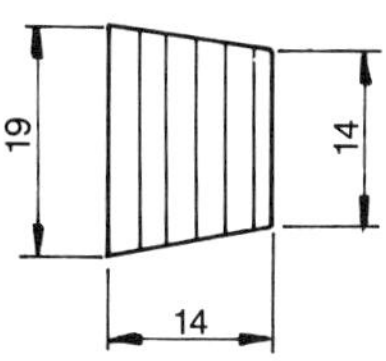


*Abb. 28*

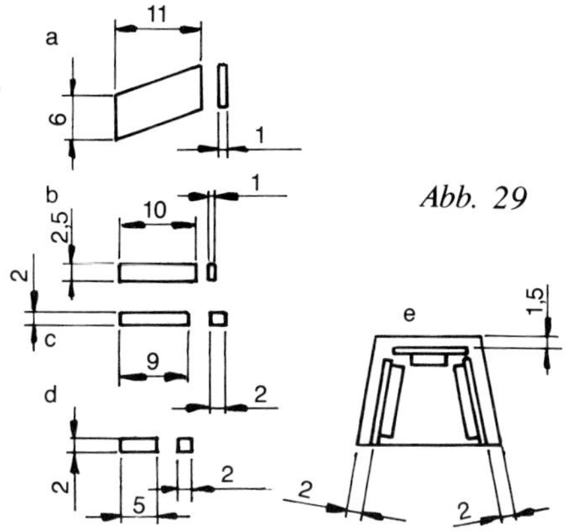


*Abb. 29*

## Die dazugehörige Reling

Auf einer Pappe werden die Konstruktionslinien vorgezeichnet (Abb. 30 a) und sechs lange, 0,6 mm starke und 1 mm breite Ahornstreifen darauf gelegt. Darauf kommen wieder 0,4 mm starke und 0,8 mm breite Ahornleisten. Die oberen und unteren Leisten werden miteinander verleimt, dann entsprechend der Pfeilrichtung ausgeschnitten (Abb. 30 a). An den oberen und unteren Rand jedes Teiles klebt man noch rechts und links eine 0,4 mm dicke und 0,8 mm breite Ahornleiste. Als Handlauf dient ein 0,8 mm dicker und 1,5 mm breiter Zypressenholzstreifen (Abb. 30 b). Die Geländer werden auf den Rand der Bodenplatte aufgeleimt.

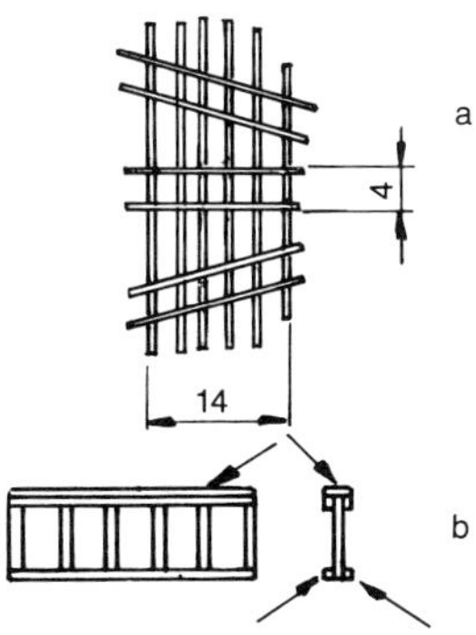


*Abb. 30*

## *Das Ruder, das Boot und das Dach*

### Das Ruder

Drei Stücke von 0,6 mm dickem Zypressenholz werden zusammengeklebt und nach Form und Maß von Abb. 31 ausgeschnitten (Abb. 31).

Ein Stück 0,6-mm-Sperrholz wird nach der Form von Abb. 32 a ausgeschnitten, beide Seite werden mit 0,6 mm starken und 2,5 mm breiten Ahornstreifen beklebt, und es wird ein Loch für den Rudergriff gebohrt (Abb. 32 b). Ein Stück schwarzes Papier wird in 1,5 mm breite Streifen geschnitten und an die das Ruder geklebt (Abb. 32 b).

*Abb. 31*

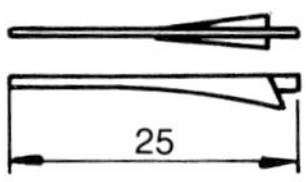


*Abb. 32*

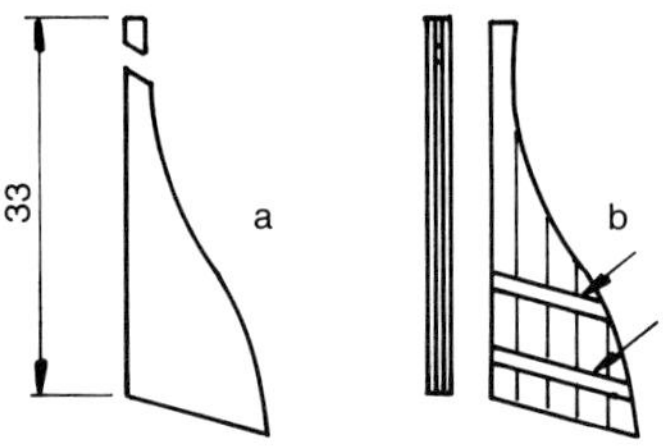


### Das Boot

Aus Zypressenholz wird eine Bodenplatte ausgesägt (Abb. 33 a). Es wird eine 1 mm starke Platte an Bug und Heck angebracht (Abb. 33 b). Zwei 0,6 mm starke Ahornleisten werden gefertigt und so gebogen, daß sie sich an die Bodenplatte leimen lasen (Abb. 33 c). Aus einem 1 mm starken Zypressenhölzchen wird der Kiel des Beibootes gefertigt (Abb. 33 d). Jetzt werden die beiden Seitborde angeleimt, und dann wird der Kiel eingepaßt.

In die Mitte einer 0,3 mm dicken Ahornleiste wird eine unterbrochene Linie gezeichnet, und diese wird von außen an die

*Abb. 33*

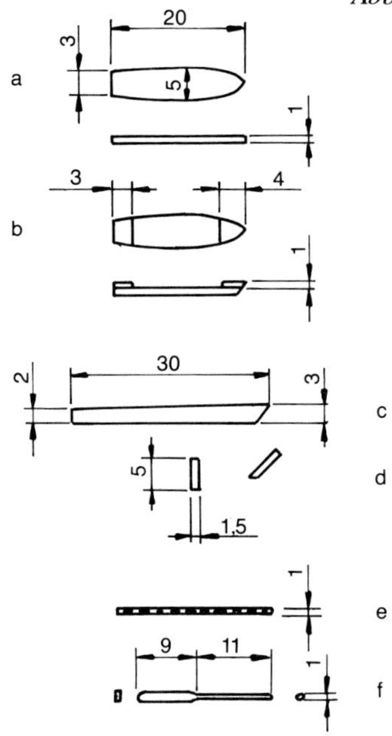


oberen Kanten der beiden Borde geklebt. Zur Ausrüstung gehört ein Stakstock aus Bambus, 1 mm Durchmesser, Länge ca. 22 mm (33 e). Ein 1 mm starkes und 2 mm breites Stück Zypressenholz wird in die Mitte des Bootes eingepaßt und am Boden verleimt – als Steuersitz. Aus 2 mm breitem Bambus wird ein Ruder hergestellt und auf dem Boot festgeleimt (Abb. 33 f). Dieses Boot wird zwischen die Vorderwand des Deckshauses und die Maststützen auf den vorderen Teil des Decks geklebt.

### Das Dach

Aus 1 mm starkem Furnierholz werden zwei Stücke ausgeschnitten (Abb. 34 a). Diese Stücke werden, wie in Abb. 34 b dargestellt, zusammengelegt; über die schraffierte Fläche wird ein Streifen Tesafilm geklebt, so daß es möglich ist, das Dach durch den Flaschenhals zu bringen (Abb. 34 b).

Aus dünnem Karton werden sechs Stücke

*Abb. 34*

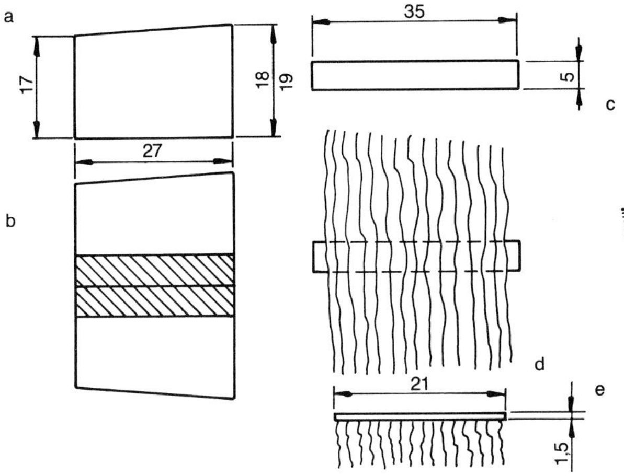


ausgeschnitten (Abb. 34 c). Ein Stück Hanfseil wird auseinandergedreht und einige Minuten in heißes Wasser gelegt. Auf den Karton wird ausreichend Klebstoff aufgetragen, und die Hanffasern werden dicht an dicht nebeneinander gelegt. Ein weiteres Stück Karton ist gut mit Kleber zu bestreichen und deckungsgleich über das andere Stück Pappe zu kleben. Noch zwei weitere Stücke fertigen (Abb. 34 d). Nach dem Aushärten werden die Teile in der Mitte des Kartons getrennt, wobei ein Papierrand von 1,5 mm stehen bleiben soll; in der Breite sollen ca. 21 mm verbleiben (Abb. 34 e). Dann wird der Hanf so auf das Dachfurnier geklebt, daß drei Stufen entstehen (Abb. 34 f).

Es werden zwei 0,6 mm starke und 2 mm breite Zypressenholzleisten gefertigt und an die oberen Kanten des Daches geklebt.

## *Herstellung der Segel*

Aus 20 mm starkem Balsaholz wir für das Haupt- und Vorsegel ein Holzmodell er-

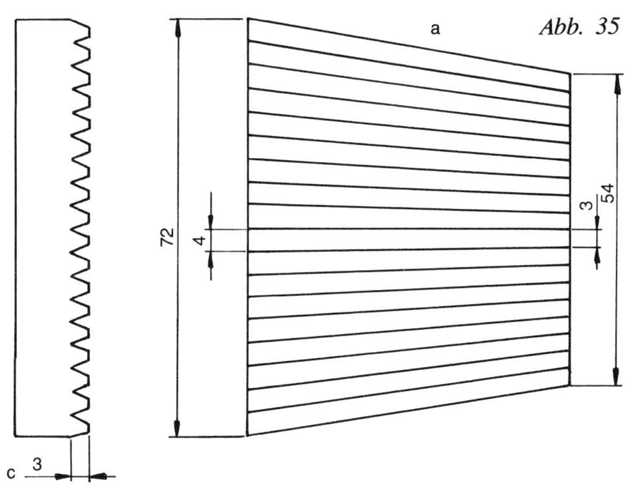


*Abb. 35*

*Abb. 36*

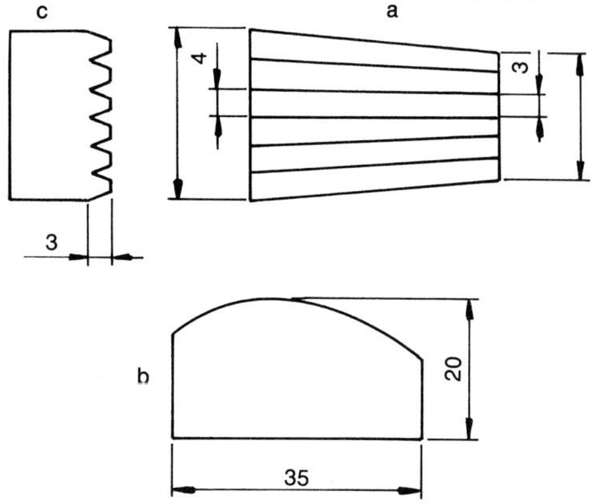


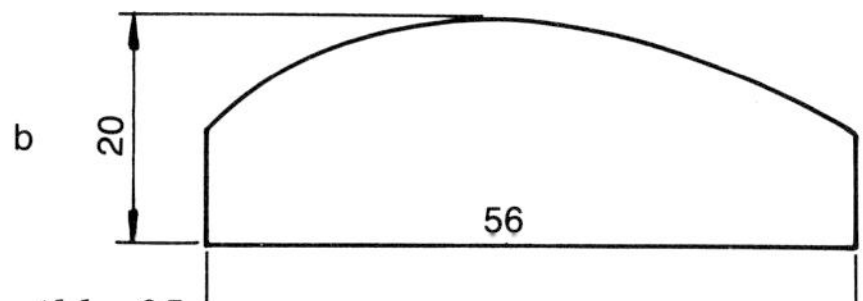


*Abb. 35*

stellt, wie in Abb. 35 a und 36 a von oben und in Abb. 35 bc und 36 bc von der Seite dargestellt. Die Rillen werden mit der Feile herausgearbeitet und dann gut glattgeschliffen. Die Oberfläche wird mit Klarlack gestrichen und nach dem Trocknen noch einmal glatt geschliffen. Dann werden kleine Stahlstifte mit Kopf ca. 5 mm vom Boden in die Form getrieben.

Auf das vorgefertigte Holzmodell wird ein etwas größeres weißes Tuch gelegt. Darüber wird weißes, in Klebstoff getauchtes Nähgarn in die Rillen gespannt, die Nägel werden damit belegt. Man läßt die Fäden trocknen, nimmt das Segel von der Form und schneidet die Seiten gerade (Abb. 38). Aus dem Hauptsegel wird in der Mitte ein 2 mm breiter Streifen herausgeschnitten, und die beiden Teile werden noch einmal auf die Form gelegt. Dabei ist ein Abstand von 2 mm einzuhalten.

Dann werden 4 mm lange Garnstücke mit Kleber versehen, und die beiden Segelhälften werden x-förmig zusammengeklebt (Abb. 38). Auch das Vorsegel ist vom Holzmodell zu befreien und nachzuschneiden.

Die Rah des Hauptsegels wird aus einem 1,5 mm Bambusstäbchen angefertigt – jeweils in 4 mm Abstand ein dünnes Baumwollgarn binden und beim Abschneiden ein 3 mm langes Fadenende übrig lassen (Abb. 37). Diese 3-mm-Garnenden wer-

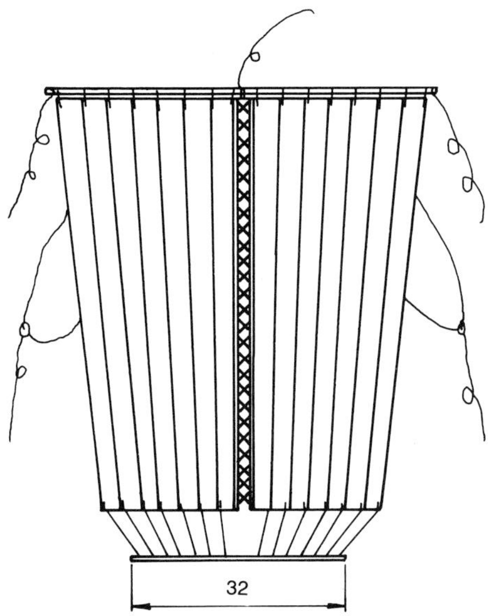


*Abb. 38*

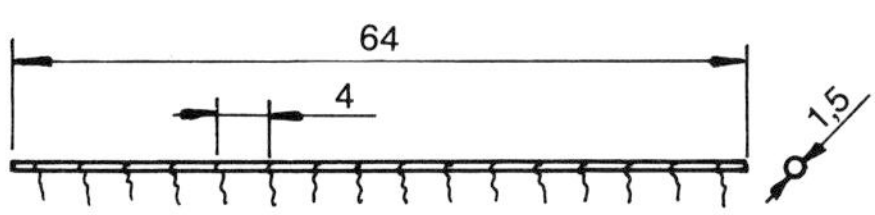


*Abb. 37*

den mit Klebstoff an die obere Rückseite des Segels geklebt (Abb. 38). An den unteren Teil des Segels werden 20 mm lange Stückchen Baumwollgarn geklebt. Die anderen Enden werden auf ein 32 mm langes, 0,75 mm dickes Stück Takelgarn geleimt. Der Abstand zwischen Takelgarn und Segel sollte ca. 10 mm betragen (Abb. 38). Die Rah des Vorsegels wird aus Bambus von 1 mm Durchmesser angefertigt und wie beim Hauptsegel befestigt. Anschließend sind die unteren Garne anzubringen (Abb. 39).

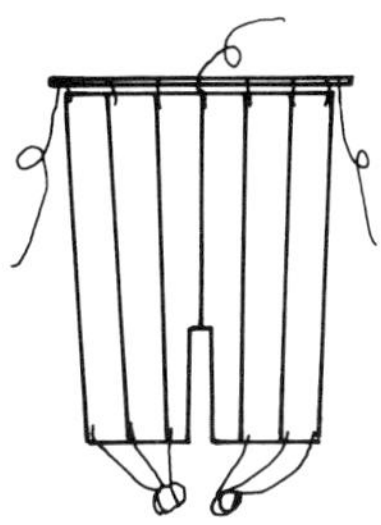

*Abb. 39*

## *Die Masten*

**Mast für das Hauptsegel**
Aus einem Holzstab wird der Mast gefertigt. Die Pfeile zeigen die Bohrlöcher. Von der Mastspitze 2,5 mm entfernt wird das erste, 0,8 mm starke Loch, gebohrt. Die anderen Löcher haben einen Durchmesser von 0,6 mm (Abb. 40 a).

**Mast für das Vorsegel**
Aus 1,5 mm starkem Bambus wird der Vormast hergestellt; die Bohrlöcher haben einen Durchmesser von 0,5 mm (Abb. 40 b). In die Spitze des dreieckigen Decks am Bug werden ein leicht nach vorn geneigtes Loch (0,5 mm) gebohrt und der Mast eingeklebt.

## *Die Takelage*

**Hauptmast**
In die Mitte der Rah des Hauptsegels bindet man ein 15 cm langes, 0,5 mm starkes Stück Takelgarn, führt es von vorn durch die zweite Bohrung im Mast und weiter zur unteren Bohrung, wo es festgeknotet und abgeschnitten wird – Knoten mit etwas Leim sichern (Abb. 40 a). Über die Rah wird nun ein gleich starkes, aber 30 cm langes Stück Takelgarn geknotet. An beide Rahenden wird ein 30 cm langes, 0,5 mm starkes Garn geknotet (Abb. 38). An beide Seiten des Segels werden Fäden von 0,25 mm Stärke (mit einem Block) befestigt (Abb. 38).

**Vormast**
In die Mitte der Rah des Vorsegels bindet man ein 10 cm langes, 0,25 mm starkes Stück Takelgarn, zieht es durch das oberste Loch des Mastes und gleich weiter

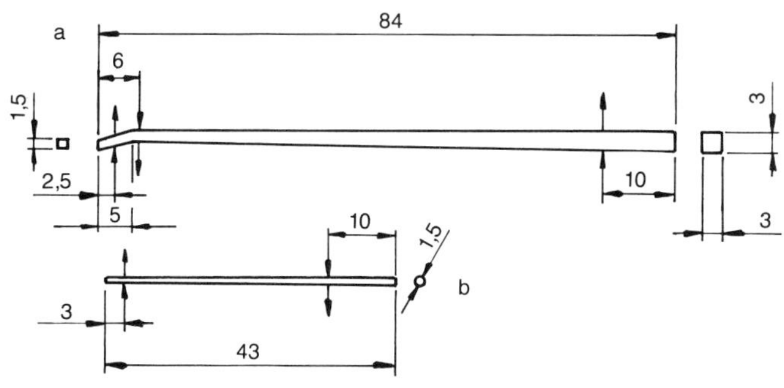


*Abb. 40*

durch das untere Loch. Hier bindet man es fest und schneidet den Rest ab (Abb. 39). An beide Seiten der Rah wird ein 30 cm langes und 0,25 starkes Garn geknotet (Abb. 39).

**Rumpf**

Aus Hanffaser wird eine ca. 10 mm lange Quaste gefertigt und an den Kiel gebunden (Abb. 15). In den oberen Teil des Kiels wird ein 0,8 mm großes Loch gebohrt, in das ein ca. 30 cm langes, 0,75 mm starkes Stück Garn gebunden wird; man zieht kleine braune Glasperlen (Durchmesser 2 mm) darauf, wobei man ca. 4 cm vom Kiel entfernt beginnt und in Höhe der Rah aufhört.

## *Die Besatzung und die Anker*

**Seeleute**

Die Körpergröße sollte 7 bis 8 mm betragen.

Fertigungsmethode 1: Benötigt werden dünner Kupferdraht, Drehwerkzeug, wasserlöslicher Leim, Talkumpuder und Wasserfarben.

Drehe den Kupferdraht zweimal oder mehrmals mit dem Werkzeug. Fertige so den Kopf, den Körper und die Beine der Figur (Abb. 41).

*Abb. 41*

*Abb. 42*

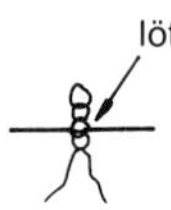


*Abb. 43*

Löte ein kurzes Stück Kupferdraht an den oberen Teil des Körpers und biege daraus die Arme (Abb. 42).

Stelle aus 80% Leim und 20% Talkumpuder mit einem Zahnstocher eine Mischung her und bedecke mit dieser Mixtur die ganze Figur. Der Zahnstocher kann gleich als Werkzeug dienen. Alles muß gut trocknen. Mit der Mixtur wird die Figur noch einmal bestrichen, wobei die Muskeln anzudeuten sind – wieder gut trocknen lassen. Noch einmal wird die Mixtur auf den Kopf aufgetragen, bis er eine runde Form hat – gut trocknen lassen (Abb. 43). Die Figur wird mit Wasserfarben bemalt und, falls gewünscht, mit dünnem Farbpapier beklebt, um die Kleidung anzudeuten.

Für die Befestigung der Figur werden feine Löcher an die Stelle gebohrt, an der der Seemann nachher seine Arbeit verrichten muß. Die Besatzung ist vor dem Einbringen in die Buddel an Bord zu bringen und dort festzukleben. Dies gilt auch für die nun folgende Beschreibung.

Fertigungsmethode zwei oder fünf Figuren auf einen Streich: Benötigt werden ein Brettchen, gebogene Nadeln, ein feiner Baumwollfaden. Spanne den Faden nach der Zeichnung auf das Brettchen (Abb. 44). Bestreiche den gesamten Faden mit der Mixtur (80% wasserlöslicher Leim und 20% Talkumpulver) – gut trocknen lassen. Nun werden die Figuren wie oben beschrieben erneut bestrichen und schließlich bemalt.

Bei Bedarf kann man das Brettchen den eigenen Wünschen entsprechend verlängern, um noch mehr Figuren auf eimal herzustellen.

**Die Anker**

Es werden vier dünne Stücke Kupferdraht zu einem Anker zusammengedreht, der wie ein Draggen aussieht, und anschließend schwarz bemalt.

Abb. 44

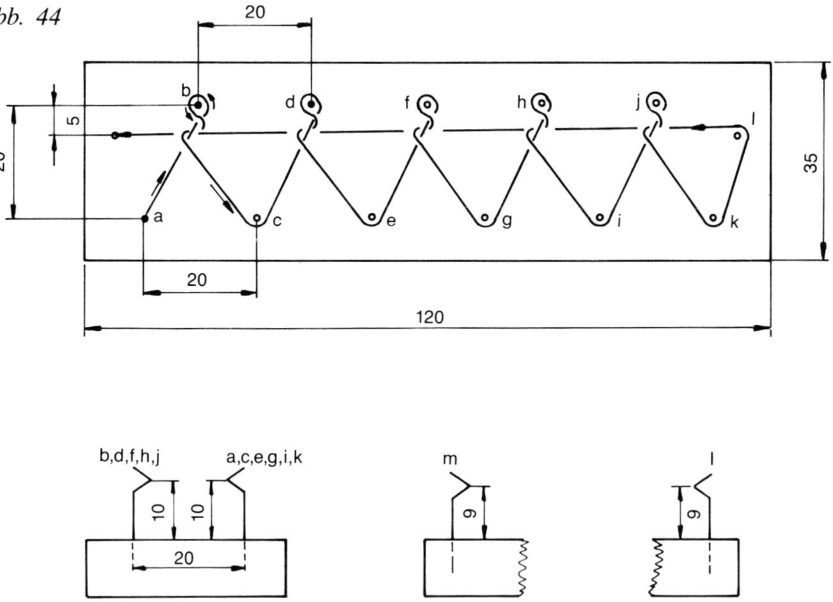


## *Zusammenbau in der Buddel*

Die Befestigungsplatte (Abb. 17) wird mit Klebstoff auf den Innenboden der Flasche geklebt. Der gefärbte Kitt wird in die Flasche gegeben, wobei die Befestigungsplatte nicht zugekittet werden darf. Im Kitt wird die Meeresoberfläche geformt.
Die linke Rumpfhälfte (Abb. 12) wird durch den Flaschenhals gebracht und auf der Befestigungsplatte festgeleimt. Dann folgt die rechte Rumpfhälfte.
Das Deck wird mit der Reling auf den Rumpf geklebt, das Dreieckdeck wird am Bug festgeklebt. Die Garne der Rah werden rechts und links in die Löcher der Borde gesteckt, verleimt und nach dem Trocknen abgeschnitten (Abb. 12). Das Vorderdeck, die hintere Wand des Häuschens, das mittlere Deck (mit Mastkasten) werden auf den Rumpf geklebt. Wenn alles gut getrocknet ist, wird das Dach auf den Hauswänden verleimt.
Der Hauptmast wird in die Buddel gebracht und im Mastkasten verleimt. Dann wird jeder Faden in das entsprechende Loch gesteckt und gut verklebt (Abb. 12). Das Steuer wird eingesteckt und der Holzturm wird auf das Heck geklebt. Zum Schluß stellt man noch eine Flagge her (Abb. 45) und klebt sie an die rechte hintere Heckseite (von außen) an.

*Juzo Okada*

Abb. 45

# Die Bark WESER

## *Geschichte des Schiffes*

Im Schiffsmuseum des Oldenburger Weserhafens Brake steht ein Schiffsmodell der Bark WESER, Maßstab 1 : 50. Dieses Modell hatte es mir angetan, es sollte als Buddelschiff entstehen. Durch Nachfragen im Museum wollte ich erfahren, ob Pläne des Schiffes existieren, wann das Original gebaut wurde und wer es gefahren hat. Leider gab es im Museum keine Unterlagen. So habe ich das Modell mit einem Zollstock vermessen – keine leichte Aufgabe, weil es hinter Glas steht. Als alle Maße und Skizzen fertig waren, habe ich sie für eine 10-l-Ballonflasche umgezeichnet. Bei einem weiteren Besuch im Museum erlangte ich Zugang zum Archiv, wo ich durch Zufall in einem Buch fündig wurde. In dem Werk von Otto Höver, Von der Galiot zum Fünfmaster, Norderstedt 1975, heißt es dazu:

»... Der Konstrukteur der MATADOR, der Braker Schiffbaumeister Ide Oltmann, verfertigte in den achtziger Jahren das Modell einer anderen Bark, das sich heute im Focke-Museum befindet. Es führt den Namen WESER mit Heimathafen Brake, wie am Heck zu lesen ist. Direktor Grohne konnte das schöne Stück 1930 von einer Antiquitätenhandlung in Mainz für das Focke-Museum erwerben. Einst war das Modell auf der bremischen Gewerbeausstellung von 1890 zu sehen. Nach einer Mitteiung des Herrn Carl Strüfing, Emden, fand auf der Ausstellung der bekannte Münchner Marinemaler Professor Petersen außerordentlichen Gefallen an dem hübschen, werftgerechten Miniaturschiff, und nach einigen Verhandlungen über den Kaufpreis ging es in Petersens Besitz über. Aus dem Nachlaß des Künstlers erwarb es die Mainzer Antiquitätenfirma, aus deren Händen es Direktor Grohne mit glücklichem Griff für das Focke-Museum sicherte. Die WESER gibt eine gute Ansicht von der Bauart einer Bark nach dem Wesertyp. Besonders fein durchgebildet ist das Rundgatt des Hecks sowie die Gesamtform des Achterschiffes unter Wasser.

Der Verfertiger des Modells, Ide Oltmann, hatte seine Ausbildung in Dänemark erhalten und von dort das feine Heck, das Rundgatt, im Gegensatz zu dem platten, das mehr dem amerikanischen (des Down Easters) ähnelt, mit an die Weser gebracht...:«

Soweit also das Buch. Also war das Schiff als Anschauungsmodell entstanden.

Durch Umrechnen ergaben sich folgende maße für das Original:

Gesamtlänge des Rumpfes 55 m

Breite der Spanten 10,5 m

Tiefgang 5 m

Tragfähigkeit ca. 900 t

Besatzung 17 Mann

Die Maße für das Buddelschiff:
Länge 220 mm
Breite 42 mm
Rumpfhöhe vorn 44 mm
Mitte 35 mm
hinten 41 mm
Gesamthöhe 211 mm
Gesamtlänge 293 mm

Die Maße der Flasche:
Länge mit Hals: 450 mm
Durchmesser: 280 mm
Halsdurchmesser: 30 mm

## *Material- und Werkzeugliste:*

- Rumpf: Birnbaumholz
- Kiel: Sperrholz, 2 mm
- Aufbauten: Lindenholzleisten
- Masten: Birnbaum
- Rahen: Birnbaum
- Blöcke: Birn- oder Buchsbaum
- Jungfern
- Fertigteile Nußbaum
- Beschläge für Masten und Rahen: Messingrohre
- Bugsprietketten: Silber vom Juwelier
- Silber- und Messingdraht
- Takelgarn: Chirurgische Nähseide der Fa. J. Pfrimmer & Co., Erlangen: Texafil 6/0 geflochten
- Schustergarn
- Takelgarn: natur und schwarz 0,25 bis 0,5 mm
- Selbstgebauter Winkelschraubenzieher mit Kardangelenk (Schiffsmodell-Welle)
- verschiedene Spezialzangen
- Skalpell
- diverse Montagehaken
- Klebstoff: Weißleim ohne Lösungsmittel, Vielzweckkleber ohne Lösungsmittel von Tesa

Zum Löten verwende ich Neuro-Fittingslötpaste der Firma Neurohr, Postfach 4480, Wiesbaden.

Alle Hölzer bleiben naturbelassen. Durch die verschiedenen Eigenfarben des Baumaterials wird ein ausgezeichnetes Gesamtbild erreicht.

## *Bodenplatte*

Ellipsenförmig, aus 3 × 10 mm Linden- bzw. Abachileisten, der Außenrand des Bodenbrettes 3 × 10 mm Nußbaum; die Platte besteht aus drei Teilen, die mit Nut und Feder, sowie Holzdübeln verbolzt werden. (Abb. 1).
Auf das Bodenbrett kommt die Schiffshelling aus einer keilförmigen Ebene mit Klötzchen, auf die der Rumpf mittels Zweikomponentenkleber befestigt wird. Diese Helling besteht aus zwei Teilen. Bei den Klötzchen ist die Mittelnaht so breit, daß der Kiel hineinpaßt. Auf den Klötzen wird mittschiffs (außen) je eine kleine Leiste angebracht, auf der der Rumpf aufliegt.

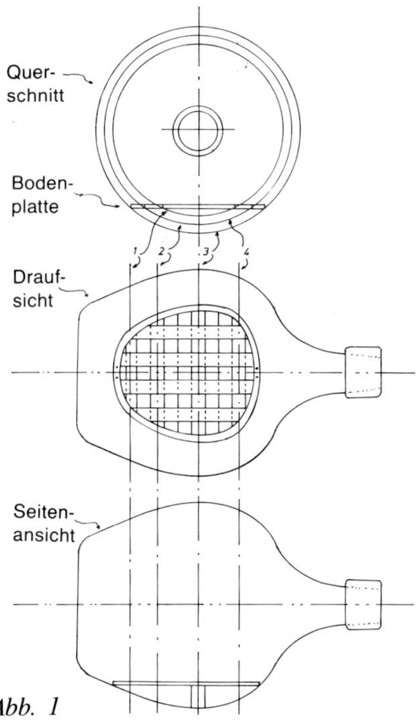


*Abb. 1*

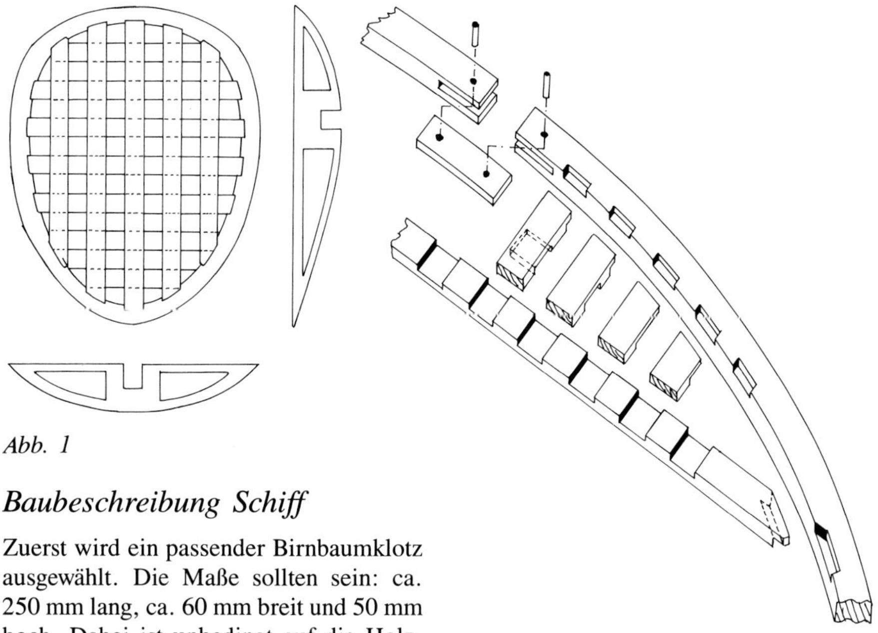

*Abb. 1*

## *Baubeschreibung Schiff*

Zuerst wird ein passender Birnbaumklotz ausgewählt. Die Maße sollten sein: ca. 250 mm lang, ca. 60 mm breit und 50 mm hoch. Dabei ist unbedingt auf die Holzmaserung zu achten. Sie sollte ungefähr so wie der spätere Deckssprung verlaufen. Der Klotz wird nun der Länge nach in zwei gleiche Hälften geteilt und die Schnittnaht so glatt gemacht, daß die beiden Klötze wieder gut aneinanderpassen. Dann wird die Draufsicht aufgezeichnet und ausgesägt.

Als nächstes wird der Deckssprung angezeichnet und ausgesägt. Danach sind die horizontalen Trennschnitte vorzunehmen, die mit einem Werkzeugzirkel parallel zur Reling-Oberkante an der Außenhaut markiert und dann mit der Dekupiersäge getrennt werden. Der obere Sägeschnitt muß direkt hinter dem Bergholz liegen, damit er später nicht sichtbar ist (Abb. 2.) Der untere Sägeschnitt liegt in einer Plankennaht. Die Außenhautplanken sind ebenfalls mit dem Werkzeugzirkel alle 2 mm parallel zum Deckssprung angeritzt.

Nun muß bei den Aufbauten vorne und hinten sowie bei der Ladeluke die Position der Verschraubung festgelegt werden, da diese später beim fertigen Schiff verdeckt sein muß. Die Verschraubung wurde gewählt, weil man so die drei Schichten nahtlos ohne Klebstoff aufeinanderpressen kann (Abb. 3). Die rechte und linke Rumpfhälfte werden durch Dübel aus Bambus in Position gehalten. Die Dübel halten den Rumpf sicher zusammen. Für die Verschraubung finden Blechtreibeschrauben Verwendung. Diese haben auf der ganzen Länge einen gleich bleibenden Gewindegang. Für diese Schrauben bohrt man nun die Löcher dicht bei der Mittellinie und gerade so tief, daß sie in der unteren Schicht nicht aus dem Holz treten. An Hand der Spantschablonen kann man feststellen, wie tief an der jeweiligen Stelle zu bohren ist (Abb. 4).

Nun werden an der Rumpfinnenseite die Spanten angezeichnet, und durch Holzraspel, Stemmeisen, Beitel, Schnitzmesser und Sandpapier wird die Form des Rumpfes herausgearbeitet. Immer wieder muß mit den Spantschablonen (Abb. 4) kontrolliert werden, ob auch alles modell-

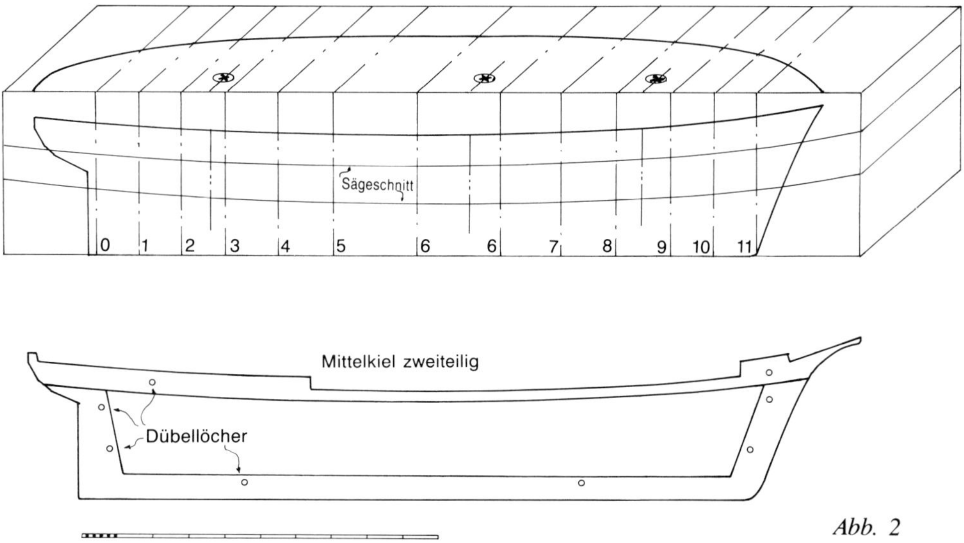


*Abb. 2*

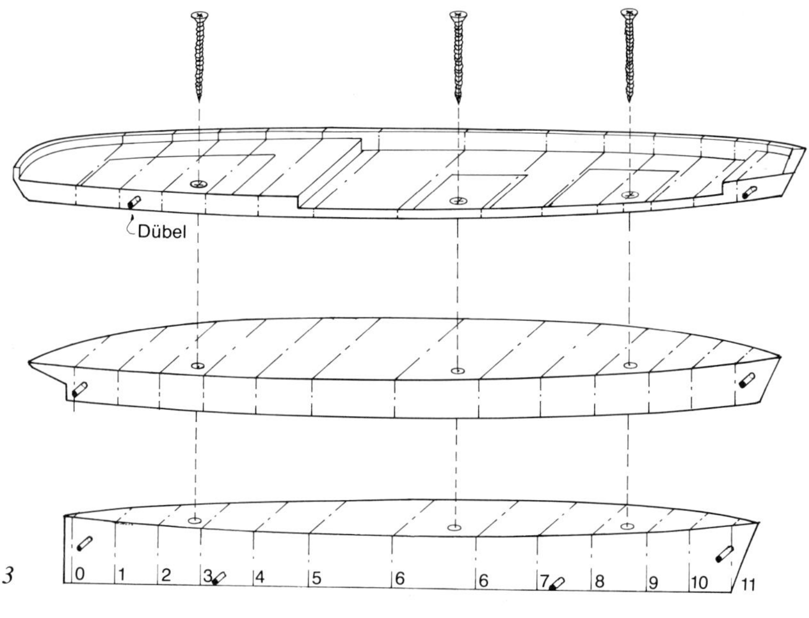


*Abb. 3*

getreu ist. Nun wird vorsichtig die Verschanzung herausgearbeitet. 2 mm Holz sollten stehen bleiben. Hinten beim Poopdeck muß nicht so viel Holz entfernt werden, beim Hauptdeck sind es fast 7 mm. Man sollte nur scharfes Werkzeug verwenden (Abb. 5).

Die Deckshäuser (Abb. 6) werden hergestellt und wie beim Original mit Leisten beplankt, die Löcher für die Dübel

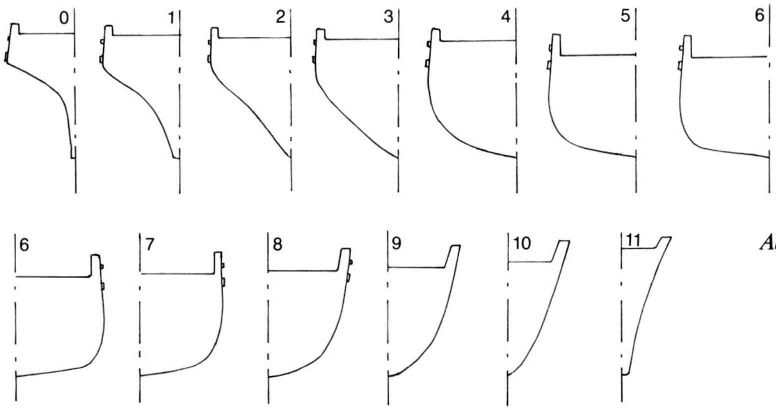


*Abb. 4*

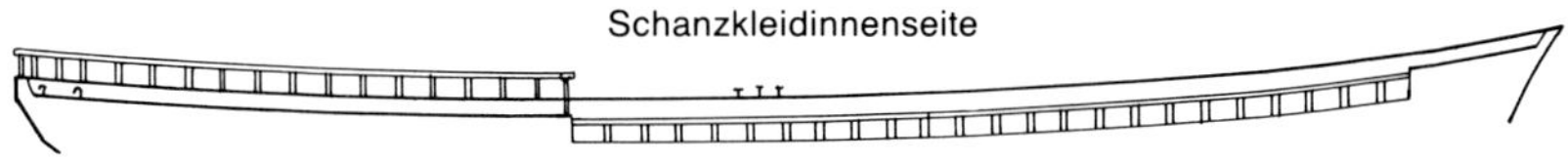


*Abb. 5*

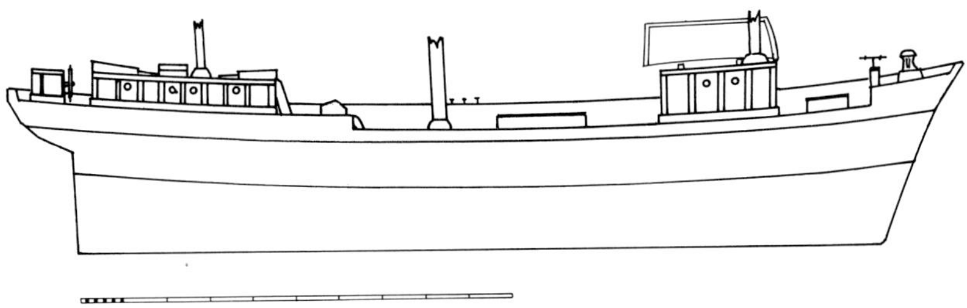

*Abb. 6*

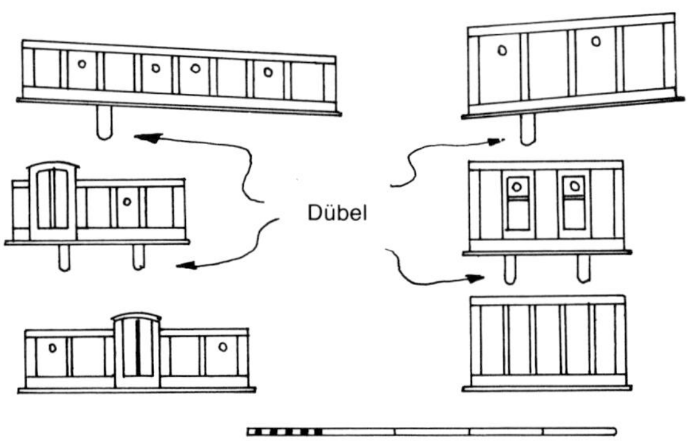

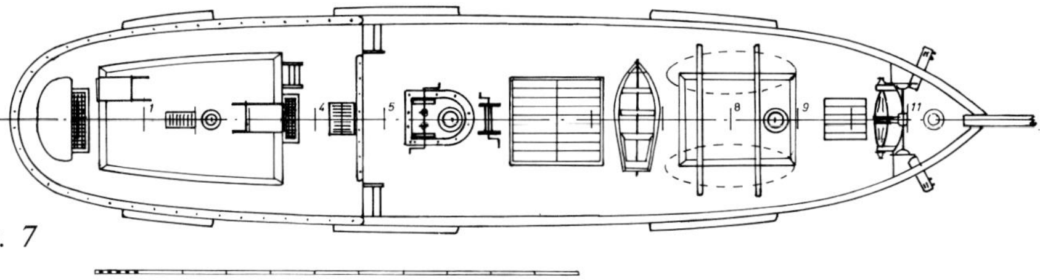


*Abb. 7*

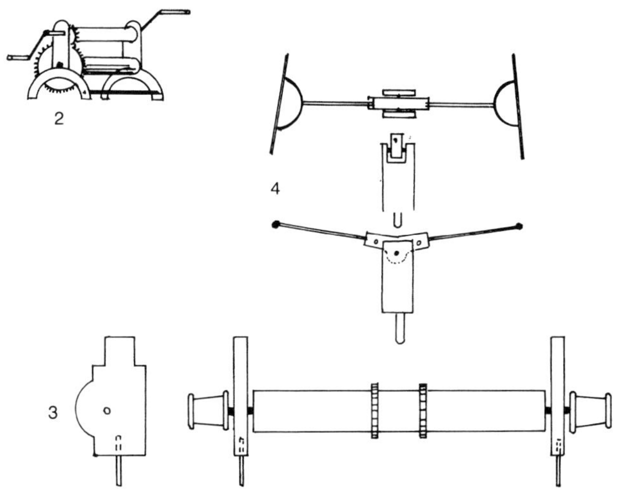


(winklig) und die Mastlöcher (je nach Schmiege ca. 5 bis 6 mm) werden gebohrt. Letztere haben 0,2 mm größer zu sein als der Mastdurchmesser. Die Nagelbank beim Großmast (Abb. 7.1) ist aus Messingblech und Relingstützen, bei denen die oberen Teile entfernt wurden, zusammengelötet. Das Pumpenrad wird auf der Drehbank aus Messingrohr und Draht hergestellt und dann gelötet.

Die kleine Deckswinde (Abb. 7.2) wird aus Messingblech gesägt und mit kleinen Zahnrädern aus einer ausgedienten Armbanduhr sowie Messingdraht verfeinert. Das Ankerspill (Abb. 7.3) besteht aus 1 mm Sperrholz und einem Rundstab, das Pumpenspill ist aus Vollmessing und Messingdraht zusammengelötet (Abb. 7.4). Für die Heckreling wird 1-mm-Sperrholz verwendet; die Form nimmt man einfach vom fertigen Rumpf ab. Dann werden die Löcher in den Handlauf gebohrt. Diese dienen dann als Bohrschablone für die Löcher im Schanzkleid. Die Decks sind mit 0,5 × 3 mm breiten Lindenholzleisten belegt.

Für die Masten und Rahen werden im Durchmesser passende quadratische Birnbaumleisten hergestellt und dann vorsichtig gerundet. Jeder Mast ist aus mehreren Einzelstücken zusammengesetzt (Abb. 8). Die Marse sind aus 1-mm-Sperrholz, die Längs- und Quersalinge sind aus dünnen Leisten, die Mastwangen aus angepaßten Hölzern.

Die Stengesalinge sind nicht aus Einzelteilen, sondern aus einem Stück Birnbaum gesägt, in das zuerst die Löcher für

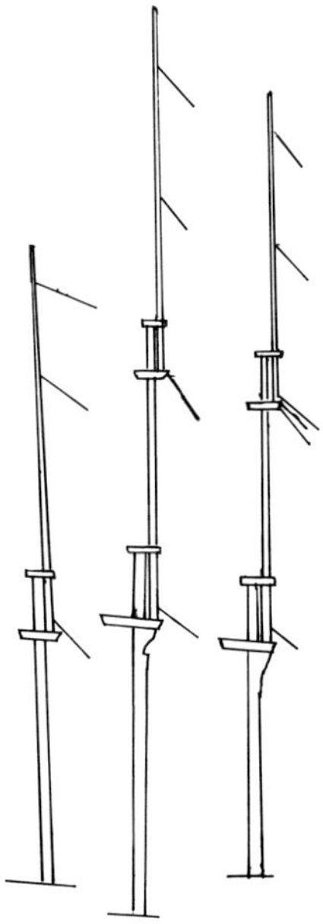

*Abb. 8*

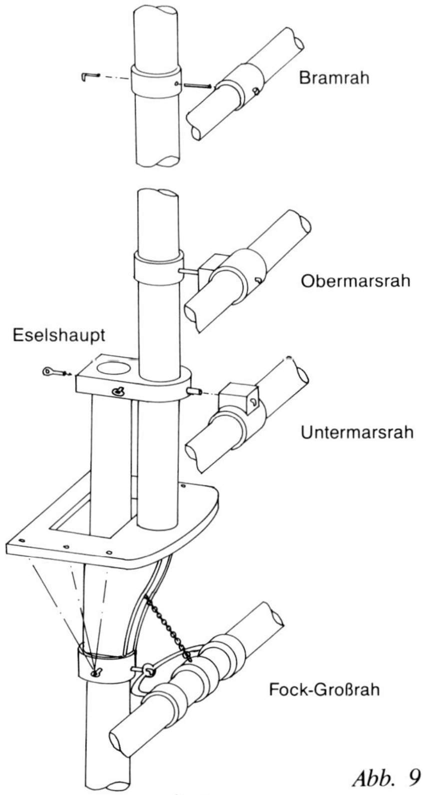


*Abb. 9*

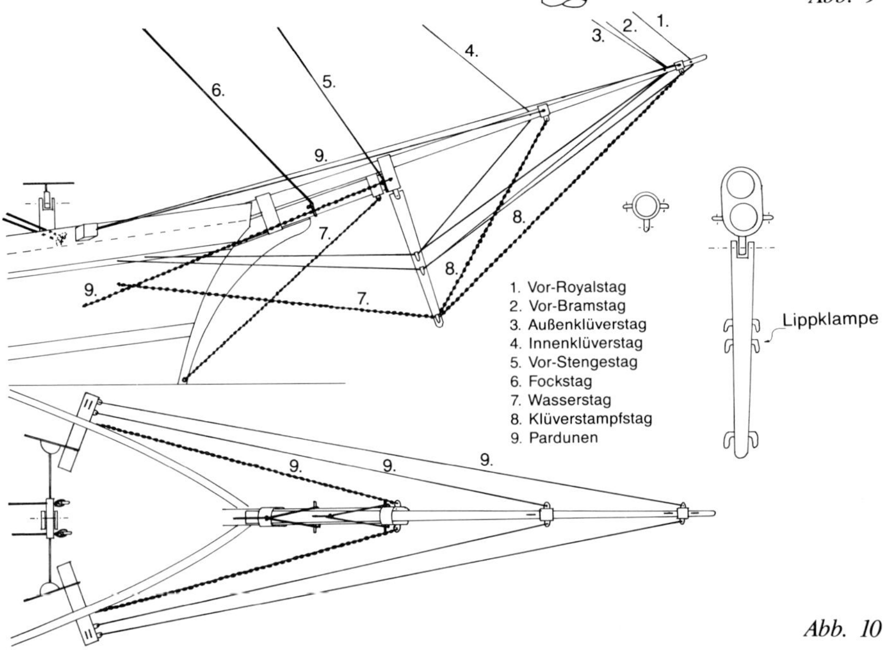


*Abb. 10*

Marsstengetopp und Bramstenge gebohrt werden. Die Quersaling besteht wieder aus Leisten. Die Eselshäupter sind aus 3-mm-Messing; in sie werden genau nach Plan die Löcher für Masttopp und Stenge gebohrt, danach erst werden sie aus dem Vollen gesägt. In die Masten werden die Löcher für die durchgehenden Stage und Toppnanten gebohrt. An den Stellen, wo die Royal-, Bram-, Obermars-, Groß- und Fockrah angebracht werden sollen, werden ca. 3 mm hohe, aus entsprechendem Rohr hergestellte Messingringe über den Mast geschoben und verklebt. Dann wird von vorn ein Loch gebohrt. Durch diese Ringe werden später die Drahtstifte gesteckt, die als Drehgelenk dienen.
Die verschiedenen Formen der Rahbeschläge sind gemäß Abb. 9 herzustellen. Die Blöcke bestehen aus einem 1,5-mm-Rundstab mit 0,4-mm-Loch. Beim Bugspriet (Abb. 10) werden die Beschläge wie bei den Masten aus Vollmessing sowie 0,4- und 0,6-mm-Silberdraht und Silberkettchen gefertigt. Wenn die Masten zusammengebaut sind, die Rahen ihren Platz an den Masten gefunden haben, steht dem Auftakeln nichts mehr im Weg.

## *Takeln*

Es wird beim Besanmast begonnen. Er bekommt seine Schmiege wie in der Seitenansicht und wird durch Hilfsstag und Hilfswant in Position gehalten. Zuerst wird der Besanbaum mit seinem Gelenk am Mast befestigt, dann kommt die Gaffel, mit Klaue und Klotjes. Erst wird der Piekfall und dann der Baumtoppnant geschoren. Die Geeren bekommen wie auch die Baumschot je einen Block. Die holenden Parten werden an Deck an kleinen Haken eingehängt, sie müssen sehr straff sitzen, weil später in der Flasche kein Nachsetzen möglich ist.
Nun können die Wanten gespannt werden. Wie beim Original werden die einzelnen

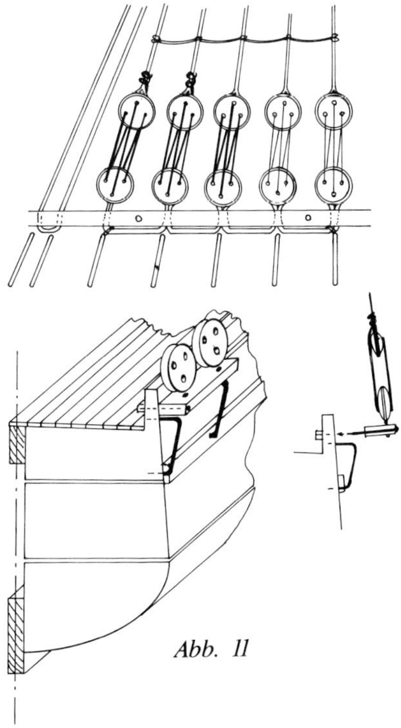

*Abb. 11*

Wantenpaare am Masttopp aufgelegt, zuerst steuerbord dann backbord usw. Die Rüstbretter werden mit je zwei kleinen Messingnägeln in den Rumpf gedübelt; dabei müssen die Bohrlöcher im Rumpf etwas größer sein, denn beim Zusammenbau in der Flasche müssen die Nägel leicht in ihre Bohrung gleiten. Die Jungfern sind am Rüstbrett mit sehr dünnem Draht befestigt (Abb. 11). Unter den Rüstbrettern sind auch die Püttingeisen durch 0,6-mm-Draht dargestellt. Sie haben aber nicht, wie beim Original, eine Verbindung mit den Rüstbrettern und den Jungfern, denn beim Modell müssen die Rüsten abnehmbar sein.
Beim Takeln der Wanten ist auf gleichen Abstand der Jungfern zu achten. Man fertigt sich einen Draht, der wie eine Heftklammer gebogen ist, um den Abstand stets parallel zu halten. Es wird immer je

*Abb. 12*

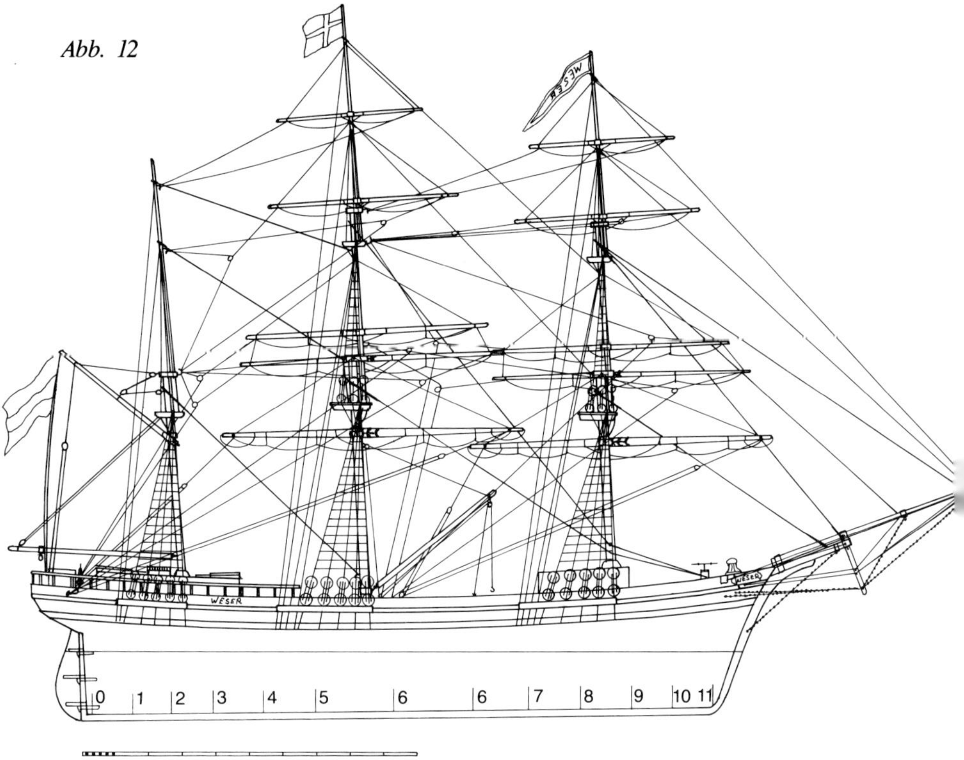


*Abb. 13*

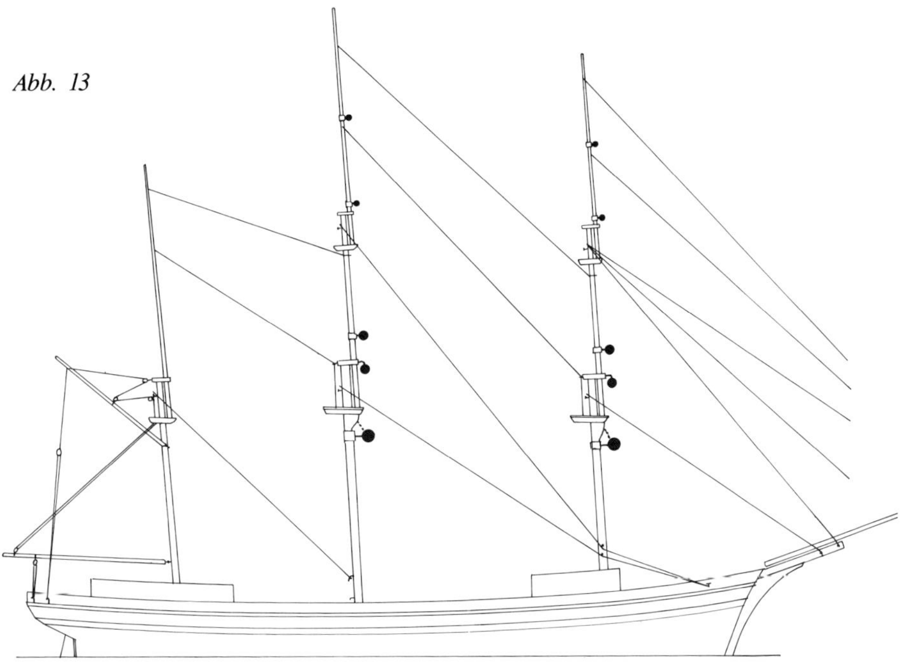

Abb. 14

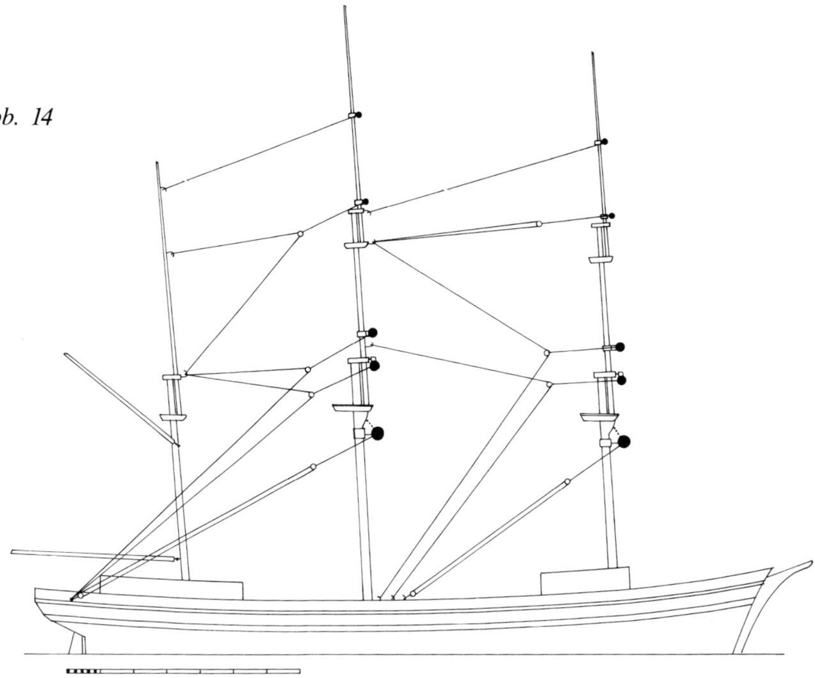

eine Wante backbord und steuerbord gleichzeitig mit den Taljen steif gesetzt. Sind die Wanten fertig, kommen die Pardunen. Sie laufen vom Rüstbrett zu den Stengen nach oben, sind dort mit einem Webleinenstek befestigt und verklebt (Abb. 12). Alle Knoten werden mit Weißleim gesichert. Die Webleinen werden mit Vielzweckkleber an die Wanten geklebt. Jetzt kommen die Stage (Abb. 13). Das Besanstag läuft vom Besanmasttopp zum Großmast. Es ist dort an der Hinterkante, ca. 1,5 mm über dem Deck, an einem kleinen Haken aufgehängt. Das Besanstengestag geht durch ein Auge am Großmasteselshaupt und von dort durch den Mars, um später in der Flasche daran verklebt zu werden. Beim Auftakeln des Großmastes müssen die Besanstage nicht am Großmast befestigt sein. Es genügt das Hilfsstag. Groß- und Fockmast werden genauso getakelt wie der Besanmast, ausgenommen Großstag und Großstenge-

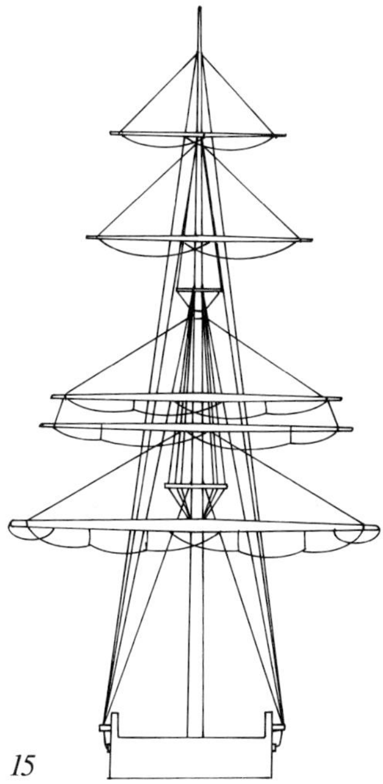

Abb. 15

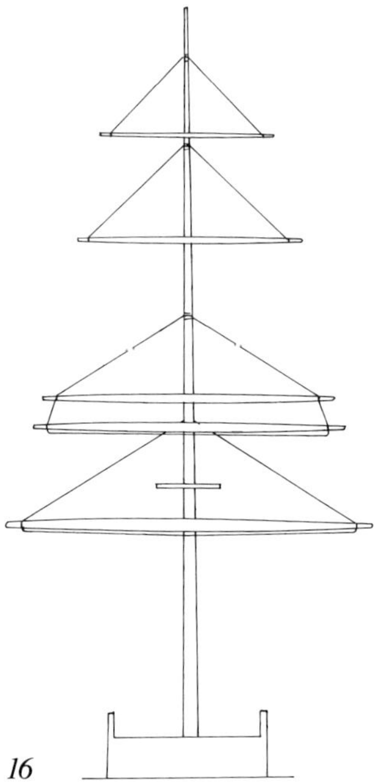

*Abb. 16*

stag sowie Fock- und Vorstengestag. Sie laufen doppelt und werden, wie beim Original, oben am jeweiligen Masttopp an einem kleinen Nagel mit dem Auge aufgehängt. Das Groß- und Großstengestag laufen an jeder Seite des Fockmastes vorbei und werden dort mittels zweier kleiner Drahtstifte daran gehindert, daß sie hochgleiten.
Jetzt kann mit dem Takeln des laufenden Gutes begonnen werden. In Abb. 14 sieht man die einzelnen Haken und Stifte, an denen die Brassen aufgehängt und befestigt werden. Die Toppnanten werden entweder durch ein Loch im Mast geführt, oder sie sind an dem Mast befestigt und werden durch ein Loch in der Rahnock geführt (Abb. 15). So ist immer gewährleistet, daß die Rahen sich drehen können. Die Brassenschenkel sind 2 cm lang mit je einem Block. Die Fußpferde bestehen aus 0,4-mm-Messingdraht (Abb. 16).

## *Der Zusammenbau des Rumpfes in der Flasche*

Die leere Flasche wird auf ihren Ständer gestellt. An den Punkten, wo sie aufliegt, wird vorsichtig mit Filzstift von außen eine Markierung angebracht. Auf diese Marke wird im Innern das Untergestell für den Lattenrost mit Zweikomponentenkleber geklebt. Auf diesem Untergestell wird nun der Lattenrost zusammengesetzt und verklebt. Darauf kommt die Helling, auf der der Rumpf ruht. Nun werden die drei Schichten der einen Rumpfhälfte in der Flasche zusammengeschraubt. Das hört sich leicht an, ist es aber nicht, weil die Rumpfhälfte ohne Halt in der Flasche ganz schön herumzappelt, wenn der Schraubenzieher in Aktion tritt.
Wenn beide Hälften glücklich verschraubt sind, wird der Kiel an eine der Hälften geklebt, und nun werden die beiden Rumpfteile mittels der zwei Aufbauten mit den Dübeln ohne Leim zusammengesteckt. Es hält garantiert. Anschließend wird der jetzt fertige Rumpf mit Komponentenkleber auf die Helling geklebt. Wenn alles gut abgebunden ist, beginnen wir mit dem Auftakeln in der Flasche.

## *Puzzle in der Flasche*

Ganz vorsichtig wird der Besanmast durch den Flaschenhals bugsiert; man muß aufpassen, daß keine Fäden durcheinander geraten. Dann wird der Mast mittels passendem Werkzeug aufgerichtet und in das Bohrloch auf dem hinteren Aufbau gestellt. Die Gaffelgeeren und Besanschoten werden an den jeweiligen Haken auf dem Achterdeck eingehängt und mit Leim gesichert. Die Rüstbretter werden vorsichtig in die Bohrlöcher in der Bordwand geschoben. Gleichzeitig muß mit dem Stengestag der Mast etwas nach vorn gehalten werden, sonst kann es passieren, daß die Rüsten wieder herausrutschen. Nun wird es spannend. Der Großmast wird für den Weg durchs Nadelöhr vorbereitet. Alle Rahen werden beigelegt, und das Besanstengestag und das Bramstengestag werden durch die dafür vorgesehenen Löcher im Großmast geführt. Nun kommt der Mast in die Flasche. Er darf sich dabei nicht drehen. Beide Besanstage müssen immer leicht stramm gehalten werden. Wenn der Großmast steht, werden wieder die Rüstbretter in die Löcher in der Bordwand gedrückt. Jetzt werden alle Stage steif geholt und mit Klebeband außen am Flaschenhals festgelegt. Dann werden die Brassen auf die Haken am Besanmast und am Ausholer am Heck aufgehängt und mit Leim gesichert. Der Besanstag kann jetzt auf den Haken am Großmast gehängt werden, und die anderen Besanstage werden stramm geholt und im Mast verklebt. Dabei müssen alle anderen Stage des Großmastes gut steif geholt sein, damit später die Wanten und Brassen nicht lose durchhängen. Der Ladebaum am Großmast wird getakelt, die Geien werden auf einen Nagel unten am Schanzkleid verhakt, das Hangertau wird stramm geholt und an der Deckswinde verklebt, ebenso auch der Läufer. Nun werden beim Fockmast die Rahen an den Mast gedreht und die beiden oberen Großstage durch die Löcher im Fockmast geführt. Das Großstag und das Großstengestag sind ja doppelt geführt, und man muß aufpassen, daß je eine Hälfte des Stages an einer Seite des stehenden Fockmastes zu liegen kommt. Die Teile werden dann beim Strammholen an den unten am Fockmast befindlichen Stiften entlanggeführt. Beim Einführen des Mastes muß man wieder aufpassen, daß der Mast sich nicht dreht. Das Großoberbram- und der Großbramstag werden immer wieder leicht straff gehalten, bis der Mast auf dem Vordeck in das Bohrloch gesenkt werden kann. Wenn die Rüstbretter und die Brassen eingehakt sind, kann der Bugspriet vorbereitet werden. Die Ketten des Wasserstages und die der Stampfstage und Pardunen werden am Bugspriet und Klüverbaum angeknotet. An die Kettenenden werden ca. 40 cm lange Fäden geknotet, die dann in der Flasche an den Befestigungspunkten durchgezogen und verknotet werden. Jetzt werden Vorroyalstag, Vorbramstag, Außenklüverstag, Innenklüverstag durch die Löcher im Klüverbaum gezogen. Das Ganze wird in die Flasche geführt, der Bugspriet wird in das Loch im Backdeck gesteckt. Zuerst wird die Wasserstagkette am Steven befestigt, dann der Innenklüver- und der Außenklüverstampfstag und die Bugspriet-Klüverbaumpardunen. Bei richtiger Montage ist der Bugspriet so stabil wie beim Original. Nun können die anderen Stage an ihren Belegpunkten installiert werden, und dann kann endlich der letzte Faden abgeschnitten werden. Es ist geschafft – darauf ein Glas Sekt oder doch lieber einen ordentlichen Rum?

*Willy Jahn*

# Hintergründiges: Ein Panorama

## *Vorgeschichte*

Im Deutschen Museum in München hatte es in der Abteilung Schiffahrt gebrannt. Wie man aus den Nachrichten in der »Süddeutschen Zeitung« entnehmen konnte, waren »unersetzliche Werte« untergegangen oder irreparabel beschädigt worden. Mein Anruf brachte mir Beruhigung: Mein 1978 gebautes Buddelschiff Santa Maria hatte alles heil überstanden. Im Rahmen der Neugestaltung der Abteilung Schiffahrt wurde ich aufgefordert, daran durch mein Hobby mitzuwirken. Der Auftrag lautete, den Besuchern des Museums anhand einer Baureihe zu zeigen, wie ein Buddelschiff entsteht. Das Deutsche Museum stellt an seine Exponate hohe Ansprüche, da das Publikum nicht nur aus Besuchern besteht, die Interessantes in wenigen Augenblicken »en passant« mitnehmen wollen, sondern auch aus Personen, die von der Thematik etwas verstehen.

Meine Absicht war, das Schiffsmodell in passender Umgebung zu zeigen, als Diorama, und daher war die Bau-Linie klar: Schiffsmodell und Umgebung, also Hafen und Meer, sollten von der Bedeutung und der Qualität her absolut gleichrangig sein. Sie sollten voll identifizierbar, also keine Phantasieprodukte sein, d.h. auch in historischer Hinsicht eine Einheit bilden.

## *Planung*

In der Landesbibliothek zu Kiel findet man ein Aquarell von Adolf Burmester, »Am Schuhmachertor«, gemalt 1852. Es zeigt eine Hafenszene, die es heute nicht mehr gibt; Kiel wurde im Zweiten Weltkrieg nahezu vollständig zerstört. Ein Fotograf fertigte mir Bilder des Aquarells, die die Farben so wiedergaben, so wie sie der Künstler verwendet hatte. Die Häusergruppe links zeigt die Gebäude der heute noch bestehenden Reederei Sartori & Berger (Abb. 1).

Rolf Böttcher, der inzwischen verstorbene Experte für Kieler Schiffe, beriet mich bei der Auswahl des Schiffes. Die Schonerbrigg Paul Emil, gebaut für Sartori & Berger bei Chr. Lor. Bock zu Kiel, 83 $\frac{1}{2}$ 2 Comm.-Lst., 168,24 BRT, 159,84 NRT, 1881 nach Dänemark verkauft, war mit Sicherheit oft am Schumachertor vorbeigesegelt.

Der schematisierte Plan in einem Fachbuch für Segelschifftypen entsprach der gesuchten Paul Emil (Abb. 2).

*Abb. 1*

*Abb. 2*

# Bau

Das Kernproblem für Buddelschiffbauer, das Finden einer schönen Flasche, war für diesen Plan gelöst. Mit Hilfe eines Fotokopierers, der sowohl vergrößerte als auch verkleinerte, fertigte ich eine Fotokopie des Hafenbildes in der Größe, die zu der Flasche paßte, und teilte das Bild in Quadrate ein (Abb. 3).
Der daraus gezeichnete Plan zeigt die Hafen-Silhouette von vorn (Abb. 4 unten)

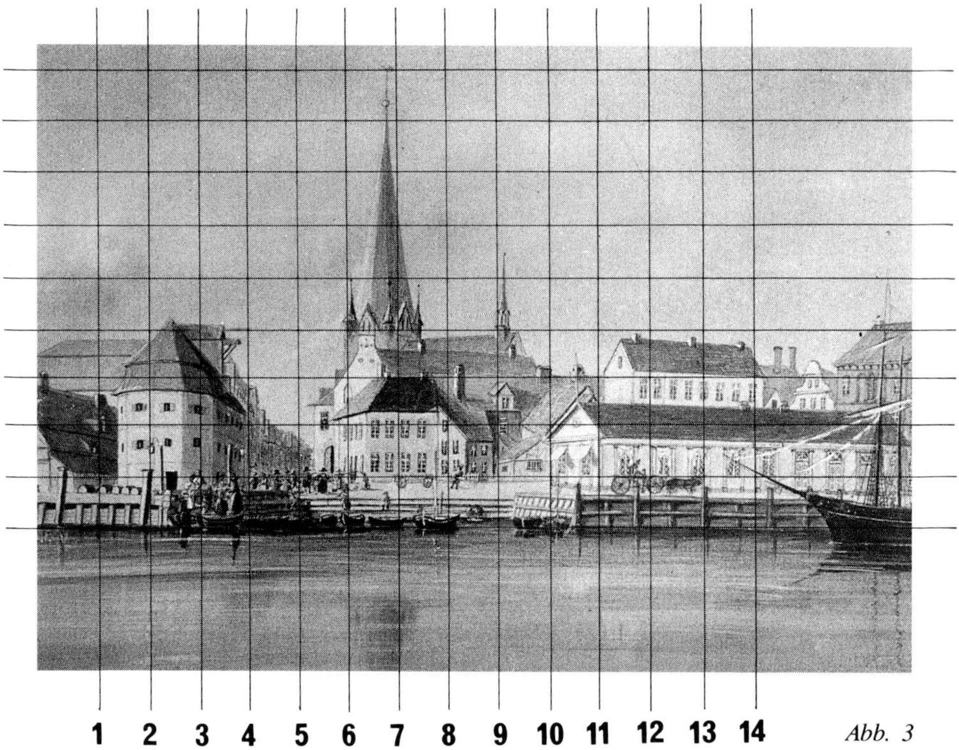

Abb. 3

und in der Draufsicht (Abb. 4 oben). Wie man auf dem Aquarell sieht, läuft rechts von dem Lagergebäude die Straße nach hinten. Sie spiegelt dem Betrachter Tiefe vor. Das war zu beachten; auch aus arbeitstechnischen Gründen war die Hafenszene daher in zwei Teilen zu arbeiten. Fotokopien beider Teile wurden auf das Holz aufgeklebt (Abb. 5) und die Hölzer von hinten mit Bohrlöchern für Zapfen versehen. Zapfen sind erforderlich, um die einzelnen Teile nach dem Bugsieren

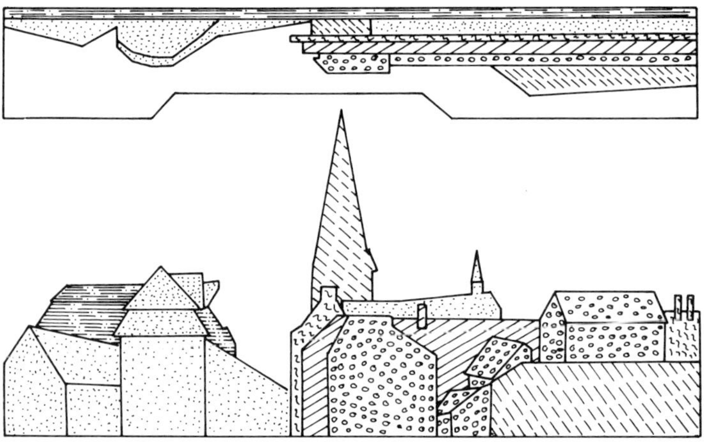
Abb. 4

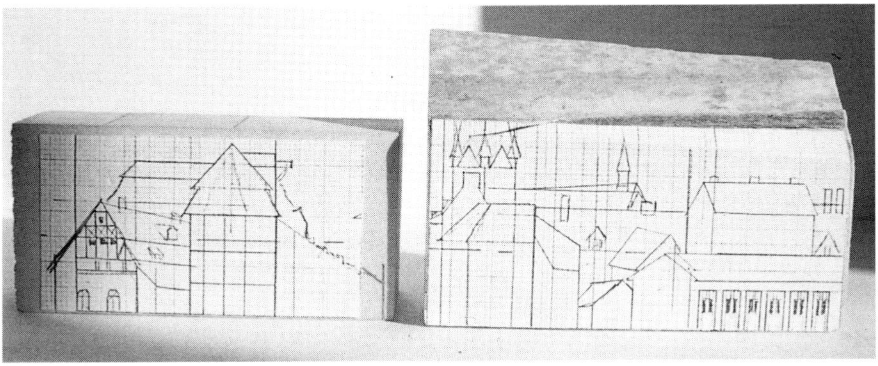

*Abb. 5*

*Abb. 6*

durch den Flaschenhals wieder präzise zusammensetzen zu können. Danach werden die Holzteile in Scheiben geschnitten, wie im Plan (Abb. 4 oben) vorgesehen, und bearbeitet (Abb. 6). Abb. 7 zeigt die »Dachdeckerei« für das auf der linken Seite der Hafenszene zu sehende Fachwerkhaus (Abb. 7). Die Dachplatten sind aus Palisander-Furnier gearbeitet. Um die kleinen Teile anzubringen, braucht man schon eine Pinzette. Der Kai geht nur in zwei Teilen durch den Flaschenhals. Die ganze Hafenszene, auf Abb. 8 unbemalt gezeigt, besteht aus zwölf Teilen, von denen die meisten der Länge nach durchgesägt werden müssen, um auch die Reise

*Abb. 7*

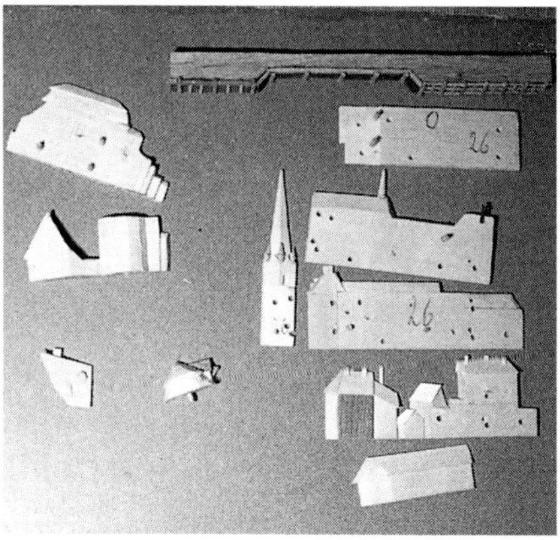

*Abb. 8*

*Abb. 9*

durch den Flaschenhals antreten zu können (Abb. 8).
Zeitaufwendige Farbproben, zuerst auf Pappe, dann auf entsprechendem Holz, waren erforderlich, um den Farbton, in dem der Künstler Burmester das Aquarell gemalt hatte, annähernd zu treffen (Abb. 9), aber auch, um dem Betrachter durch entsprechende Schattierungen der nur 18 mm dicken Holzarbeit den Eindruck von Tiefe zu vermitteln (Abb. 10).
Beim Bau des Schiffsmodelles nahm ich mir die künstlerische Freiheit, den Rumpf nicht wie im Original zu arbeiten, sondern ihn aus verschiedenen Hölzern zusammenzusetzen: Oberteil Mahagoni, Wasserpaß Ahorn und Unterteil Ebenholz. Der Rumpf ist handpoliert; Lacke oder Farben werden von mir nicht mehr verwendet (Abb. 11).
Vor der großen Reise durch den Flaschenhals wird der Sockel vorbereitet, vorn für das Schiffmodell, hinten für die Hafenszene (Abb. 12). Der Kai ist schon einge-

Abb. 10

Abb. 11

leimt, bei Teil 14 (in Abb. 12) sieht man die Zapfen, die in die Bohrlöcher der nächsten Scheibe hineinpassen. Damit die ganze Geschichte nicht nach hinten umkippt, ist die Hafenanlage nach hinten abgestützt. Zwei der drei den Flaschenrundungen angepaßten Teile sind zu sehen.
Beim linken Teil fehlen nun nur noch die Dächer des Fachwerkhauses und des Lagerschuppens (Abb. 13). Rechts ist der Sockel für die Häuser (Teil 21) und für den Turm der St.-Nicolai-Kirche schon gesetzt, der hier schon steht (Abb. 14).
Nach dem Einbringen des blau gefärbten Fensterkitts werden die Wellenkämme weiß bemalt.
Das Deutsche Museum in München zeigt die einzelnen Bau-Phasen dieses Fla-

Abb. 12

Abb. 13

schenschiffes (Abb. 15). Die Reise des Modells durch den Flaschenhals, für den Erbauer zur Routine geworden, zieht den Betrachter immer besonders an. Nun ist das Buddelschiff fertig (Abb. 16).
Der Erbauer einer Hafenszene leidet zwar immer ein wenig unter der Tatsache, daß Teile seines zeitaufwendig erbauten Werkes vom Schiffsmodell abgedeckt werden. Er tröstet sich aber mit dem Wissen, daß der fachkundige Betrachter des ganzen Werks die Feinheiten schon erkennt.

*Klaus Reuter*

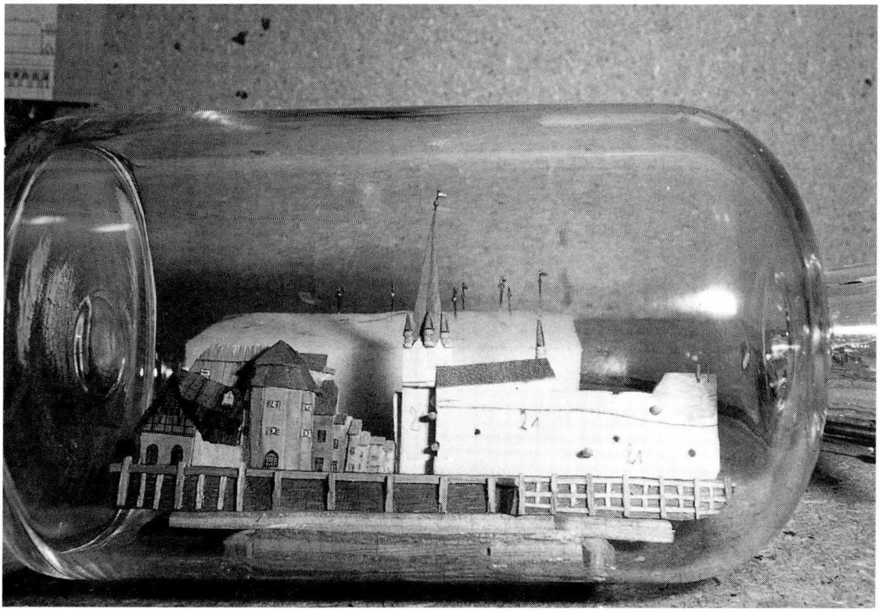

*Abb. 14*

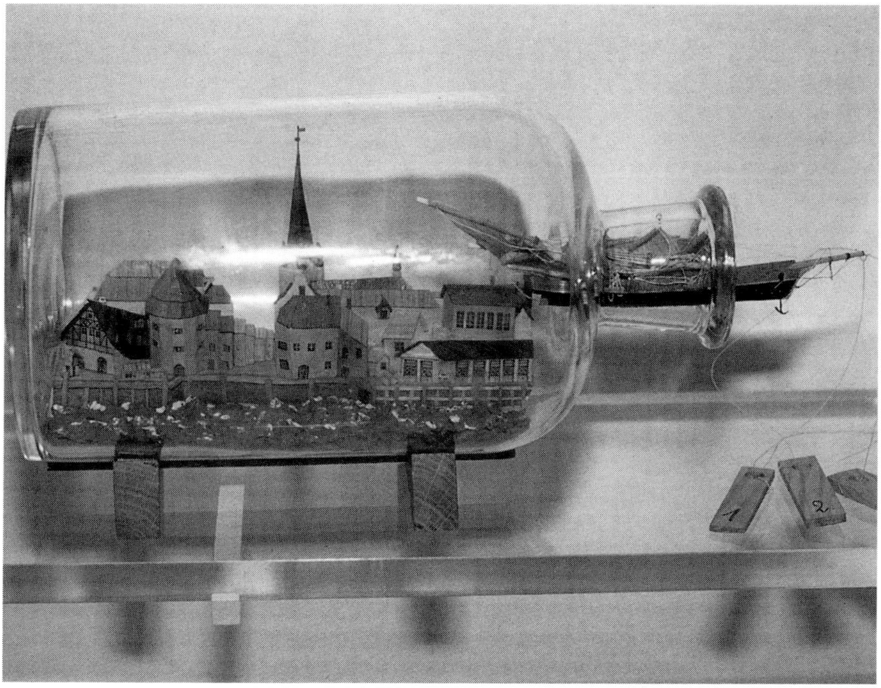

*Abb. 15*

Abb. 16